本书得到以下项目资助

宁夏哲学社会科学和文化艺术领军人才培养工程项目
"新时代民族传统文化创造性转化和创新性发展研究"（2018）

区域与田野文库 　冯雪红 主编

寂静的大地之书

和日石刻传承发展研究

东·华尔丹　向锦程

东宇轩｜著

中国社会科学出版社

图书在版编目（CIP）数据

寂静的大地之书：和日石刻传承发展研究／东·华尔丹，向锦程，
东宇轩著 . —北京：中国社会科学出版社，2023.2
（区域与田野文库）
ISBN 978 - 7 - 5227 - 1309 - 0

Ⅰ.①寂…　Ⅱ.①东…②向…③东…　Ⅲ.①藏族—石刻—研究—
泽库县　Ⅳ.①K877.404

中国国家版本馆 CIP 数据核字（2023）第 031966 号

出 版 人　赵剑英
责任编辑　马　明
特约编辑　邰淑波
责任校对　王佳萌
责任印制　王　超

出　　　版　中国社会科学出版社
社　　　址　北京鼓楼西大街甲 158 号
邮　　　编　100720
网　　　址　http://www.csspw.cn
发 行 部　010 - 84083685
门 市 部　010 - 84029450
经　　　销　新华书店及其他书店

印　　　刷　北京君升印刷有限公司
装　　　订　廊坊市广阳区广增装订厂
版　　　次　2023 年 2 月第 1 版
印　　　次　2023 年 2 月第 1 次印刷

开　　　本　710×1000　1/16
印　　　张　22
字　　　数　302 千字
定　　　价　98.00 元

石雕艺术之乡——高原石刻第一村

国家级非遗传承人贡保才旦大师

贡保才旦大师(右一)讲授石刻技艺

雕刻石材

刻石经的女性

久美旦培（左一）和作者东宇轩

夕阳下的和日村

黄昏中的石经墙

目 录
CONTENTS

绪　　论

　　"中华民族具有五千多年连绵不断的文明历史，创造了博大精深的中华文化，为人类文明进步作出了不可磨灭的贡献。中华文化积淀着中华民族最深沉的精神追求，包含着中华民族最根本的精神基因，代表着中华民族独特的精神标识，是中华民族生生不息、发展壮大的丰厚滋养。"① 中华文化也是实现中华民族伟大复兴中国梦的深厚沃土，是中国特色社会主义文化的重要源泉。习近平总书记指出："要使中华民族最基本的文化基因与当代文化相适应、与现代社会相协调，以人们喜闻乐见、具有广泛参与性的方式推广开来，把跨越时空、跨越国度、富有永恒魅力、具有当代价值的文化精神弘扬起来，把继承优秀传统文化又弘扬时代精神、立足本国又面向世界的当代中国文化创新成果传播出去。"② 因此，我们要充满文化自信，保护和传承、弘扬中华优秀传统文化，以兼容并蓄的态度和精神积极学习借鉴、吸纳其他各种优秀文明成果，坚持创造性转化、创新性发展，丰富和发展中华文化，不断增强文化软实力，不断铸就中华文化新辉煌。藏族石刻文化广泛分布在西藏及青海、四川、云南、甘

---

① 中共中央宣传部：《习近平总书记系列重要讲话读本》，学习出版社、人民出版社2014年版，第201页。

② 中共中央宣传部：《习近平总书记系列重要讲话读本》，学习出版社、人民出版社2014年版，第104页。

肃涉藏地区，是藏族优秀传统文化的重要组成部分，在石刻技法、造型、风格等方面具有鲜明的艺术特征，内容丰富，技法精湛，历史文化底蕴深厚，是中华优秀传统文化宝库中的艺术瑰宝。系统研究和传承发展藏族石刻文化，充分利用好蕴含其中的丰富思想道德资源和历史根脉，使其成为涵养社会主义核心价值观的源泉，不仅具有重要的学术价值，对丰富中华文化，促进民族文化交流交融，不断铸牢中华民族共同体意识，也具有重要意义。

第一节　研究背景和研究意义

一　研究背景

（一）三江源地区生态保护的需要

三江源地区位于青海省南部，是长江、黄河、澜沧江的发源地，是长江、黄河、澜沧江上游最主要的水源涵养区。这里原是水草丰美、牛羊成群、高原湖泊星罗棋布的雪域天堂，被世人称为"中华水塔"。但随着社会经济的发展，自然和人为的因素共同导致三江源地区自然生态环境遭到破坏：雪山冰川逐年萎缩、河湖湿地几近消失、草地沙化、荒漠化面积逐年扩大、水土流失加剧、草场虫鼠害肆虐等，无不威胁着三江源地区和其下游地区的生态安全。为保护生态环境，实现人与自然和谐共生，2000 年 5 月国务院正式批准青海省建立三江源省级自然保护区，2003 年 1 月三江源自然保护区升级为国家级自然保护区，并于 2005 年 1 月出台《青海省三江源自然保护区生态保护和建设总体规划》（以下简称《三江源总体规划》）。按《三江源总体规划》将玉树藏族自治州的玉树①、杂多、称多、治多、囊谦、曲麻莱六县，果洛藏族自治州的玛沁、班

---

① 1929 年始设玉树县，县政府驻结古镇。1952 年沿旧制设立玉树县，2013 年 7 月 3 日，撤销玉树县，设立县级玉树市。

玛、甘德、达日、玛多、久治六县，海南藏族自治州的同德、兴海二县，黄南藏族自治州的泽库县，河南蒙古族自治县，以及格尔木市的唐古拉山乡①列入自然保护区。后在二期工程阶段又新增黄南藏族自治州的同仁、尖扎二县和海南藏族自治州的共和、贵德、贵南三县。因此，"三江源自然保护区实际所辖四州一市的21个县、15个乡镇，总面积约为39.44平方公里，约占青海省总面积的54.6%，区域内人口约55.6万人，其中藏族占90%以上，其他为汉族、撒拉族、蒙古族等民族"。

　　生态移民是保护三江源自然保护区的重要措施之一，移民搬迁采取"政府引导、牧民自愿"的原则。其中，从搬迁的距离来看，安置移民的方式主要有两种：一是近距离县州内集中安置。这种移民方式主要实施区域为保护区内海拔较低的地方，指的是让原来生活在草原上的牧民搬离草场，在靠近乡镇、县、州政府驻地的牧民定居点开始新的生活，例如，泽库县和日乡②、宁秀乡③就是按这种方式进行移民搬迁的。二是远距离跨州搬迁。这种移民方式主要是将原先生活在保护区内海拔较高、生态脆弱的牧民，搬迁至海拔较低、生态环境较好的地方，例如，位于泽库县宁秀乡和同德县交界地方的果洛新村移民点，就是按这样的方式搬迁的。

　　课题组在泽库县三江源办公室进行了深入访谈，了解到生态移民一期工程是基础设施建设，目标也已基本实现，移民点上的基础设施建设主要有水、电、路、房子，还有生态保护——黑土滩治

---

　　① 2005年，格尔木市调整乡镇行政区划：撤销唐古拉山乡，设立唐古拉山镇，镇政府驻地和镇区行政区划范围。

　　② 2014年7月15日，和日乡撤乡，建为和日镇。笔者调查期间，当地群众仍习惯于说"和日乡"，行文中根据语境和村民的习惯使用"和日乡"或"和日镇"。

　　③ 1958年，设宁秀公社。1962年7月，改公社为乡。1969年，改乡为公社。1984年，改为宁秀乡。2019年，撤乡设宁秀镇。根据调研时当地人的习惯用法，文中使用"宁秀乡"。

理、草原鼠害防治。一期工程和二期工程目标是有区别的，二期工程目标主要是以保护湿地为主，一期工程是保护草原。三江源工程要持续几十年，因为生态破坏比较严重，需要保护和修复。为了让牧民适应搬迁后在移民点新的生产生活，让草原休养生息，三江源区域生态保护的紧迫性以及生态移民之于三江源区域生态保护的重要意义就凸显出来了。

搬迁后，牧民进入一个相对陌生的社会环境中。那么，他们是如何进行社会适应的？如何融入新的文化模式？如何转变生计方式？传统文化是如何继承的？诸如此类的问题，一直是民族学、人类学、社会学等学科关注的热点。本研究所关注的田野点——泽库县和日村，正是一个三江源地区享受"生态移民政策"和"游牧民定居政策"兼有的村落，那么和日村是如何面对上述问题的，这是值得探讨和研究的现实课题。

照片绪-1　搬迁前山上的和日村　　　照片绪-2　搬迁后和日镇旁的和日村

（二）藏族传统文化创新发展的需要

对文化的研究一直是民族学和人类学的议题之一，其所关注的领域不仅涉及现在的文化，也包含传承至今的传统文化，或业已远去的原始文化；若从研究者的身份来看，还有对他者文化的研究和对本民族文化的研究。民族学和人类学研究种种不同的文化，不仅仅是为了叙述和还原传统文化，而是为了更好地认识和理解传统文化，以便更好地把握今天和创造明天。随着时代的发展，很多传统文化已经到了濒临消亡的地步，为了保护传统文化、保持世界文化的多样性，早在1972 年联合国教科文组织，便号召全世界200 多个国家和地区，参与到保护世界自然和文化遗产的行动当中，并于当年 11 月 26 日正式对外发布《保护世界文化和自然遗产公约》，以保护全世界范围内的文化和自然遗产，但效果并不明显。2000 年，联合国教科文组织启动了"人类口头和非物质文化遗产代表作"项目，目的是为了抢救全世界范围内濒临消亡的非物质文化遗产①，最后于 2003 年正式通过了《保护非物质文化遗产公约》，其中对"非遗"的概念做了明确的解释，系指"被各群体、团体、有时为个人视为其文化遗产的各种实践、表演、表现形式、知识和技能及其有关的工具、实物、工艺品和文化场所"②。

为了保护传统文化，我国积极响应联合国教科文组织发布的公约，加入保护人类自然和文化遗产的行列当中，截至 2016 年 10 月，我国已有 48 项文化项目列入世界文化遗产中。例如，前不久被称为中国"马丘比丘"的湖南永顺县老司城遗址，联合湖北唐崖土司城遗址和贵州播州海龙屯遗址，以"中国土司遗产"的名号，成为中国第 48 处世界文化遗产，这使得土家族的传统文化再度被世人关注

---

① 非物质文化遗产，后文在需要的地方简称"非遗"。
② 文化部外联局编：《联合国教科文组织保护世界文化遗产公约选编》（中英对照），法律出版社 2006 年版，第 52 页。

和了解。一方面，我国在积极申请国内濒临消亡的自然或文化遗产，列入世界级遗产中，另一方面，也按照国际上的做法，设立国家级和省级遗产名录，并于 2011 年 6 月出台了《非物质文化遗产法》，为保护文化遗产提供了法律依据。

2008 年，对和日村影响极大的石雕——泽库和日寺石刻，入选第二批国家级非物质文化遗产名录。石刻文化的传承和发展，对我国进行非遗的传承和保护，具有借鉴意义。因此，本研究拟以生态移民村——和日村为个案，以该村石刻文化的传承和保护为研究主题，追寻和日村石刻文化传承至今的原因及前景等关联问题。

二 研究意义

随着时代的进步，传统文化在经济开放的潮流之下，有的走向了消亡，有的却渐显生机，甚至焕发了新春。同一时代背景下，不同传统文化发展的迥异，究其为何，值得深思和研究。历史悠远的藏族石刻艺术是藏族文化的一个缩影，这种无处不在的文化符号，书写了人们对美好生活的向往。为保护三江源地区生态环境，该区域进行了生态移民搬迁，搬迁牧民的生活方式由传统的游牧生活向城镇化的定居生活转化，为了适应新环境，搬迁前一些地方的牧民本身就精通的石刻技术，在搬迁后逐渐做成了石刻产业，已成为移民新村的财富来源和新兴的生计方式。藏族石刻文化的艺术精品，集文献价值、考古价值、艺术价值、文学价值于一身，成为世人了解藏族文化的一个窗口。而面对市场经济的冲击，以及移民生计方式的变迁，他们的观念等也随之发生变化，因此，传承和保护藏族石刻文化，尤显重要。而名为石雕艺术之乡——青海泽库县和日村的刻工们使这门古老的藏族石刻艺术得到了创新性的发展，以其精湛的雕刻技能和技法，呈现出鲜明强烈的地方特色，洋溢着活泼灵动的艺术生命力。但现在掌握这门石刻技艺的人们却从当初人数众多的刻工变成了如今人数稀少的非遗石刻技艺传承人，这背后有着诸多原因和故事，却无一不与现存的传承人息息相关。但经过历史的洗礼，和日村的石刻文化已成为青藏高原上独具特色的藏族传统文化。

和日村石刻文化的外在表现形式主要以刻经、刻图像为主，另外还雕刻少量砚台，经过近百年的雕刻，现已形成以五座石经墙为主的石刻群。长久以来，和日村的石刻文化虽经传承，却并未衰退。究其原因，有其神圣因素，也有世俗因素。

因此，本研究即是以和日村石刻的历史、发展、演变以及现状为主线，通过田野考察，对和日村石刻文化的发展进行历史和现实分析，对石刻文化的内容、工具、技艺和宗教、文化、经济因素进行研究，以此描述和呈现移民搬迁后石刻文化的传承和发展。同时，通过运用民族学、人类学田野调查的参与观察和访谈法，了解石刻工具的使用、技艺的传承、刻工的互动等，进而总结分析石刻文化的传承方式及发展演变，以及石刻文化的保护价值和保护策略。

此外，本研究不仅梳理了和日石刻文化传承和发展的来龙去脉，也站在三江源生态移民和保护传统文化的角度，深入思考以下问题：石刻文化给和日村移民带来了什么？石刻文化的存在对移民的社会、文化适应有何影响？石刻文化对移民生计方式的转变有何作用？搬迁前后石刻文化的功能是否存在差异？差异何在？石刻产业化对传承和保护石刻文化有何影响？

（一）理论意义

本研究涉及"非遗"的研究，既有物质文化的形态，如"石刻经文"，也有非物质文化的形态，如石刻的传承方式。虽然国内许多学者已经对相关问题做了大量研究，但不同学科的研究视角、方法不同，因此得出的结论也不尽相同。笔者主要运用民族学、人类学的基本理论和方法，在田野调查基础上，将藏族石刻文化发展演变置于传统与现代的关系之下，探索其发展演变的传承方式及意义等相关问题。另外，也从侧面对搬迁牧民的社会适应、文化适应以及生计方式的变迁做一定程度的探讨。从理论意义看，以往学界鲜有基于大量田野事实展开藏族石刻文化传承发展分析与讨论的专门研究，也很少有关于藏族石刻非遗传承人生命历程的相关研究。有关藏族石刻的研究多以艺术为主，与实际案例结合较少。开展本项研究，可以充实非物质文化遗产传承发展研究及藏族石刻研究。

（二）现实意义

和日生态移民村是为保护三江源地区生态环境而新建的移民点。搬迁之后，移民的生活方式由传统的游牧生活向城镇化的定居生活转化，为了适应新环境，在政府的牵引下，利用搬迁前和日村村民本身就掌握的雕刻技术，逐渐做成石刻产业。通过三个阶段的田野调查发现，和日村的石刻产业已初具规模，原料的来源、产品的加工和运销皆已完善，从而使得石刻业的发展已成为和日村的财富来源和生存的新方式。从现实意义看，开展本项研究，具有以下几点意义：第一，有利于藏族石刻文化的延续，保护非物质文化遗产；第二，有利于加强外界对藏族石刻文化的了解，从而促进民族交往交流，加强和巩固民族团结；第三，有利于推动当地石刻产业的传播，进而促进和日村经济的可持续发展；第四，有利于弘扬和保护藏族传统文化，努力实现创造性转化和创新性发展，为民族地区传统特色产业价值的挖掘以及藏族传统文化在新时代的创新性发展提供可资参考的案例。

第二节　研究现状

一　藏族石刻文化研究综述

藏族是一个历史悠久的民族，他们常年生活在环境极其恶劣的高海拔地区，在恶劣的环境中孕育形成了令人称叹的文化，石刻文化便是其中的佼佼者。穿行于涉藏地区，随处可见堆放在山头、山坡、桥边、渡口、河湖周围以及村寨入口的，或方或圆、或小或大的刻有"玛尼"的石堆，这些石堆被称为"玛尼堆"，或简称为"玛尼石"。除了随处可见的"玛尼堆"之外，还有很多绘凿在悬崖峭壁上的摩崖石刻，有的以雕刻着佛像、菩萨而闻名遐迩，有的因雕刻着相关历史事迹而成为人们争相追捧的旅游胜地。除了玛尼石刻和摩崖石刻外，还有为数不多的石碑或碑刻，如"赤德松赞墓碑""琼结桥头碑""唐蕃会盟碑"等，它们记载了历史上有关藏族的政治经济、典章制度、文化生活、民族交融等重要内容，可补正史之阙，对研究藏族石刻文化大有裨益。

　　在我国少数民族石刻文化中，藏族石刻文化具有突出的地位，但相关的学术著作鲜见于史。目前国内外研究藏族石刻文化的著作大约有十余本，从其刊文形式来看大致可分为三类：（1）图文结合类。如张鹰主编的《人文西藏：宗教艺术》一书，将石刻艺术归于藏族雕塑艺术之下，与藏族的绘画、宗教音乐和乐器以及宗教舞蹈构成整个藏族的宗教艺术文化。[①]　与此类似的还有吕军编著的《中国红：西藏艺术》，书中将西藏艺术划分为宗教艺术、民间艺术两大类，石刻则归属于宗教艺术之下的雕刻艺术范畴。[②] 另外，还有张超音著的《中国藏族石刻艺术》一书，以寺院为纲，按地区分类，施以浓墨，辅以图片，介绍了各大寺院保存较好的宗教石刻艺术品，并在最后一章介绍了藏族的其他石刻艺术，如石经墙等。[③]整体来看，此书所搜集的藏族石刻艺术品具有很高的学术价值。（2）图画集类。如韩书力主编的《西藏民间艺术丛书·玛尼石

①　张鹰主编：《人文西藏：宗教艺术》，上海人民出版社 2009 年版。
②　吕军编著：《中国红：西藏艺术》，黄山书社 2012 年版。
③　张超音：《中国藏族石刻艺术》，中国藏学出版社 1995 年版。

刻》，搜集了西藏各个地区的玛尼石刻图片，将其按"灵石崇拜""佛与菩萨""护法神及高德大僧""灵兽与石经"进行分类，还对每一幅石刻作品做了相关出处和雕刻时间的考证，并注于图下，具有较高的学术参考价值。①（3）文字类。一是将石刻文化置于整个藏族宗教艺术文化之下，谈其起源、雕刻内容和雕刻技艺，如扎雅·诺丹西饶著的《西藏宗教艺术》②；二是以藏族石刻文化中的某一石刻类型作为研究对象，或收录，或研究，不一而足。如对摩崖石刻的研究，有谢佐著的《青海金石录》③ 和唐晓军著的《甘肃古代石刻艺术》④。谢佐遍寻青海，收录了青海地区100多处摩崖石刻，但并未进行细致的研究。唐晓军也只是在书中最后一章的一小节中，简单提及藏传佛教"六字真言"石刻。

此外，对碑刻的收录和研究，是最引学界关注的领域，从古至今，国内有萨迦·索南坚赞著的《西藏王统记》⑤，达仓·班觉桑布著的《汉藏史集》⑥，巴俄·祖拉陈瓦著的《贤者喜宴》⑦。这三本书虽不是专门研究碑刻的著作，但分别收录了唐蕃会盟碑、达扎路恭记功碑和桑耶寺碑的铭文，为保存和记录碑刻上的文字，以及研究藏族的经济社会和历史文化起到了重要的作用。清末金石学家罗振玉、罗常培分别对唐蕃会盟碑的原碑和拓片进行了考释和研究，其研究作品分别收录在《西陲石刻录》⑧ 和《神州国光集》⑨

---

① 韩书力主编：《西藏民间艺术丛书：玛尼石刻》，重庆出版社2001年版。
② 扎雅·诺丹西饶：《西藏宗教艺术》，谢继胜译，西藏人民出版社1989年版。
③ 谢佐：《青海金石录》，青海人民出版社1993年版。
④ 唐晓军：《甘肃古代石刻艺术》，民族出版社2007年版。
⑤ 萨迦·索南坚赞：《西藏王统记》，刘立千译，民族出版社2000年版。
⑥ 达仓·班觉桑布：《汉藏史籍》，陈庆英译，西藏人民出版社1986年版。
⑦ 巴俄·祖拉陈瓦：《贤者喜宴：吐蕃史译注》，黄颢、周润年译，中央民族大学出版社2010年版。
⑧ 罗振玉校录：《西陲石刻录》，辽阳书社1990年版。
⑨ 黄宾虹：《神州国光集》，浙江人民美术出版社2014年版。

二书中。其后我国著名藏学家王尧先生于 1982 年出版了《吐蕃金
石录》① 一书，书中收录吐蕃时期遗存于世的碑刻，并对其进行了
补正和考释，为后世的研究奠定了基础。近年来，对藏族碑刻颇有
研究的还有恰噶·丹正，其在《藏文碑文研究》② 一书中收录了北
京、西藏、青海等地区的藏文石碑近 90 座，并把碑文如实地记录
下来，有些碑文内容还被翻译成了汉文，对进一步的研究大有
益处。

　　国外学者或机构也对藏族碑刻做了相关研究，其中最早可以追
溯到英国人布希尔对"唐蕃会盟碑"的研究，虽只是初步解读，但
标志着国外学者对藏族石刻文化关注的开始。时至 20 世纪 40 年
代，英国人黎吉生来到西藏考察了拉萨地区的"雪碑"和"唐蕃
会盟碑"，回国后发表了相关的学术文章，并于 1985 年出版了《早
期西藏碑铭汇编》③（*A Corpus of Early Tibetan Inscriptions*）。但是在
王尧看来，这本书有歪曲历史事实之嫌，而且错漏颇多，不足为
信。1987 年，美籍华人李方桂和他的学生柯蔚南出版了英文版的
《古代西藏碑文研究》④（*A Study of the Old Tibetan Inscriptions*），后
来这本书由王启龙翻译，2006 年由西藏人民出版社出版，其中对某
些碑刻的文字进行了校注和释读。2009 年，日本东京大学外国语学
院亚非语言研究所编辑出版了《古藏文碑铭》⑤（*Old Tibetan Inscrip-*
tions），该书对古藏文的研究，可供国内研究者借鉴和参考。

　　除上述著作外，学界对藏族石刻的研究，实际上以论文居多，

---

① 　王尧：《吐蕃金石录》，文物出版社 1982 年版。

② 　恰噶·丹正：《藏文碑文研究》，西藏人民出版社 2012 年版。

③ 　Hugh E. Richardson，*A Corpus of Early Tibetan Inscriptions*，Hertford：Royal Asiatic Socie-
ty，1985.

④ 　李方桂、柯蔚南：《古代西藏碑文研究》，王启龙译，清华大学出版社 2007 年版。

⑤ 　KazushiIwao，NathanHill，Tsuguhito Takeuchi，*Old Tibetan inscriptions*，Tokyo：Research
Institute for Languages and Cultures of Asia and Africa，Tokyo University of Foreign Studies，2009.

从研究主题看，已有论文主要集中于以下方面。

（一）对涉藏地区岩画的研究

原始社会时期，人们在洞穴或崖壁绘出狩猎、军事、祭祀等活动场景，历经千年，形成远古岩画，如今这些岩画成为研究原始社会生产、生活最为可靠的历史遗存。有关涉藏地区岩画的研究，仅有七篇论文，主要涉及岩画的分布范围、遗存形式、制作手法和绘画题材。

得荣·泽仁邓珠在《简述藏族岩画、石窟、石碑的分布与内容》一文中，从宏观上指出了涉藏地区远古岩画最早的形成时间、现今的分布，以及它们的绘画题材和技法形式。[①] 南加才让在其硕士学位论文《略论藏族石刻文化》中指出，远古岩画是藏族石刻文化的一部分，1985 年在西藏阿里地区的日土县，考古发现了青藏高原上最早的岩画地点，并同样以宏观的视角，分析了岩画的分布、遗存形式、制作手法和内容。[②] 此述二者，虽从宏观上对岩画进行了一定的总结，有重要参考价值，但对岩画背后所蕴藏的文化和艺术价值论述较少。侯希文、李祝喜合撰《论西藏岩画的"准文字档案"保护》一文，从档案学角度分析了西藏岩画的文字属性和档案属性，指出岩画是研究"西藏地方社会变迁和发展的重要史料的'活化石'，亦是研究西藏地方档案起源珍贵的第一手历史资料"[③]。苏和平在《试论西藏岩画艺术》一文中，在论及岩画分布、分期、内容的基础上，指出藏族先民思维的改变和审美意识的形成。[④]

以上对涉藏地区岩画的研究是从宏观角度出发，分析其分布、

---

① 得荣·泽仁邓珠：《简述藏族岩画、石窟、石碑的分布与内容》，《西藏民俗》2000 年第 3 期。

② 南加才让：《略论藏族石刻文化》，中央民族大学，硕士学位论文，2004 年。

③ 侯希文、李祝喜：《论西藏岩画的"准文字档案"保护》，《档案》2015 年第 4 期。

④ 苏和平：《试论西藏岩画艺术》，《甘肃理论学刊》2007 年第 2 期。

分期、内容等。但也有学者从微观角度出发，以某一地区或某一处的岩画作为研究对象，如许新国和格桑本在《青海省哈龙沟、巴哈毛力沟的岩画》一文中，从考古学角度，对哈龙沟和巴哈毛力沟发现的远古岩画进行了相关的数据收集，标绘出每一幅岩画的大小和内容，从岩画所刻内容及相关文献的分析，指出这两处岩画遗存有可能是古代游牧民族遗留下来的作品。[1] 阿顿·华太多在《柴达木地区的古代石刻岩画》一文中，简单梳理了柴达木地区从东到西的岩画遗存，有"天峻县境内卢森岩画、鲁芒岩画，南部乌兰境内的牦牛山岩画和巴里河岩画、柯柯河岩画，都兰县境内的巴哈莫力岩画、上庄岩画、热水沟岩画，西部格尔木市境内的野牛沟岩画等"，并且指出岩画所反映的内容与现在的自然环境相距甚远。例如，岩画中描述的有大树、有花草的柴达木，与现在的柴达木地区的戈壁荒漠形成了鲜明的对比，由此佐证学界对青藏高原曾经也是气候湿润、植被茂盛的推断。[2] 德却卓玛《论西藏狩猎岩画对远古先民经济行为的纪录》一文，是对西藏狩猎岩画的解读，结合考古学、人类学和原始宗教学的观点，将西藏狩猎岩画进行了大致的分类，指出狩猎岩画是西藏岩画的主要题材类型，狩猎岩画存在的背后反映的是由狩猎、采集经济形式到游牧经济形式的转变过程，最后以唯物史观的观点总结认为，经济决定上层建筑，随着经济形式的转变，人们的思想观念也逐渐改变，进而形成了巫术观念。[3]

不难发现，目前国内对涉藏地区岩画的研究主要集中在分布、

---

[1]　许新国、格桑本：《青海省哈龙沟、巴哈毛力沟的岩画》，《文物》1982 年第 2 期。

[2]　阿顿·华太多：《柴达木地区的古代石刻岩画》，《西藏艺术研究》2006 年第 2 期。

[3]　德却卓玛：《论西藏狩猎岩画对远古先民经济行为的纪录》，《商业文化》（学术版）2007 年第 11 期。

遗存形式、制作技法和内容上，对其所具有的文化、艺术、考古等价值，研究不深。因此，对涉藏地区岩画价值的探讨、遗存的保护，可作为后续深化研究的重点。

（二）对玛尼石刻的研究

玛尼石刻在青藏高原上随处可见，是藏族民间和宗教文化中的瑰宝，学界探讨较多的是玛尼石刻的成因、分类及价值。

1. 玛尼石刻的成因

藏族学者尕藏加在《果洛石经产生的历史背景》一文中，以青海果洛地区的石经为研究对象，分析了果洛石经产生的地理因素、人的因素和历史渊源因素，并且从微观角度指出了果洛石经的创建过程。但是论及果洛石经文化产生的历史原因，只着重分析了其受中国汉地、印度、尼泊尔的影响，而没有触及根本的缘由——宗教信仰。[①] 而凌立在《浅谈藏族崇尚嘛呢堆的缘由》一文中，着重分析了宗教信仰的来源，指出"它既是藏族原始部落时期认为万物有灵，对天地山水包括人体本身（阳神和战神也居于人体神）进行崇拜的巫文化的反映，又是藏族社会处于军事部落时期或英雄史诗《格萨尔王传》中反映的民族、部落争战不息时期留下的风俗祭祀"[②]。与凌立类似的分析还有康·格桑益希，他指出玛尼石刻的形成，源自涉藏地区原始自然崇拜和万物有灵观念，之后形成了因为祭祀"拉则"（"拉则"系藏语音译，汉语意为"神宫"）而形成的祭祀石堆的崇拜，最后慢慢演变成了玛尼石刻。[③] 在此基础上，有学者指出，玛尼石刻的历史渊源还与本教[④]和佛教有关，张鹰

---

① 尕藏加：《果洛石经产生的历史背景》，《西藏研究》1996 年第 3 期。
② 凌立：《浅析藏族崇尚嘛呢堆的缘由》，《康定民族师范高等专科学校学报》2005 年第 1 期。
③ 康·格桑益希：《辉宏拙朴的藏族民间玛尼石刻文化》，《西藏艺术研究》2011 年第 1 期。
④ 本教、苯教，学界有两种用法，目前较多采用"本教"。

《有藏人的地方就有玛尼石》一文认为，"玛尼石是本教与佛教文化相互融合的产物"①。国内还没有学者对玛尼石刻的成因进行归整，但综合上述学者的观点，便可对玛尼石刻的成因有一个比较立体的了解。其一，玛尼石刻源于藏族原始自然崇拜和万物有灵信仰；其二，是本教和佛教相互融合的产物，佛教的"不杀生"观念正好与原始的自然崇拜相吻合，因此佛教传入之后，玛尼石刻已不再像以前堆在路边、河边、山间，用作路标或者简单祭祀山神的石堆，这时候，雕刻"玛尼石"已成为宗教信众一种日常的宗教信仰方式；其三，青藏高原上得天独厚的自然环境，石材易于采挖，同时，石质较软，易于雕刻。因此形成了蔚为壮观的玛尼堆、玛尼墙，甚至是玛尼城。更求多杰的硕士学位论文《玉树嘉那嘛呢石研究》，探讨了玉树嘉那嘛呢石的形成、发展及其文化特点，此研究相对完善。②

2. 玛尼石刻的分类

李翎在《藏族石刻艺术概述》一文中，从造像类别将玛尼石刻归结为三类：一是单体造像，分为佛、佛母、护法、罗汉、度母、成就师、菩萨和天王；二是组合造像，分为怙主二尊、双身像、长寿三尊、宗喀巴师徒三尊、坛城主尊及眷属；三是塔及文字，分为塔、六字真言和经文。③而张虎生在《嘛呢石：信仰生活与乡民石刻艺术》一文中，按玛尼石雕刻的内容和题材，将玛尼石概括为三类，即文字类、图像类和器物类。文字类包括六字真言、经文；图像类包括佛、菩萨、护法神等宗教或社会世俗形象；器物类包括佛教的各种法器。④另有康·格桑益希在《玛尼：藏族民间石刻文

---

① 张鹰：《有藏人的地方就有玛尼石》，《旅游》2003 年第 12 期。
② 更求多杰：《玉树嘉那嘛呢石研究》，中央民族大学，硕士学位论文，2008 年。
③ 李翎：《藏族石刻艺术概述》，《西藏研究》2003 年第 4 期。
④ 张虎生：《嘛呢石：信仰生活与乡民石刻艺术》，《齐鲁艺苑》2006 年第 4 期。

化》一文中，按玛尼石刻的表现内容大致分为四类，即灵兽动物类；兽头人身神祇类（后转化为护法神）；经文咒语六字真言及其他符号类；佛、菩萨、高僧大德类。① 在笔者看来，藏族雕刻玛尼石，若从素材来源看，大体可分为以下三类：一是世俗素材；二是民间传说；三是宗教素材。其中世俗素材包括社会生活和动植物形象；民间传说素材包括格萨尔石刻；宗教素材包括六字真言、神佛菩萨、高德大僧、器物及经文。

3. 玛尼石刻的功能和价值

从现有文献来看，对玛尼石刻功能和价值的研究，大多是散见于综合性较强的文章中。吕春祥在《藏传佛教嘛呢石刻艺术的精神内涵及其意义》一文中指出，嘛呢石刻艺术具有促进社会和谐、社会教化和心理疏导的意义。② 罗桑开珠在《玉树嘉纳嘛呢石及其文化价值》一文中认为，嘉纳嘛呢石城中遗存的本教嘛呢"玛哲米叶"，以及唐代文成公主进藏路过此地时留下的石刻佛像、嘛呢石等文化遗迹，对研究整个藏族的历史、宗教、文化和汉藏关系提供了极高的实物资料。③ 李杰在《藏北嘛呢石刻》一文中指出，玛尼石具有很高的历史、佛教、人文、艺术价值，但并没有对此做深入的解析。④ 韩书力在《西藏玛尼石刻浅析》一文中，也认识到了玛尼石所具有的宗教价值，并指出玛尼石刻的主要意义还在于为宗教服务。⑤ 宋卫哲在《青海藏族石刻艺术的现代流变》一文中探讨了玛尼石刻的文化变迁，并且指出其在突出民族精神、时代特征、艺

---

① 康·格桑益希：《玛尼：藏族民间石刻文化》，《世界宗教文化》2004 年第2 期。

② 吕春祥：《藏传佛教嘛呢石刻艺术的精神内涵及其意义》，《中央民族大学学报》（哲学社会科学版）2009 年第4 期。

③ 罗桑开珠：《玉树嘉纳嘛呢石及其文化价值》，《青海民族大学学报》（社会科学版）2010 年第2 期。

④ 李杰：《在藏北嘛呢石刻》，《中国西部》1996 年第4 期。

⑤ 韩书力：《西藏玛尼石刻浅析》，《美术》1985 年第8 期。

术传承等方面所起的作用。① 此外，索南卓玛的硕士学位论文《和日石雕起源及艺术特点研究》（藏文），以青海泽库县和日村为中心，叙述了石雕艺术的历史起源、发展及近况，解析了和日石雕的工具、雕刻内容和刻法，进而探讨了和日地区石雕艺术的特点和价值，对拓展和日石刻文化研究有重要的参考价值和有益的启示。②

（三）对碑刻的研究

藏族碑刻与中原地区大多数碑刻一样，起着记言传事、歌功颂德的作用，因其有着很高的历史文献价值，所以相关的收集和录用很早就已经开始了。但基本上集中在各州各县的州志或县志当中，除前文述及碑刻研究的相关著作，论文主要集中于碑刻的分布和规格、碑刻文字的释读，以及对碑刻所反映出的历史事件的解读等。

一些学者关注和探讨了碑刻的分布及规格。李永明《藏族金石文献源流》一文，搜集了藏族上起吐蕃时期、下讫元、明、清三代，共 61 块藏族碑刻文献，并标注其雕刻的大致时期和原碑所在之地。③ 杨从彪在《佛塔·石刻·碑铭·印经院：布达拉宫散记》一文中，指出了拉萨地区所遗存石碑的规格大小。④ 巴桑旺堆在《吐蕃石刻文》一文中，指出了"雪碑""谐拉康西碑""谐拉康东碑""琼结桥头石碑""工布朗噶碑"等碑的分布。⑤ 虽然这些研究基本上只是对相关碑刻的简单介绍，并未做更深入的解读，但对后续研究依然具有参考价值。值得一提的是，朝本加的硕士学位论文

---

① 宋卫哲：《青海藏族石刻艺术的现代流变》，《湖北第二师范学院学报》2012 年第 11 期。

② 索南卓玛：《和日石雕起源及艺术特点研究》（藏文），中央民族大学，硕士学位论文，2015 年。

③ 李永明：《藏族金石文献源流》，《西藏民族学院学报》（社会科学版）1995 年第 4 期。

④ 杨从彪：《佛塔·石刻·碑铭·印经院：布达拉宫散记》，《风景名胜》2000 年第 3 期。

⑤ 巴桑旺堆：《吐蕃石刻文》，《西藏研究》2009 年第 1 期。

《浅谈吐蕃赞普时期的石碑及摩崖石刻文献》（藏文），阐述了吐蕃时期石碑和摩崖石刻的文献价值，按时间顺序，整理了吐蕃各赞普时的碑铭，并对其进行了分类整理。[1]

一些学者则从历史学角度对相关碑刻进行了收录和解读。如姚薇元的《唐蕃会盟碑跋》[2]，张政烺的《跋唐蕃会盟碑》[3]，王尧的《唐蕃会盟碑梳释》[4]，均对碑文进行了抄录，并且逐渐深入，更正了之前有关碑文的错漏。此外，还有汶江的《赤松德赞碑铭试解》[5]、张永发的《吉隆唐碑记》[6]、吴景山的《塔尔寺四通汉字碑文正误》[7] 等，均是对某一碑刻的研究，但基本上只涉及具体碑刻文字的释读、校注、翻译，以及历史事实的解读，注重碑刻文字的文献价值，而没有注意其所具有的艺术价值，更没有从民族学、人类学的角度去审视其所具有的功能和价值。

（四）对摩崖石刻的研究

对摩崖石刻的研究，人们很早便有关注，但基本上也只是集中在各县的县志当中，局限于收录，没有做过多的研究和解读。从相关论文来看，大多是对其艺术特征和文化内涵的扼要介绍。

近代以来，首先对藏族摩崖石刻有所关注的是藏族学者巴桑旺堆，其在《新见吐蕃摩崖石刻》一文中指出，通过实地查看，考古发现了洛扎摩崖石刻，并对其上的文字进行了翻译和考释。囿于时代和技术原因，该文虽对文字的翻译和考释不免有所纰漏，但却为

---

① 朝本加：《浅谈吐蕃赞普时期的石碑及摩崖石刻文献》（藏文），中央民族大学，硕士学位论文，2007 年。

② 姚薇元：《唐蕃会盟碑跋》，《燕京学报》1934 年第 15 期。

③ 张政烺：《跋唐蕃会盟碑》，《文物》1959 年第 7 期。

④ 王尧：《唐蕃会盟碑梳释》，《历史研究》1980 年第 4 期。

⑤ 汶江：《赤松德赞碑铭试解》，《西藏研究》1982 年第 5 期。

⑥ 张永发：《吉隆唐碑记》，《中国民族》2003 年第 3 期。

⑦ 吴景山：《塔尔寺四通汉字碑文正误》，《中国藏学》1999 年第 2 期。

后人的研究打下了基础。① 所以才有后来的霍巍、新巴·达娃扎西及江荻，这几位学者分别从历史学和文字学的角度，对洛扎摩崖石刻进行了研究和解读。其中，霍巍和新巴·达娃扎西合著的《西藏洛扎吐蕃摩崖石刻与吐蕃墓地的调查与研究》一文，分析了洛扎摩崖石刻与吉堆吐蕃墓地的关系。② 江荻的《西藏洛扎吐蕃摩崖石刻的语法特征及翻译》一文，通过对洛扎吐蕃摩崖石刻盟誓文本逐行逐字的分析，归纳出古藏语的部分语法特征和书写特征，并在语法分析的基础上，重新释读摩崖文本的内容，对前人的翻译进行了校正，提出了新的中文译文。③ 如此，便为后人的研究提供了较为可靠的文字材料。格桑多杰在其硕士学位论文《浅析吐蕃王朝时期碑文之洛扎石刻》（藏文）中，对吐蕃时期洛扎石刻的原文进行了较为细致的分析和研究，并考证其大致的凿刻时间。④ 许新国《露斯沟摩崖石刻图像考》一文，对青海海西蒙古族藏族自治州都兰县"露斯沟"（俗称"骡子沟"）石刻内容、年代、族属，以及反映出的相关历史问题予以考证。⑤ 之后很长一段时间，藏族摩崖石刻的研究成果寥寥无几，但桑德布金和达哇扎西的硕士学位论文，论述较为全面。桑德布金的《玉树地区吐蕃时期摩崖石刻考述》，通过对玉树地区两处摩崖石刻造像及题记的考察和解读，阐述其特点，指出两处摩崖石刻对藏族艺术文化所作出的特殊贡献。⑥ 达哇扎西的《玉树贝多普贤行愿品摩崖石刻研究》（藏文），通过对贝

① 巴桑旺堆：《新见吐蕃摩崖石刻》，《西藏研究》1982 年第 2 期。
② 霍巍、新巴·达娃扎西：《西藏洛扎吐蕃摩崖石刻与吐蕃墓地的调查与研究》，《文物》2010 年第 7 期。
③ 江荻：《西藏洛扎吐蕃摩崖石刻的语法特征及翻译》，《民族翻译》2014 年第 4 期。
④ 格桑多杰：《浅析吐蕃王朝时期碑文之洛扎石刻》（藏文），中央民族大学，硕士学位论文，2011 年。
⑤ 许新国：《露斯沟摩崖石刻图像考》，《青海社会科学》1994 年第 2 期。
⑥ 桑德布金：《玉树地区吐蕃时期摩崖石刻考述》，中央民族大学，硕士学位论文，2008 年。

多普贤行愿品摩崖石刻和昌都丹玛岩石刻密切关系的考证，借以研究唐蕃关系，资料弥足珍贵；并且该文还对贝多普贤行愿品摩崖石刻的字体、现行藏文字体及古藏文文献中提及的相关字体进行了比较研究，进而分析总结了贝多普贤行愿品摩崖石刻内容和结构的特点。①

（五）对格萨尔石刻的研究

《格萨尔王传》是一部对涉藏地区人民影响至深的英雄史诗。在流传过程中形成了多种多样的传播方式，既有浅显易懂的说唱方式，也有诸如文字史诗、石刻雕像、唐卡等具体的传播形式。石刻雕像就是其中独特的存在形式。其中格萨尔石刻艺术最负盛名的要数位于四川甘孜、阿坝两州交界地区的莫斯卡。从现有数量不多的相关论文中，可洞察有关格萨尔石刻研究的基本倾向。

1. 格萨尔石刻的分布和存放方式

最早接触四川莫斯卡格萨尔石刻的是杨嘉铭，他在《两进莫斯卡——寻访格萨尔石刻》一文中，以自叙的方式，将自己如何进入莫斯卡、如何发现格萨尔石刻的经过娓娓道来，在谈及第二次进入莫斯卡的时候，对莫斯卡现存的格萨尔石刻艺术品进行了搜集整理，发现了"格萨尔喇空""卡斯甲都格萨尔塔""吉尼沟青麦格真神山"三处依然保存有格萨尔石刻的地方，为后来的研究打下了基础。② 谢祝清在《四川甘孜遗存格萨尔现状考》一文中，指出了四川格萨尔石刻的分布，着重分析和总结其存放方式，有露天堆放、室内存放、龛窟存放和镶嵌四种，对如何保护遗存的格萨尔石刻提出了对策建议。③ 岗·坚赞才让在《格萨尔石刻艺术的调查与

---

① 达哇扎西：《玉树贝多普贤行愿品摩崖石刻研究》（藏文），西北民族大学，硕士学位论文，2014 年。
② 杨嘉铭：《两进莫斯卡——寻访格萨尔石刻》，《中国西藏》（中文）2004 年第 4 期。
③ 谢祝清：《四川甘孜遗存格萨尔现状考》，《四川民族学院学报》2014 年第 5 期。

思考》一文中，指出除了在莫斯卡有格萨尔石刻外，位于川、青、藏边界地区的石渠县也保存着大量格萨尔石刻；并且通过调查发现，目前对格萨尔石刻的保护存在两种方式，一是抢救性保护，二是生态性保护。在比较两种保护措施异同的基础上，作者提出了经济性保护，即把格萨尔石刻当成艺术品，以供买卖。①

2. 格萨尔石刻的分类和艺术特点

杨环在《试论莫斯卡格萨尔石刻文化特性》一文中，分别从莫斯卡格萨尔石刻遗存的数量、分布、刻制时期、存放方式及分类方面，概述了莫斯卡格萨尔石刻的大致情况，而后分析指出了莫斯卡格萨尔石刻的艺术特点，即类型一致、谱系完整、忠实于《格萨尔王传》文本、地域特色浓厚、精湛的艺术性等特点，进而从自然生态背景和文化生态背景两方面分析了格萨尔石刻得以在莫斯卡长期传承的原因。② 仁钦东珠和兰却加合撰的《文化人类学视角下的格萨尔石刻艺术》一文，在分析格萨尔石刻艺术形成背景的基础上，指出格萨尔石刻艺术具有形象单一，但表现形式细腻、深受藏传佛教影响、忠实原创、整体性、神灵体系等特点。③

3. 格萨尔石刻的功能和意义

公保才让在《格萨尔石刻文化的人类学解读——论康区宁玛派与格萨尔文化的渊源关系》一文中指出，在莫斯卡，格萨尔王就是当地的保护神，格萨尔石刻蕴含着整合及约束新部落的文化功能。因地理气候条件的变化，或部落内部的矛盾，或生存空间的不适，游牧部落的迁徙历来很频繁，在迁徙过程中还有整合的现象，人烟稀少的青藏高原是游牧部落的生息地，这些游牧部落在迁徙的过程中必须遵

① 岗·坚赞才让：《格萨尔石刻艺术的调查与思考》，《西藏研究》2006 年第 3 期。
② 杨环：《试论莫斯卡格萨尔石刻文化特性》，《西藏研究》2014 年第 3 期。
③ 仁钦东珠、兰却加：《文化人类学视角下的格萨尔石刻艺术》，《中央民族大学学报》（哲学社会科学版）2015 年第 3 期。

循的一个原则是"游而不散，移而不流"，需要维持一定的部落组织规模和保证一定的人口数量。为了达到这一"群居"目的，不得不用一个通贯"全体"的总保护神来约束，而莫斯卡"全体"的保护神便是格萨尔王神了。再者，格萨尔石刻的另一效应是文化需求的补充，对在酷寒环境中生存的藏族来说，不仅需要物质上的满足，还有对足够的精神生活之渴望。在农闲牧余之际，融文化娱乐、联络情感、释放压抑、增强认同为一体的各类祭祀仪式便是补充这一精神缺憾的有效能量。这种仪式活动的核心轴就是对格萨尔王多角度的供养和祭祀，如煨桑呼唤、膜拜转圈、跳神舞巫、插箭竖旗、放飞风马、念经诵词、说唱咏诗、马术竞技等具体活动，格萨尔石刻的功能，显而易见。也有学者明确解析了格萨尔石刻的文化功能，即格萨尔文化的阐释功能、传承功能、民族精神凝聚功能。① 谢祝清、唐星明合撰的《论藏族格萨尔石刻艺术的文化意蕴》一文，通过对格萨尔石刻艺术的研究，管窥古代藏族的文化心理、人文特征及历史文化内涵，指出格萨尔石刻艺术表现了藏族勇敢坚韧、开拓进取的民族个性和锄强扶弱、惩恶扬善的道德精神，这便是格萨尔石刻所带来的价值和意义。② 格萨尔石刻是藏族石刻文化的重要组成部分，从以上分析来看，对格萨尔石刻的研究，自 2002 年杨嘉铭发现莫斯卡格萨尔岭国人物谱系石刻至今，成果多以论文的形式出现，所涉及学科有历史学、人类学、艺术学，除上述几方面研究外，有关格萨尔石刻文化传承和保护的研究，尚关注不够。

值得注意的是，在许多报纸、旅游散记中也记载了藏族石刻文化，虽非学术性研究，但文中所描写的某一大石刻文化遗址或遗存，或某处的摩崖石刻，或行走在路边偶然发现的某一碑刻，对后

---

① 公保才让：《格萨尔石刻文化的人类学解读——论康区宁玛派与格萨尔文化的渊源关系》，《青海社会科学》2010 年第 3 期。

② 谢祝清、唐星明：《论藏族格萨尔石刻艺术的文化意蕴》，《艺术探索》2011 年第 6 期。

续的研究大有裨益。如黄河发表在《中国青年》的《藏地玛尼石》①，林森发表在《旅游纵览》的《镌刻在石头上的经文——瞻访和日石经胜迹》②，解琛发表在《对外大传播》的《青海"和日石经墙"》③。另外，《新华每日电讯》所刊载吴光于的《新寨玛尼堆又见朝圣者》④，《光明日报》刊登刘鹏、祁万强的《镌刻在长江源头的经卷》⑤ 等诸如此类的相关文献，其中有述及藏族石刻艺术品的分布区域，有对当地人文环境的介绍，对后续研究都有重要的文献参考价值。

从已有藏族石刻文化研究来看，有几个方面需要拓展研究。首先，从整体看，应探索建构藏族石刻文化的研究体系，构建藏族石刻文化多维度、多学科交叉研究和交流机制，凸显其学术价值，十分必要。其次，从研究主题看，应适当拓展藏族石刻文化的研究范围。石刻不仅是人们创造的文化，也是一门艺术，包含绘画艺术、造像艺术、雕刻艺术和书法艺术等。其研究范围不应仅局限于历史学、文字学、宗教学、考古学等。近年来，随着青海三江源生态移民工程的实施，传统的藏族石刻在有的移民新村已逐步发展成为牧民搬迁后解决生计问题的新产业——石刻业，青海泽库县和日村就是一个典型的例子。基于田野调查，从民族学、人类学学科领域寻找和挖掘有关藏族石刻文化的新议题，具有很强的应用价值和较大的研究空间。再次，从研究方法看，应进行多学科方法的交叉研究。充分运用和加强民族学、人类学田野调查方法，充分使用参与观察以及主位与客位相结合的方法，还可运用口述史方法等，收集丰富的田野资料，系统、全面、深入地了解石刻相关信息。利用录

① 黄河：《藏地玛尼石》，《中国青年》2011 年第 2 期。
② 林森：《镌刻在石头上的经文——瞻访和日石经胜迹》，《旅游纵览》2008 年第 11 期。
③ 解琛：《青海"和日石经墙"》，《对外大众传播》2000 年第 7 期。
④ 吴光于：《新寨玛尼堆又见朝圣者》，《新华每日电讯》2005 年 5 月 15 日第 1 版。
⑤ 刘鹏、祁万强：《镌刻在长江源头的经卷》，《光明日报》2015 年 7 月 22 日第 5 版。

音笔、照相机、微信等现代媒体设备，记录下"朵果"①的一言一行，建立数据库，保证进行藏族石刻文化的民族志研究时，其描述、分析的客观性和真实性。正如格尔茨所说："民族志描述有三个特点：它是解释性的；它所解释的是社会性会话流；所涉及的解释在于将这种会话'所说过的'从即将逝去的时间中解救出来，并以可供阅读的术语固定下来。这类描述还有第四个特点，至少，我是这么做的：它是微观的。"②

二 非物质文化遗产传承人研究综述

2004 年全国人民代表大会常务委员会批准第 32 届联合国教科文组织大会上通过的《保护非物质文化遗产公约》，2006 年国务院批准文化部确定的第一批国家级非物质文化遗产名录（共计 518 项），自此，我国非遗保护工作受到了极大的重视，以"保护为主、抢救第一、合理利用、传承发展"为方针的各项工作相继展开。自党的十八大以来，各级文化行政部门深入贯彻习近平总书记关于传承发展中华优秀传统文化一系列重要讲话精神，落实中共中央办公厅、国务院办公厅印发的《关于实施中华优秀传统文化传承发展工程的意见》（2017 年）有关要求，依据《中华人民共和国非物质文化遗产法》积极推动了非物质文化遗产（以下简称非遗）的保护和传承，即深化保护理念，巩固保护成果；提高非遗传承发展水平；构建文化生态，拓展记录工作；大大开拓了现代化非遗传播格局。在这至关重要的五年中，我国非遗保护工作未曾中断且获得了优异的成果。中央民族工作会议指出："少数民族文化块头小，抵

---

① 朵果，系藏语音译，意为刻工或石刻艺人，为贴近事实，后文体现此意的表述根据语境选择使用。

② [美]克利福德·格尔茨著：《文化的解释》，韩莉译，译林出版社 2006 年版，第27 页。

抗市场经济冲击的能力弱，一些非物质文化遗产流失严重，不能等
到失去才懂得珍惜。要弘扬和保护各民族传统文化，去粗取精、推
陈出新，努力实现创造性转化和创新性发展。"① 而非遗是各种以非
物质形态存在的与群众生活密切相关、世代传承的传统文化表现形
式。作为在历史中展开的文化实践活动，具有历史的规定性，非遗
区别于物质文化遗产的一个基本特性，就是依附于个体的人、群体
或特定区域空间而存在的，是一种活态文化。可以说，"活态性"
就是非遗的内在属性。非遗最真实而重要的价值和意义就在于它是
当下人们正在实践着的生活方式，是活的文化事实。而其"活"离
不开文化主体——传承人，活态的本质或核心就是人。② 基于非遗
的活态性，非遗传承人的相关研究便成了学界关注的重点。目前，学
界对非遗传承人的研究，著作较少，论文居多。具代表性的著作有陈
华文主编的《留住传承人》③，徐建辉主编的《北京非物质文化遗产
传承人口述史》④ 系列丛书，蔡亮的《用声音叙事——我是"非遗"
传承人》⑤，陈静梅的《贵州少数民族非物质文化遗产传承人保护研
究》⑥，田艳的《少数民族非物质文化遗产传承人法律保护研究》⑦，
梁莉莉的《传承行为与保护实践：回族非物质文化遗产传承人研
究》⑧，王传东的《中国"非遗"传承人口述技艺丛书》⑨，唐震、

---

① 国家民族事务委员会编：《中央民族工作会议精神学习辅导读本》（增订本），民族
出版社 2019 年版，第 203 页。

② 祁庆富：《论非物质文化遗产保护中的传承及传承人》，《西北民族研究》2006 年第 3 期。

③ 陈文华：《留住传承人》，浙江工商大学出版社 2013 年版。

④ 徐建辉：《北京非物质文化遗产传承人口述史》，首都师范大学出版社 2015 年版。

⑤ 蔡亮：《用声音叙事——我是"非遗"传承人》，浙江大学出版社 2016 年版。

⑥ 陈静梅：《贵州少数民族非物质文化遗产传承人保护研究》，中国社会科学出版社 2016
年版。

⑦ 田艳：《少数民族非物质文化遗产传承人法律保护研究》，中央民族大学出版社 2017
年版。

⑧ 梁莉莉：《传承行为与保护实践：回族非物质文化遗产传承人研究》，宁夏人民出版
社 2017 年版。

⑨ 王传东：《中国"非遗"传承人口述技艺丛书》，山东教育出版社 2018 年版。

张金成的《盘州市非物质文化遗产传承人口述史》①，黄体杨的《非物质文化遗产传承人建档保护研究：以白族传承人及其聚居区为中心》②，等等。在中国知网以"非物质文化遗产传承人"为关键词检索文献，截至 2021 年 12 月，总计有 421 条，其中，期刊论文 266 篇，博士、硕士学位论文 32 篇，其他 123 条。自 2006 年，学界开始关注非遗传承人这个话题，2006—2008 年相关讨论主要集中于报纸，2009 年开始期刊论文明显增多，而博士、硕士学位论文至今则较为分散。这里主要就 2006—2021 年已有非遗传承人研究论文进行梳理分析和展望，以期为后续研究提供参考和借鉴。

（一）非遗传承人的现状分析

一是关于非遗传承人主要特征的研究。王秀玲、霍伴柱《非物质文化遗产传承人的时代特征——以呼和浩特市民间歌舞剧团为例》一文，基于呼和浩特市区域文化的特点，从民间歌舞剧的发展历程、剧目内容、主要特征等层面，结合大量演员经历，对非遗传承人的现状和生存境遇进行了较为细致的描写，指出非遗传承人具有文化水平不高但长期的实践表演经验丰富、吸纳百家之长而自成一派、时代特征鲜明却又与时俱进等特征。③ 郝文军《非物质文化遗产传承人特点及其传承效果研究》一文，通过个别走访和查阅材料，梳理了辽宁省非遗传承人的特征，即平均年龄偏大、整体数量偏少、区域分布相对集中、城乡分布与受众市场暗合、整体学历偏低、经济条件参差不齐等，指出非遗传承人是非遗保护和传承的重要组成部分，在非遗传承和保护中充分发挥这一群体的作用和效

---

① 唐震、张金成：《盘州市非物质文化遗产传承人口述史》，知识产权出版社 2018 年版。

② 黄体杨：《非物质文化遗产传承人建档保护研究：以白族传承人及其聚居区为中心》，中国社会科学出版社 2019 年版。

③ 王秀玲、霍伴柱：《非物质文化遗产传承人的时代特征——以呼和浩特市民间歌舞剧团为例》，《四川戏剧》2014 年第 3 期。

果，具有十分重要的意义。① 濮飞飞的硕士学位论文《非物质文化
遗产传承人的特征研究——以国家级非物质文化遗产项目代表性传
承人为例》一文，重点对非遗传承人个体特征以及群体特征进行探
讨。从个体特征来看，普通传承人与优秀传承人在生活水平、文化
程度、文化心态、社会声望上的差别明显；从群体特征来看，国家
级代表性传承人在 60—70 岁年龄段者相对较多，男性传承人依然
占有主导性地位，整体来看，非遗传承人区域文化烙印明显，地区
经济发展水平为非遗传承人保护带来直接效应。②

　　二是关于非遗传承人面临困境的研究。戚序、王海明《对非物
质文化遗产传承人生存环境的思考——以重庆铜梁扎龙世家为例》
一文通过实地调查，对扎龙世家的生存现状及困境进行多维度、多
视角的系统分析，阐述造成当下包括铜梁龙舞在内的中国非遗传承
人的生存困境和原因，以期从实质上为以铜梁扎龙艺人为代表的众
多传承人群体面临的生存困境提供一些解决思路。③ 刘岩《天水市
非物质文化遗产传承人保护路径探析》一文指出，当前甘肃省天水
市非物质文化遗产保护工作面临着极大的困难和考验，作为在非遗
传承和保护中发挥着重要作用的传承人，也面临人亡艺绝的困境，
一些非物质文化传统技艺因后继乏人而面临灭绝，如何科学有序地
保护非遗传承人，是亟待思考和解决的问题。④ 李苑的硕士学位论
文《三坊七巷非物质文化遗产传承群体生存环境研究》一文，通过
对三坊七巷非遗传承人生存环境的细致分析，从环境变迁、生存状

　　① 郝文军：《非物质文化遗产传承人特点及其传承效果研究》，《商业时代》2013 年第
7 期。
　　② 濮飞飞：《非物质文化遗产传承人的特征研究》，安徽医科大学，硕士学位论文，
2011 年。
　　③ 戚序、王海明：《对非物质文化遗产传承人生存环境的思考——以重庆铜梁扎龙世家
为例》，《西南大学学报》（社会科学版）2011 年第 3 期。
　　④ 刘岩：《天水市非物质文化遗产传承人保护路径探析》，《天水行政学院学报》2015
年第 2 期。

况、存在问题及有益启示四个方面，以小见大，讨论了非遗传承人生存环境中所面临的各种问题，并提出了未来展望。①

三是关于非遗传承人保护对策的研究。杨静、王凯《传统武术非物质文化遗产传承人的现状、问题及对策》一文，以传统武术非遗传承人为研究对象，基于部分传承人的传承现状及在传承中遇到的诸如认定后缺乏规范管理、传承人动态认定滞后、退出机制欠缺等问题，提出探索以人为本的整体保护、活态保护、原真性保护、多样性保护等传承人保护措施。② 康娜娜、张志彬《民族传统体育非物质文化遗产传承人的现状与发展对策》一文，针对民族传统体育非遗传承人现状进行了比较全面的分析，指出应通过提高申报人的文化和专业知识水平、建立健全资金补助和生活补贴制度、把握对传承人进行抢救性调查采录时机、保存文化发展空间、培养杰出传承人等方式来解决其发展过程中遇到的问题。③ 万兆彬《西南民族地区非物质文化遗产传承人培养现状研究》一文，重点探析西南民族地区非遗传承人的培养现状，总结非遗保护和传承中取得的成绩和存在的不足。当前，西南民族地区非遗传承人的培养，应拓展投资渠道，开拓培养思维，完善培养措施，壮大传承人培养队伍。④

（二）非遗传承人的认定制度

第一，非遗传承人认定制度的内容。一些学者讨论了非遗传承人群体认定制度的内容。周安平、龙冠《我国非物质文化遗产传承

---

① 李苑：《三坊七巷非物质文化遗产传承群体生存环境研究》，福州大学，硕士学位论文，2016 年。

② 杨静、王凯：《传统武术非物质文化遗产传承人的现状、问题及对策》，《首都体育学院学报》2017 年第 5 期。

③ 康娜娜、张志彬：《民族传统体育非物质文化遗产传承人的现状与发展对策》，《运动》2012 年第 13 期。

④ 万兆彬：《西南民族地区非物质文化遗产传承人培养现状研究》，《桂林师范高等专科学校学报》2016 年第 5 期。

人的认定探究》一文基于传承主体的不同，将传承人分为本源性传承人和外源性传承人。现阶段我国广泛实施的传承人认定制度主要是以政府名义进行的国家认定制，在此基础上配合实行申请备案制度和群众推荐制度，经过传承人自我申报和群众公开推荐、政府主管部门备案审查、政府最终认可等程序，最大程度上保障非遗传承人的基本权益。这三类制度共同发挥作用，才能激发传承人的传承热情，破解优秀非遗文化后继无人的困境。① 苑利、顾军《非物质文化遗产传承人管理工作中的几个问题》一文指出，传承人是非遗的创造者和传承者，传承人的遴选和认定将直接关系到非遗能否永续传承，根据非遗技术含量、工艺流程等的差异，可将传承人分为个体传承型传承人、团体传承型传承人和群体传承型传承人三大类别，对不同类型的传承人施以不同形式的保护，能在最大程度上避免给非遗的原真性带来"保护性"破坏。② 田艳《非物质文化遗产代表性传承人认定制度探究》一文梳理了我国非遗传承人认定制度的发展历程，明晰了代表性传承人的认定原则，分析了代表性传承人的退出机制。③

第二，非遗传承人认定制度的不足。一些学者重点关注非遗传承人认定制度存在的问题和现实的出路。黄玉烨、钱静《我国非物质文化遗产传承人认定制度的困境与出路》一文认为，目前我国采取代表性非遗传承人的认定制度存在认定方式单一、一般性传承人的权益没有保障、缺乏造血式的私权激励等问题，应构建多元的传承人认定模式，既要进行代表性传承人、个体性传承人的认定和资助，也要保护一般性传承人和团体性传承人的合法权益，从而推动我国非遗的

① 周安平、龙冠中：《我国非物质文化遗产传承人的认定探究》，《知识产权》2010年第5期。

② 苑利、顾军：《非物质文化遗产传承人管理工作中的几个问题》，《河南社会科学》2015年第4期。

③ 田艳：《非物质文化遗产代表性传承人认定制度探究》，《政法论坛》2013年第4期。

保存、保护和发展工作的进行。① 王书彦等《体育非物质文化遗产传承人认定制度探析》一文则指出，非遗传承人认定制度中存在的种种问题，即体育非遗传承人申报审核制度难以规避地方不当利益，评审机制中体育机构和民间话语权缺失，传承人评审标准模糊，依据来源单一，对濒危项目及传承人关注式微，属地申报原则对传统武术类体育非遗项目传承人保护带来了一定困扰等。② 另外，檀畅《论我国非物质文化遗产传承人制度》一文指出，我国现有关于非遗传承人的法律机制在非遗传承人问题上存在认定程序烦琐、资格取消制度不合理、传承人权利待遇不足等问题。③

第三，非遗传承人认定制度的优化。有些学者重点讨论了我国非遗传承人群体认定制度管理体系的优化建议。滕希望《武术非物质文化遗产传承人的选拔与考核》一文提出了武术传承人的选拔和考核制度，以期为传统武术的传承提供有益的建议，通过这些制度的实施，能够更有效地保护和传承武术非物质文化遗产。④ 周超《中日非物质文化遗产传承人认定制度比较研究》一文，对我国传承人认定制度的形成、特点及问题进行初步归纳，通过非遗传承人认定制度的中日比较，借鉴有益经验，提出改进和完善我国非遗传承人认定制度的立法建议。⑤ 唐穆君《非物质文化遗产传承人认定制度的反思——基于乡村秩序裂变语境》一文，从农耕文明角度观察非遗传承人认定制度存在的问题，认为现代化进程对乡村生活空

---

① 黄玉烨、钱静：《我国非物质文化遗产传承人认定制度的困境与出路》，《广西大学学报》（哲学社会科学版）2016 年第 3 期。

② 王书彦、韦启旺、张英建、周建、崔雪梅、杨万林：《体育非物质文化遗产传承人认定制度探析》，《武汉体育学院学报》2014 年第 12 期。

③ 檀畅：《论我国非物质文化遗产传承人制度》，《内蒙古民族大学学报》（社会科学版）2016 年第 1 期。

④ 滕希望：《武术非物质文化遗产传承人的选拔与考核》，《搏击》（武术科学）2015 年第 1 期。

⑤ 周超：《中日非物质文化遗产传承人认定制度比较研究》，《民族艺术》2009 年第 2 期。

间及维持秩序产生重大影响，非遗传承人认定工作虽然完成了技术层面的构建，但是在价值认定和文化认同上并没有形成有固定内核的群体组织。对此，应从乡村文化角度出发，自下而上看待认定程序，完善非遗传承人认定制度。① 何建良《非物质文化遗产传承人保护研究》一文提出，非遗保护的关键在于对传承人的保护，合理有效的认定制度是保护传承人的前提和首要步骤，此外，建立一个以代表性传承人为核心的政策措施、法律法规和科学长效的保护机制是保护传承人的有效举措。②

（三）非遗传承人的保护机制

首先，针对生存现状，强化培养机制。白杨《民族传统体育非物质文化遗产传承人保护研究》一文指出，对民族传统体育非遗传承人的保护及其保护机制体系的完善，是理论界关注的热点问题。③ 马伟华《主体的彰显：非物质文化遗产传承人保护问题研究》一文认为，在非遗保护过程中，只有从日常生活、技艺传承、保障体系构建等方面对传承人进行全方位保护，非遗保护才能真正取得成绩。④ 黄永林《非物质文化遗产传承人保护模式研究——以湖北宜昌民间故事讲述家孙家香、刘德培和刘德方为例》一文提出，保护非遗传承人，要结合非遗的实际情况和特点，避免盲目的"商业化""产业化"，以免破坏"非遗"的原生态性，对其本质产生不好的影响。⑤ 何建良《非物质文化遗产传

① 唐穆君：《非物质文化遗产传承人认定制度的反思——基于乡村秩序裂变语境》，《广西社会科学》2020 年第 2 期。

② 何建良：《非物质文化遗产传承人保护研究》，《农业网络信息》2017 年第 8 期。

③ 白杨：《民族传统体育非物质文化遗产传承人保护研究》，《大舞台》2015 年第 11 期。

④ 马伟华：《主体的彰显：非物质文化遗产传承人保护问题研究》，《青海民族大学学报》（社会科学版）2016 年第 4 期。

⑤ 黄永林：《非物质文化遗产传承人保护模式研究——以湖北宜昌民间故事讲述家孙家香、刘德培和刘德方为例》，《中国地质大学学报》（社会科学版）2013 年第 2 期。

承人保护中存在的问题与对策》一文指出，在当前非遗传承人保护中，面临保障不力、环境改变、后继乏人等诸多问题，这既有传承人地位低下、保障不力的原因，也有社会演化观念变迁的原因。①周丽华、王卓《我国民族传统体育非物质文化遗产传承人保护与培养机制的构建》一文，探讨了民族传统体育非物质文化遗产传承人保护与培养机制，对传承人应当统一规划，加强组织机构建设；科学认定，广泛开展普查工作；建立档案，面向社会广泛宣传；加大投入，保障传承人的权利；社会各界共同参与，为传承提供有力保障。②

其次，针对评价困境，完善评估机制。段超、孙炜《关于完善非物质文化遗产保护政策的思考》一文指出，在制度实施过程中，必须制定法规制度的实施办法，加强执法检查，增强制度刚性，以保证各项制度落到实处。③佟玉权《非物质文化遗产传承人的保护与制度建设》一文指出，在非遗传承人的保护制度建设问题上，应该坚持将认定制度与申报制度相结合，重点关注传承人群体中的特殊人群，此外，还应加大对传承环境的建设力度。④陈慧娟《河北省非物质文化遗产传承人社会保障现状及提升研究》一文，试图从传承人的社会保障机制入手，为传承人解决后顾之忧，使他们更好地传承非遗，有利于全面促进非遗的保护工作及其可持续发展。⑤彭庆新、李文凌《加快建立和完善非物质文化遗产传承人保护的长效机制》一文，以江西省吉安市非遗传承人的生存现状为例，对保

① 何建良：《非物质文化遗产传承人保护中存在的问题与对策》，《学理论》2017 年第 6 期。

② 周丽华、王卓：《我国民族传统体育非物质文化遗产传承人保护与培养机制的构建》，《体育成人教育学刊》2014 年第 5 期。

③ 段超、孙炜：《关于完善非物质文化遗产保护政策的思考》，《中南民族大学学报》（人文社会科学版）2017 年第 6 期。

④ 佟玉权：《非物质文化遗产传承人的保护与制度建设》，《文化学刊》2011 年第 1 期。

⑤ 陈慧娟：《河北省非物质文化遗产传承人社会保障现状及提升研究》，《文化创新比较研究》2017 年第 32 期。

护非遗传承人的长效机制进行研究，以期为推动建立一个以代表性传承人为核心、科学有效的传承机制提供借鉴。① 许雪莲、李松《非物质文化遗产保护中的评估机制与实践》一文梳理了非遗保护体系的评估标准，在制度建设上首先应给予政策法规保障，在保护工作各环节开展评估，同时还要进一步细化评估内容，明确人员、机构的定位和分工，完善非遗传承人的评估机制。②

再次，针对监管乏力，深化法律机制。赵家琪等《非物质文化遗产传承人的法律保护——基于阿坝州的实证分析》一文指出，非遗的特性决定了人是保护、传承和发展的核心因素，加强对代表性传承人的保护是非遗保护的关键。③ 叶盛荣《非物质文化遗产传承人的法律机制探讨》一文认为，要使保护工作落到实处，必须建立切实可行的传承人认定、保护和监管机制，对传承人进行有效认定，保障其合法权益，督促其自觉履行义务，从而使非遗的传承和发展得到有效保障。④ 徐蓓雯《非物质文化遗产传承人法律保护刍论》一文指出，对传承人的法律保护应是全面、系统的，这就需要我们对传承人的法律认定、法律地位、权利与义务关系，以及社会保障制度进行更为深入的研究。⑤ 文晓静《非物质文化遗产传承人行政法保护的反思与发展》一文则较为全面地指出现阶段我国非遗传承人保护政策方面的不足：行政措施缺乏系统性、行政机制整合性不完善、监督机制不健全、认

---

① 彭庆新、李文凌：《加快建立和完善非物质文化遗产传承人保护的长效机制》，《艺术科技》2014 年第 11 期。

② 许雪莲、李松：《非物质文化遗产保护中的评估机制与实践》，《中南民族大学学报》（人文社会科学版）2019 年第 5 期。

③ 赵家琪、燕朝西、张邦铺：《非物质文化遗产传承人的法律保护——基于阿坝州的实证分析》，《技术与市场》2012 年第 11 期。

④ 叶盛荣：《非物质文化遗产传承人的法律机制探讨》，《长沙民政职业技术学院学报》2010 年第 3 期。

⑤ 徐蓓雯：《非物质文化遗产传承人法律保护刍论》，《安康学院学报》2013 年第 1 期。

定制度不规范等，应当着重完善非遗法律规范体系，建立有效的行政机制，增加社会监督力度，保证程序的公正性。①

（四）非遗传承人的培养方式

一是以教育为主的非遗传承人培养方式的重要意义。当前，非遗传承人整体面临着受教育水平低、传承方式单一等问题，以教育为主的非遗传承人培养方式，对非遗的活态传承和可持续发展意义深远。陈鹏《非物质文化遗产传承人培养研究——以广西为例》一文指出，非遗传承人的培养，必须认识到培养非遗传承人的重要意义，应当更加注重教育的作用，加强培养力度，注重培养方式的选择，强化非遗传承人的队伍建设。②郭芳《非物质文化遗产传承人才的学院培养模式探究》一文认为，非遗保护的重点是传承人才的培养，传统的非遗传承人才的培养模式受到各种因素的影响而无法继续，要使非遗传承后继有人，就必须与现在的教育模式——职业教育相结合。③万兆彬《非物质文化遗产传承人培养与职业教育融合发展路径——以民族地区为例》一文提出，从职业教育的视角出发，对民族地区非遗传承人培养与职业教育的融合发展路径展开系统化的探讨，具有十分重要的理论和现实意义。④吴彬《创建非物质文化遗产传承人才培养立体教育体系的构想》一文指出，对于培养具有综合素质的非遗传承人才，我国高校尚未形成较为完整的立体教育体系，应从中小学、大专、本科以及传承教学基地等方面入手，建立立体且完整的传

---

① 文晓静：《非物质文化遗产传承人行政法保护的反思与发展》，《广西社会科学》2015 年第 5 期。

② 陈鹏：《非物质文化遗产传承人培养研究——以广西为例》，《广西师范学院学报》（哲学社会科学版）2016 年第 3 期。

③ 郭芳：《非物质文化遗产传承人才的学院培养模式探究》，《湖北函授大学学报》2013 年第 12 期。

④ 万兆彬：《非物质文化遗产传承人培养与职业教育融合发展路径——以民族地区为例》，《广西民族师范学院学报》2017 年第 1 期。

承人教学体系。① 索昕煜《非物质文化遗产传承语境下的艺术设计实训教学探索》一文指出，将非遗的保护与传承工作引入艺术设计专业实训教学环节是大学文化传承功能的具体践行，是专业建设的创新和特色。②

二是以高校为主导的非遗传承人培养方式的具体对策。基于非遗传承人群体的培养现状，一些学者认为，应着重以高校、高职院校教育作为培养非遗传承人的主要方式，并提出相关的建议和策略。张鹏《非物质文化遗产传承人和高校大学生双向培训模式的构建——以沈阳师范大学为例》一文提出，非遗是一个民族活的灵魂，高校则肩负着一个国家未来的发展希望。高校不仅承担着传播传统文化的重要使命，更是非遗活态传承行之有效的途径。③ 雷文彪《论我国非物质文化遗产传承人才的培养策略》一文指出，制定一整套具有全面协调性、整体指导性和现实操作性的非遗传承人培养方案，对于非遗传承和保护十分重要，例如，扶持高校"理论实践型"人才培养模式等。④ 刘永武、郭义玲《高师音乐类非物质文化遗产传承人专业课程建设思考》一文指出，当音乐类的非遗作为一门专业进入高师音乐教育时，作为高师院校，有着保护和传承非遗文化的历史责任。⑤

三是多种方式并存的非遗传承人培养方式的未来展望。多元的非遗传承人培养方式，不仅是对以教育为主的非遗传承人培养方式

---

① 吴彬：《创建非物质文化遗产传承人才培养立体教育体系的构想》，《神州民俗》（学术版）2012 年第 6 期。

② 索昕煜：《非物质文化遗产传承语境下的艺术设计实训教学探索》，《教育教学论坛》2013 年第 17 期。

③ 张鹏：《非物质文化遗产传承人和高校大学生双向培训模式的构建——以沈阳师范大学为例》，《艺术教育》2017 年第 17 期。

④ 雷文彪：《论我国非物质文化遗产传承人才的培养策略》，《克拉玛依学刊》2013 年第 1 期。

⑤ 刘永武、郭义玲：《高师音乐类非物质文化遗产传承人专业课程建设思考》，《艺术教育》2014 年第 6 期。

的有益补充，也是激活非遗传承内驱力，变被动传承为主动传承的重要方式。刘晓宏《现代学徒制：非物质文化遗产传承人的培养》一文，基于现代学徒制的非遗传承人培养模式，以全面提升民族传统工艺的传承优势、以降低非遗传承的成本、以培养现代学徒的职业价值认知，强调工学结合、多元化培养，实现非遗传承人的培养新范式。① 冯雪红、向锦程《"人"造石刻：和日村石雕传承的主体、方式与意义》一文，以青海泽库县和日村为个案，讨论了非遗藏族石刻的传承方式主要有师徒相承、家人沿袭、婚嫁传输、政府培训，从这些传承主体和共存的传承方式可以看到和日石刻文化得以传承至今的内在机理。② 李艳林的硕士学位论文《我国非物质文化遗产传承人培养模式研究——以陕北民间艺术为例》一文，通过分析非物质文化相关理论和我国非遗传承人基本概况，分析和讨论了构建我国非遗传承人培养模式的目标、原则及内容，进而对构建培养模式提出了运行思路和制度保障建议。③

（五）非遗传承人的保护措施

学界关于非遗传承人保护措施的研究可谓百花齐放，种类繁多，涵盖了多个领域，众多学者提出了十分具有参考价值的措施。

其一，使用现代化科学技术保护非遗传承人。张静《"互联网＋"背景下河南非物质文化遗产的传承与保护》一文提出，关于河南省非遗创新保护的有效路径，可以利用网络本身强大的传播优势为河南省非遗的传承保护开启新的模式。④ 郭辉《手机 APP 在非物质文

---

① 刘晓宏：《现代学徒制：非物质文化遗产传承人的培养》，《绥化学院学报》2018 年第 6 期。

② 冯雪红、向锦程：《"人"造石刻：和日村石雕传承的主体、方式与意义》，《广西民族研究》2018 年第 1 期。

③ 李艳林：《我国非物质文化遗产传承人培养模式研究》，西安工业大学，硕士学位论文，2015 年。

④ 张静：《"互联网＋"背景下河南非物质文化遗产的传承与保护》，《旅游纵览》（下半月）2017 年第 3 期。

化遗产传承人建档中的应用及思路——美国 StoryCorps 项目的启示》一文，通过分析我国非遗传承人建档工作的现状及手机 APP 应用状况，剖析美国 StoryCorps 口述史项目中手机 APP 的设计思路，提出我国非遗传承人建档 APP 的基本理念和功能模块，并建议从法律上明确非遗传承人传承项目的公开范围，以宣传、奖励等方式吸引公众使用非遗传承人建档 APP，从而将这一项目推行至更广泛的社会公众。① 施为民《民族地区非物质文化遗产传承人电视纪录片的创作与传播》一文，试图从电视影像的角度，结合创作实践，对此类纪录片的人文价值、创作原则、艺术特色等进行分析，以期为民族地区非遗传承人纪录片的创作与传播提供借鉴和参考。②

其二，通过博物馆相关活动保护非遗传承人。张新瑞、夏瑞雪《被动的"主人"——从非遗活动主题"人人都是文化遗产的主人"说起》一文提出，越来越多的博物馆将动态的、民俗的"展览"搬进博物馆，博物馆作为文化事业的主角，在社会变革中身兼重任。非遗作为"活态"的文化并不是静止的，将这些东西搬进博物馆是为了更好地保护它们。③ 朱莉莉《非遗公众活动：强化博物馆非遗传播效应的思考——以南京博物院非物质文化遗产馆为个案分析》一文，探讨了南京博物院 2017 年度重点工作项目"非遗馆技艺类展示及民俗类展演"，博物馆特色非遗活动目标公众的设定、非遗项目进馆可操作性的筛选、非遗项目内容的真实性及最终效果评估体系建立等，对非遗传承人的保护意义

---

① 郭辉：《手机 APP 在非物质文化遗产传承人建档中的应用及思路——美国 StoryCorps 项目的启示》，《档案与建设》2017 年第 3 期。

② 施为民：《民族地区非物质文化遗产传承人电视纪录片的创作与传播》，《楚雄师范学院学报》2013 年第 2 期。

③ 张新瑞、夏瑞雪：《被动的"主人"——从非遗活动主题"人人都是文化遗产的主人"说起》，《收藏界》2013 年第 11 期。

深远。①

　　其三，利用口述史相关方式保护非遗传承人。（1）口述史研究方法和口述史价值。王小明《口述史给非物质文化遗产研究提供的新视角》一文，通过对非遗传承人口述史访谈这种方式，可以更加清晰地掌握文化遗产研究的整体脉络，以此为出发点，为非遗的研究发展提供新思路。② 党旗、乌兰其其格《蒙古族科尔沁叙事民歌的传承与保护——以国家级非物质文化遗产传承人何巴特尔口述采访为例》一文，基于国家级非遗传承人何巴特尔的口述访谈，对科尔沁民歌传承和保护中的问题进行了探讨。③ 冯云《西藏非物质文化遗产传承人口述史的价值与方法研究》一文，分析了西藏非遗传承人口述史的学术价值、文化价值、历史价值和社会价值，对西藏非遗传承人口述史的收集、整理及数字化开发和利用等具体方法进行了探讨。④（2）口述史建档和数据库的联动使用。韩双《非物质文化遗产保护视角下的口述档案研究》一文指出，非遗文化具有群体记忆、口传心授等特点，而口述档案则是非遗文化传播的一种重要媒介，它通过口头形式记录了非遗传承人所掌握的知识，保护了非遗文化中最容易被人遗忘的部分。⑤ 李秋生《保定市非物质文化遗产传承人口述数据库研究》一文提出，通过对非遗传承人进行严格的口述史记录，重点关注他们的人生经历、技艺传承以及技艺背后的文化生态、文化记忆等，以此为基础引入网络数据库技术，建

---

　　① 朱莉莉：《非遗公众活动：强化博物馆非遗传播效应的思考——以南京博物院非物质文化遗产馆为个案分析》，《民族艺术研究》2018 年第 5 期。
　　② 王小明：《口述史给非物质文化遗产研究提供的新视角》，《西北民族研究》2012 年第 3 期。
　　③ 党旗、乌兰其其格：《蒙古族科尔沁叙事民歌的传承与保护——以国家级非物质文化遗产传承人何巴特尔口述采访为例》，《内蒙古艺术学院学报》2018 年第 3 期。
　　④ 冯云：《西藏非物质文化遗产传承人口述史的价值与方法研究》，《西藏民族大学学报》2017 年第 6 期。
　　⑤ 韩双：《非物质文化遗产保护视角下的口述档案研究》，《档案管理》2017 年第 5 期。

立较为完备的非遗传承人口述数据库，是保存和传承宝贵文化遗产的创新举措和有效途径。① 汤建容、何悦《关于武陵山区非物质文化遗产传承人档案管理的思考》一文，对武陵山区非遗传承人档案管理模式即确定传承人、结合非遗项目、采取现代化手段管理传承人档案进行了探究，以期对保护国家非遗和丰富档案管理内容有所助益。②（3）口述史和图书馆档案资源的有效利用。刘永涛《图书馆非物质文化遗产档案资源的构建、开发与利用》一文，对非遗的属性及其图书馆档案资源，图书馆不同级别、类型、传承方式，以及非遗传承人档案资源的构建、开发和利用进行了探讨，旨在为图书馆非遗档案资源管理中的构建、开发和利用提供参考和借鉴。③陈爱蓉《图书馆对非物质文化遗产口述档案的建立、保护与传承利用探讨》一文，通过分析图书馆开展口述史工作的作用与图书馆发挥口述档案管理职能作用的有效合作，提出图书馆应该与非遗保护中心联袂建立非遗口述档案，合理利用口述档案资源，保护和传承非遗。④

其四，借鉴海外经验保护非遗传承人。任学婧《非物质文化遗产活态传承策略研究》一文介绍了日本非遗活态传承的经验，指出我国可以借鉴海外传承经验，与时俱进，创造出具有时代意义的、符合当代人审美和精神文化需求的非遗，使非遗融入现代生活，走进大众的日常生活。⑤ 罗蕾的硕士学位论文《非物质文化遗产传承

---

① 李秋生：《保定市非物质文化遗产传承人口述数据库研究》，《合作经济与科技》2014 年第 23 期。

② 汤建容、何悦：《关于武陵山区非物质文化遗产传承人档案管理的思考》，《科技文献信息管理》2013 年第 2 期。

③ 刘永涛：《图书馆非物质文化遗产档案资源的构建、开发与利用》，《山西档案》2018 年第 6 期。

④ 陈爱蓉：《图书馆对非物质文化遗产口述档案的建立、保护与传承利用探讨》，《四川图书馆学报》2016 年第 4 期。

⑤ 任学婧：《非物质文化遗产活态传承策略研究》，《产业与科技论坛》2017 年第 22 期。

人制度研究》一文，通过研究现行我国非遗传承人保护制度，结合国内外非遗传承人保护制度的不同，分析讨论了我国制度需要完善的地方，并提出相应对策。①

其五，以旅游场域为平台保护非遗传承人。邓婷《非物质文化遗产传承人纳入旅游产品体系研究》一文指出，把非遗资源转化为旅游产品，也是非遗保护和传承的一种有效方式。通过参与旅游的开发，让非遗传承人成为非遗展示、保存和发扬光大的载体。② 蔡寅春、方磊《非物质文化遗产传承与旅游业融合发展：动力、路径与实例》一文指出，非遗与旅游业融合发展符合产业融合大趋势，旅游业的发展为非遗提供了新的发展空间和机遇，也为非遗传承人展示非遗文化提供了良好的平台，旅游业的兴起是保护非遗传承人的有效路径。③

此外，学界关于非遗女性传承人的研究少之又少，女性传承人的出现打破了众多非遗传承"传男不传女"的陈规，对非遗女性传承人的保护，非常值得研究。陈静梅《非物质文化遗产传承人制度反思与理论构建》一文从性别角度入手，指出非遗集中体现了民族文化和风俗精髓，而女性传承人也是非遗的重要承载者，在此基础上讨论了非遗传承人的保护和传承措施，从而深化非遗传承人的理论研究。④ 梁莉莉《社会性别视野中的非遗传承人保护路径探索——基于回族女性传承人的讨论》一文，探索符合女性传承人传承行为特征的保护措施，基于女性传承人自身的发展寻求非遗的保

---

① 罗蕾：《非物质文化遗产传承人制度研究》，华中师范大学，硕士学位论文，2013 年。
② 邓婷：《非物质文化遗产传承人纳入旅游产品体系研究》，《学理论》2011 年第26 期。
③ 蔡寅春、方磊：《非物质文化遗产传承与旅游业融合发展：动力、路径与实例》，《四川师范大学学报》（社会科学版）2016 年第1 期。
④ 陈静梅：《非物质文化遗产传承人制度反思与理论构建》，《广西社会科学》2014 年第5 期。

护路径，成为当前传承人保护政策及工作实践需要充分考量的，也是非遗传承人保护模式走向多元和深入的迫切要求。[①]

（六）非遗产传承人的断层问题

还有一些学者在有关非遗传承的问题中讨论了非遗传承人的断层问题。杨娟、王颖《非物质文化遗产传承人断层困境分析——基于社会分层和社会流动理论视角》一文指出，在全球化浪潮下，在工业化、信息化、市场化、都市化的发展之下，非遗传承面临着前所未有的挑战，传承人老年化问题的出现，以及社会分层和社会流动的影响，很大程度上影响了青壮年的价值观取向，从而出现了非遗传承人断层问题，并严重影响了我国非遗的发展。[②] 夏梦洁《非遗视域下的扬州漆艺传承人现状研究》一文论及，扬州漆艺已难以满足当今人们的经济需求，年轻一代往往难以静心钻研、传习扬州漆器技艺，其工艺繁复、培养成本较高，还需要大量时间和精力的投入，这些都是诱发人才断层的原因。[③] 姜庆霞的硕士学位论文《河北省传统戏剧类非物质文化遗产保护研究》一文则谈及，魏县四股弦在 200 年历史的发展中以家族式传承方式为主的模式，如今面临着传承断层问题，造诣较高的戏剧演唱者相继去世，新生代艺人迫于生存压力，不得不离开舞台，当下年轻人又不愿意花费时间学习戏剧。这种情况极大地影响了非遗的有效传承，传承断层现象严重。[④] 黄捷的博士学位论文《非物质文化遗产传承人保护法律制度研究》则提到，由于工业化和全球化的原因，随着城镇化和市场

---

① 梁莉莉：《社会性别视野中的非遗传承人保护路径探索——基于回族女性传承人的讨论》，《云南民族大学学报》（哲学社会科学版）2016 年第 6 期。

② 杨娟、王颖：《非物质文化遗产传承人断层困境分析——基于社会分层和社会流动理论视角》，《浙江海洋学院学报》（人文科学版）2011 年第 6 期。

③ 夏梦洁：《非遗视域下的扬州漆艺传承人现状研究》，《艺术研究》2020 年第 1 期。

④ 姜庆霞：《河北省传统戏剧类非物质文化遗产保护研究》，河北经贸大学，硕士学位论文，2020 年。

化的发展不断加快，许多非遗赖以生存的传统环境正日益萎缩，传承人日渐减少，传承活动难以为继，逐渐出现了后继无人的趋势。[①]

（七）非遗传承人的研究展望

从已有非遗传承人研究来看，主要集中于以下六个方面：非遗传承人的现状分析、非遗传承人的认定制度、非遗传承人的保护机制、非遗传承人的培养方式、非遗传承人的保护措施、非遗传承人的断层问题。这些研究成果，为推动我国非遗的保护和传承工作提供了理论参考，但是也存在不足之处。作为对既往研究的深化和补充，今后对非遗传承人的相关研究可以着重关注以下几个方面。

首先，推动非遗现代化的研究。如何对待非遗的保护和传承是一个历时性的问题，这些跨越时空的优秀文化或许在过去曾经非常辉煌，其名声也曾流传千里，如何将这些文化基因再次融入当代文化之中，能够被人们所接受，这是一个值得思考的问题。优秀非遗的保护和传承，需要与时俱进的理论指导和政策实施，以此推动非遗现代化的研究。加强信息传播，通过受众最广的微信、微博、抖音等平台，或电影、纪录片、图书馆影像资料、VR 等载体，运用类似的数字化技术，循序渐进地推广非遗文化，展现其独特的文化魅力，使这些优秀传统文化能够走进大众视野，为人们所熟知，并且广泛传播。

其次，强化非遗文化与区域文化融合的研究。非遗是区域文化的重要组成部分，也是提升区域文化软实力的重要资源，非遗传承人作为非遗活态传承的关键，是非遗文化与区域文化融合的突破口。中华各民族的文化，既有中华文化的共性，又有各民族文化的特性。各民族文化相互交流交融、相互促进，共同丰富了灿烂的中华文化。从外部看，中华文化与区域文化是一体；从内部看，中华

---

① 黄捷：《非物质文化遗产传承人保护法律制度研究》，广西民族大学，博士学位论文，2020 年。

文化具有鲜明的地域性，由不同的地域文化构成，呈现文化的多元化。如何更具创新性地发展区域文化，是中华优秀传统文化复兴的关键。地域性特征以及地方性文化的传承影响区域文化的形成和发展，发挥区域文化的优势，以符合当地实际情况的创新性开发为主导，驱动非遗所在地区域文化的创新，在理论研究的基础上进行大量的实践尝试，在形式和内容上不断创新发展，总结以往成功案例的经验，结合当地非遗文化以及地方性特征和优势，推动非遗文化与区域文化融合的创新发展。

再次，加强符合时代要求非遗传承人培养方式的研究。基于非遗"活态性"的内在属性，以及面对各种传承困境和断层问题，非遗传承人的培养十分重要。传统的师徒相承、家族相传等模式已经无法应对时代的要求，如今应当加强非遗传承人培养与教育模式的结合，从而形成一套完整且具有竞争力的传承体系。尝试推行学校传承模式，增加传承人的培育数量，同时加大国家政策的扶持力度，吸引企业投资，形成非遗产品链式发展模式，使其具有一定的专业化和规模化。此外，推动传承内容的数字化进程，将传承内容"解码"并"重组"，在口耳相传、书面教授等传统方式的基础上，降低学习成本，将学习过程规范化、标准化、精确化，使非遗的学习和传承更加科学。在夯实非遗传承人传统培养方式的基础上拓展多元化培养路径，使其具有能与时代对话的相应的竞争力和知识水平，这对非遗的保护和传承具有重要的现实意义。

最后，促进非遗创造性转化的研究。非遗的传承困境和消失受到诸多因素的影响，其中，陈旧的传承方式以及落后的发展模式极大程度上制约了非遗的传承。在现代化进程中，传统的师徒相承或是家族相传已无法应对文化的发展速度，传承人群体受到制约，传承人面临经济拮据等问题，这将会影响他们的选择。非遗传统的发展模式也很大程度上影响了非遗的传承，无法吸引更多的人去学习。促进非遗创造性转化的研究迫在眉睫，在保护其原生态内蕴的同时也要与时偕行，在保留优秀且有借鉴价值的传统内容基础上，结合现代化手段和当地实际情况，对其表现形式进行改造，使其能够符合当今大众的需求，从而再次激活其生命力。

总之，有关非遗传承人的研究从未中断过，国家也重视和持续关注这一问题。非遗自古以来是各民族世代相承、与群众生活密切相关的各种传统文化的表现形式和文化空间，它是历史发展的见证，也是珍贵的文化资源。对于中华文化来说，非遗文化则是根脉。加强非遗的保护，是国家和中华民族发展的需要。关注和研究非遗传承人，对于保护和传承非遗文化，丰富和发展中华优秀传统文化，促进文化交流，增进民族团结，推动经济社会可持续发展，以及文化繁荣，意义重大。

第三节　概念界定和研究方法

前文对相关研究的文献综述，一定程度上反映了本研究的大致方向和构想，但有必要对相关概念、研究方法做一个简单的说明，以便能更全面且深入地理解所研究问题。

一　概念界定

石刻：顾名思义，就是运用雕刻技术在石质材料上进行艺术创造。朱剑心《金石学》说："三代之间，有金而无石；秦汉以后，石多而金少，而金亦无足轻重。故欲究三代之史莫如金（及近代出土之甲骨），究秦汉以后之史莫如石。"[①] 其意是说，中国最早的石

---

① 朱剑心：《金石学》，商务印书馆1940年版，第13页。

刻始于秦汉时期。从石刻成品的题材和功能可大致分为陵墓类石刻、宗教类石刻及其他石刻。对于石刻，和日村村民有这样的说法："石刻就是刻了字的石头。刻石头是一种行为，不叫石刻。至于刻了字的石头具体叫什么，由它上面刻的经文而定。在我们的观念里，普通的石头就是普通的石头，但在上面刻上经文后就不是普通的石头了，我们就不能踩在上面，要放在高处，防止人畜踩踏，不然就是对神和佛的不尊重。"①

刻工：刻工在中国古代属于百工之列，但居于社会底层，鲜见史料。对石刻刻工的考述始于清人叶昌炽。后来随着石刻资料的不断丰富，考述和辑录石刻刻工的著作和文章也不断增多，如曾毅公的《石刻刻工录》、官桂铨的《〈石刻刻工录〉补正》、程章灿的《宋代石刻刻工辑补》等。雕刻技术精湛的"刻工"，在藏语中音译为"朵果"，指专门从事石头雕刻的石刻艺人。按藏族人的观念，人类的所有知识可分为五类，称为"五明"，五明又分为大五明和小五明，其中石刻属于大五明中的工巧明，主要是雕刻经文或为佛陀造像。

石经：石经是运用石刻工具将经文刻于石板之上，从而形成石刻经文。按藏族人的观念，刻一部经文，就相当于念了一部经文，有助于刻者获得善业功德；将经文刻于石板上，不仅利于保存，也可使佛法传承千古；将刻好的石经堆放在山头、村口、湖边和道路两旁，经历风雨，有助于众生获得"加持"（"加持"系藏语音译，汉语意为"功德"）。

石经墙：石经墙是由众多的石经或石刻图像组成，往往建于山的高处，以避免人畜践踏，保持其神性。石经墙一开始可能是一小堆的石经，后来经过藏族人不断地添加堆放，逐渐发展成为规模宏

---

① 冯雪红、向锦程、张梦尧：《青海藏区石刻的流动及其社会文化意义变迁——一个三江源生态移民村的个案考察》，《民族研究》2019年第2期。

大、藏经丰富的石经墙，进而发展成为藏族信众用来礼佛的宗教活动区域。

石刻业：石刻业是以石刻为依托，近些年逐渐发展起来的新型文化产业，是政府为解决搬迁牧民的生计问题而大力扶持的文化产业项目。发展至今，已集原料采挖、工坊雕刻、包装销售、宣传展览为一体，形成了完整的文化产业链条，不仅使移民增收，同时也为传承和保护石刻或其他传统文化提供了良好的借鉴。

二 研究方法

本研究主要运用了文献研究法和田野调查法。

（一）文献研究法

文献研究法是进行人文社会学科研究的主要方法之一，通过搜集、鉴别、整理文献以及对文献的研读形成对事实科学认识的方法。在展开研究之前，首先阅读大量有关藏族历史与文化方面的书籍，了解藏族历史与文化，以避免在田野调查阶段和文本书写阶段造成通识性的错误。另外，还要阅读本地的县志，一方面，了解本地历史风貌，另一方面，可了解本地的风土人情，为深入田野点打下基础；在全面搜集有关藏族石刻文化和非遗传承人文献资料的基础上，经过梳理、归纳、总结和分析，从而更好地把握相关研究现状和不足，结合以往研究探寻本研究的切入点，提出要研究的问题。

（二）田野调查法

田野调查法是民族学、人类学最为核心的研究方法，是收集资料的主要方法之一。民族学、人类学田野调查的方法主要是参与观察和访谈。本研究主要通过参与观察和访谈，深入田野，和当地人同吃、同住、同生活，记录他们的日常生活，描述他们的社会规则，阐释他们的行为观点，从不同角度客观、全面地反映调查内容和调查时的状况，与当地人建立良好的关系，通过深度访谈记录非遗传承人的生活史资料、选择和期望，基于一个内部人的视角对他们所面临的问题进行分析，从而展开讨论。通过参与观察，尽可能深度参与到当地人的生产生活中，观察和日村石刻非遗传承人的日常生活、学习石刻的经历及其现在的从业状态，描述和日村非遗传承人的生存现状，他们面对种种情况所做出的判断、选择及原因。并且对当地人进行深度访谈，以求尽可能真实、全面地了解石刻非遗传承人的生产生活情况、有关石刻的事迹以及他们自己和他人对石刻传承人的一些看法。

三　调查过程

本研究的田野点是青海黄南藏族自治州泽库县和日镇的和日村。我们的田野调查分为两个阶段，历时三个多月。按照主体内容的组成部分，第一个阶段，主要由笔者之一向锦程完成；第二个阶段，主要由笔者之一东宇轩完成，并且协助向锦程进行第一阶段的田野调查近十天。现就两个阶段的田野调查过程按时间顺序分别予以呈现。

（一）三访和日

向锦程先后三次前往和日村进行田野调查，他是这样讲述的。

我第一次下田野是 2015 年 7 月 19 日至 8 月 20 日，历时一个月。这是我第一次下田野，毫无经验，其间我主要协助同门师兄完成关于和日村生态移民后续产业问题的调查和相关田野资料的收集，为后续和日石刻文化传承与保护的系统调查做重要铺垫。

2016 年 2 月 17 日到 2 月 28 日，这是我第二次下田野，历时十天。这是我第一次独自去田野点——和日村，此行目的主要是为了考察冬天生态移民的生产生活情况，尤其关注他们的石刻活动。冬季比较寒冷，高原上牧草稀少，冷冽的寒风刮起时，沙层突起，霎时黄沙漫天，看不见任何东西，只能低头走，即便用口罩捂住口鼻，也难以呼吸到不带沙尘的空气。走在路上，风沙强劲，一不小心就会一个趔趄。有时天气非常好，晴空万里，可以望见远处的雪山，但风依然强劲。从调查来看，相比夏季，冬季村里的活动多为宗教活动，例如，正月十五的晒佛节、正月十四以家庭为单位的祭山神活动。也有世俗的娱乐活动，例如，元宵节前三天开始的藏戏表演。2015 年暑假在和日村调研时，给我们担当翻译的角巴曾说："冬天村子里许多村民会刻石头。"① 但是冬季，在我来的一个多星期里，所见并非角巴描述的那样，村子里几乎没人在刻石头。角巴是我要好的伙伴，他在青海民族大学学习唐卡的绘制，今年（2016 年）大三，他不会骗我，难道我遇到了小概率事件，正好碰上村子里的人今年冬天不刻石头，还是另有他因呢？对于这个问题，我像剥竹笋一样步步深入，在田野中一探究竟。

2016 年 7 月 20 日到 8 月 21 日，又一个暑假，我开始了第三次田野调查。调查初始，依然是我一个人，拿着之前已经准备好的调查问卷，跟着翻译南措吉②，每天去寻找合适的调查对象，日复一日，按部就班地进行着我来前制定的调查计划。到了 7 月的最后一天，东宇轩前来陪同我做大约 10 天的调查。但是，慢慢地我发现，和去年相比，这个村子发生了变化，村子里刻得好的人成立了私人公司，村里的和日石雕艺术有限公司——村民口中的"公家公司"或"村上公司"——已名存实亡。而那些以刻经为主的人，大多不

---

① 角巴，向锦程的翻译，和日村前任村主任的大儿子，2015 年寒假和 2016 年暑假做调查时，向锦程住在他家，与他们同吃同住。

② 南措吉，另一个翻译，角巴的妹妹，在黄南藏族自治州同仁县城读高中，2016 年读高二。

再刻石头了，而是选择了去镇上和村子旁边正在修路的工地上打工，直到晚上才会回到村子里。村民们依然待我很好，但在访谈中有些村民便不再像去年那般对我推心置腹了。这难道就是移民之后市场经济冲击给这个村子带来的变化吗？这些变化萦绕心间，挥之不去，但同时也成为我探求真知的一种动力。

　　走向田野，最深感纠结和新奇的是我第一次下田野。那是2015年7月19日，我的导师冯雪红教授带着师兄和我，开始了这一年度的田野调查。可能对于导师和师兄来说，这是一次普通的田野之行，但对我而言，意义非同寻常，因为这是我第一次真正意义上的下到田野，心中不免兴奋、紧张。兴奋的是，我即将亲身去感受和体验雪域高原上的藏族文化；紧张的是，我一个来自湖南的南方人，上了高原会不会有高原反应，因此而丢了性命？因为不止一次，或从道听途说中、或从网络流言里听到或看到"某一个来自平原的人，上了高原就再没下来"。说实话，这一度让我打了退堂鼓，也一度怀疑自己是不是搞错了选题，后来经过强烈的内心挣扎，好奇心还是战胜了畏惧之心，"上高原，探真知"，成为我第一口"自给"的精神食粮。

　　从宁夏银川出发前往青海西宁当日，高速公路上车辆特别多，我们乘坐的长途快客被夹在车流中，寸步难行。更糟的是，汽车走到半路上就坏了，经司机初步检查，是输油管子破裂，汽车正在漏油，庆幸的是，车出故障的地点离宁夏中宁县城并不远，汽车还能坚持行驶到修车的地方，不过坐在一辆正在漏油的汽车上，总觉得缺少点安全感。经历了塞车、坏车和多起车祸现场，我们终于在晚上10点前后到达了西宁市，这比平常整整晚到了四个多小时。到达西宁后，我并没有高原反应，只是觉得太冷了，直打哆嗦。后核查确知西宁市位于湟水中游河谷盆地，是青海的东大门，平均海拔2200米左右，属于大陆性高原半干旱气候，年平均气温7.6℃，虽是夏季，晚上穿一件衣服还是觉得冰凉，因此被世人称为"夏都"。

第二天，为了赶早班车，我们起得很早，收拾好东西，又准备出发了。走在清晨的西宁街上，并没有想象得那么冷清，我们在酒店对面的商店买了一些馍馍①，在车站旁边的面馆吃了一碗地道的拉面，这时候太阳出来了，感觉稍微暖和了一些。9点汽车发动了，对于未知的不解，驱使着我的好奇。汽车先在城里转了半圈，随即驶上了京藏高速甘青段高速公路，但跑了不到半小时，便在平安县下了高速，而后转203国道。这一小段路程里，并无什么惊奇，路的两边绿化很好，栽种有耐寒的植被，再往远处看，大多是秃了的山头，给人一种苍凉的感觉。而路边的湟水，不急不慢，缓缓而下。到达平安县后，汽车开始爬坡，窗外的风景也随之大变，原先光秃秃的山头，渐渐出现了青草悠悠的草山，但并未见着牛羊。也就是那一刻，随着海拔的升高，我开始出现了耳鸣，汽车发动机的声音，人们谈论的声音，一切都变得模糊起来。随着时间的流逝，逐渐适应了海拔的变化，耳鸣渐渐消退，听的声音也变得正常了。大概两小时后，到达青海尖扎县境内东部黄河谷地，这里平均海拔1900米左右。可能由于海拔较低，这一段路程，司机开得非常快。这里的黄河水是绿色的，靠近河岸的地方，有一些旱柳和灌木丛，再往远处看，是一层又一层光秃秃的山。公路两边的山很高，基本上没什么树或草，经过千百年的风蚀，山体的表面出现了许多碎石，严重威胁到了行车的安全。车行路上，时不时就会看见标有"注意落石"和"泥石流危险"的标牌，由此可见，这里的生态系统令人堪忧。

13点多的时候，我们到达同仁县政府驻地隆务镇，客车带我们穿过大半个县城后停靠在了热贡桥的西边桥头上稍事休息。下

---

① 馍馍，当地的一种面食，是一种把面粉加水、糖等调匀，发酵后通过蒸笼蒸熟而成的食品，外形为半球形或长条。

照片绪 – 3　同仁—泽库途中的盘山公路

车后，我们站在桥头上，驻足望去，远处的山是绿的，有的山腰上种着油菜，黄绿错落的搭配，给人一种舒适轻柔的感觉。半山腰上有一座藏传佛教寺院，白墙金顶，在阳光的照射下，熠熠生辉，光彩夺目。同仁，藏语中称为"热贡"，而今我们经常听到的"热贡艺术"便植根于此。14—15 世纪，藏传佛教传入同仁地区，生活在隆务河畔的藏族及土族先民，为表示对藏传佛教的信仰，兴起了主要为宗教服务的绘画、雕刻等艺术，其中又以唐卡最为出名。因此，17 世纪的时候，这里被后人称为"人人会画画，家家以艺术为业"的画乡。

　　休息了十几分钟后，汽车继续出发，很快就进入了由隆务河支流冲刷形成的山间地带。这里地势较平，土壤较好，多种植着小麦、青稞和油菜，路两旁的山上都是十几米高的树，有针叶林，也

照片绪－4　公路旁的经幡和风马

有落叶阔叶林。后来才知道，原来我们已进入泽库县境内，这一大片树林，便是麦秀国家森林公园的一部分。客车缓慢地爬完一段盘山公路后，出现在眼前的是一望无际的草原。当车爬到山顶的时候，路的上方悬着许多经幡，路的两边撒满了一小块一小块的"风马"（藏语音译为"隆达"）。车穿过的时候，为了祈福和保平安，当地司机就会按喇叭，或者拉长了嗓子吼上一句。

下午3点多，我们平安到达泽库县城，找到一个川菜馆。吃完午饭，在县城的十字路口找了一辆出租车，车主是藏族同胞，他是和日镇吉隆村人，汉语水平只能说是"阿拉巴拉"（藏语音译，汉语意为"一点点"），谈了一会儿，司机爽快答应，准备送我们去和日镇，收费80元。他先把我们带到泽库县政府大院，在那里我们找到并访谈了三江源办公室负责人，了解了生态移民相关情况。

县政府工作人员很热情，不仅送给我们一本《泽库县志》，还给和日镇政府那边打招呼，执意安排专车送我们去和日镇。我们婉言谢绝后，坐着已谈妥的出租车前往和日镇。车在广袤的草原上奔驰，约一个半小时后，于下午6点多到达了最终目的地——和日镇下辖的和日村。

和日镇城镇面积不大，只有两条街道，一横一竖，从山上俯瞰，宛如汉字的"丁"。路边的房子大多是低矮的平房，临街的作为商铺，后院用来住人。商铺种类齐全，有大型超市，有小饭馆，有卖日用品、杂货的，有修理摩托车、汽车的，还有卖建材的，诸如此类，不胜枚举。镇政府位于丁字街口的西边几米开外，从远处看，政府大楼与和日完小的教学楼，东西遥相呼应，构成了和日镇上两个标志性建筑。和日镇外围被三个移民村和一个牧场包围着，分别是靠近东边的吉隆村、司马村，东北边的和日村，以及西北边的巴滩牧场。据传说，和日镇镇政府所在地以前叫作"周毛多则塘"（"多则塘"为藏语音译，"周毛多则塘"汉语意为"周毛积石滩"）。相传曾是格萨尔王后周毛为背水方便，曾在这里的次哈吾曲河北岸修砌过石阶而得名。[①] 全镇一共1037.47平方公里，辖吉隆、和日、司马、直干木、夏拉、东科日、环科日、羊旗、唐德、叶贡、直麻日等11个行政村，总人口0.7万人，藏族占99.6%。[②] 但镇上也有不少汉族、撒拉族、回族商贩，和藏族群众有生意往来。

到达和日镇后，我们先去了镇政府，在镇政府院子里见到了一个名叫完德扎西的20多岁男子，他当时穿着汉服，讲着一口还算流利的汉语。从他的穿着和谈吐来看，给人一种非常干练的感觉。之后经过完德扎西的介绍，政府工作人员给和日村村支书打了电话，嘱咐他协助我们的工作。初到和日镇，还没来得及找到住处，

---

① 泽库县志编纂委员会：《泽库县志》，中国县镇年鉴出版社2005年版，第61页。
② 泽库县志编纂委员会：《泽库县志》，中国县镇年鉴出版社2005年版，第61页。

完德扎西就带着我们进和日村了。走了几分钟就到和日村的入口了。入口处有一个巨大的牌子，上面写着"高原石刻第一村"，牌子旁边有一块石头，用汉藏两种文字刻着"石雕艺术之乡"，这便是本研究的田野点——地处和日镇东北角 1.5 公里处的和日村，一个生态移民村。

与和日村的村干部接洽后，我们又回到了镇上，经过完德扎西的介绍，我们住进了一家名为"华庆德宗"的宾馆。这是由一家四口人管理的宾馆，但他们并不是老板。一开始，这家男主人坚持说一天的住宿费是 60 元。但后来，完德扎西要来了他老板的电话，通过电话与他老板协商之后，最后房价定为一天 35 元。虽然住的是宾馆，但是房间的条件并没有想象中的美好，一间不到 10 平方米的房中，摆了两张单人床，两床头之间摆了一张桌子，在靠近窗沿下也放了一张桌子，上面摆了一台 20 世纪 80 年代的黑白电视机，门口还放着一个火炉，门后放了一个铁箱子，里面有一点点烘干了的牛粪渣，除此之外，再无他物。等我们安顿好，已经是晚上8 点多了，赶了一天的路，本想拉开随身携带的睡袋，倒头就睡，但没睡一会儿，一股寒意便由脚传至全身，身体止不住地哆嗦。恰其时，我和师兄听到了敲门的声音。打开门，原来是管理这家宾馆的两个帅气的藏族小伙，提着一筐干牛粪，很暖心地问我们：是不是有点冷，我们过来给你们生火。听到他们这样一说，我们仿佛见到了曙光。只见他们干净利落地用手将较大的牛粪掰开后放进炉子里，直至填满，然后用硬壳纸作为引火材料，放进炉子里，盖上炉子的盖子，大约闷了一会儿，顿时房间内就烟雾缭绕了，随之"嘭"的一声，火苗就蹿出炉子了，不一会儿房间内也渐渐变暖了。后来我们也学着他们的样子，自己掰开牛粪，自己生火，但是只见烟，不见火苗，所以师兄跟我打趣说："生活处处皆学问，一切看似简单的事，做起来还真不一定能成功。"和日地区除了夜晚冷之

外，夏季的天气也是异常不稳定，隔三岔五晚上就会下暴雨，一下
暴雨时，屋外雨下如注，屋内如水帘洞一般，到处漏雨，待到雨
停，我们往往能接满一盆雨水。除了下雨，有时还会下冰雹，落在
屋顶，叮当作响，人在屋内真担心屋顶会塌。

　　此外，在高原上一直有一个难题困扰着我，那就是如何洗澡。
最后发现想洗澡是不可能的。一是条件不允许，华庆德宗宾馆并没
有洗浴间，平常我们洗脸刷牙都是直接在宾馆的院子里解决。二是
在高原上气温不比内地。同样是七八月份，我们出发时已很炎热的
银川，在田野点晚上却还要生炉火。我们不敢洗澡，害怕在洗澡的
过程中感冒，从而引起肺炎等病症。所以，在和日村的那些日子，
我从没洗过澡。后来当从高原上回到海拔较低的区域后，首先找的
不是吃饭的地方，而是找一家可以洗一个热水澡的宾馆，洗去一个
多月来身上的污垢。

　　进出和日村主要有三条村道，其中朝东和朝南的路可以通往泽
库县城；如果走东向的路去县城，会经过贵南县在泽库县的一块飞
地，路程约 70 公里，行车需要大概一个半小时，但是地势平坦，
行驶较为安全。出和日镇往南走，这是 20 世纪和日这一区域内牧
民去往泽库县城最常走的一条路，50 多公里，但因年久失修，路况
较差，还需翻山越岭，更有甚者，晚上行车，运气不好的话还会遇
见狼，所以去县城已很少有人走这段路了。后来从翻译角巴那里得
知，他的一个同学曾经差点成了狼的果腹之物。角巴是这样讲
述的：

　　　　我上高中的时候，在泽库县读书。我有一个同学，他也是
　　和日镇的，我们一起在泽库县上学。有一回他奶奶生病了，他
　　就白天坐车回到了和日镇。因为第二天还要上课，他在回家看
　　了看自己的奶奶后，就向家里要了一辆摩托车，连夜赶回学

校。但在路上他碰见了狼，一开始是一只狼跟着他，一直跟他；跑了 20 多公里，后来是一群狼。他当时害怕极了。他的摩托车上安着一个音响，他就把音响开到最大，给自己壮胆。一开始通过这种方式也吓退了狼。狼多聪明呀！就一直尾随着他，也不攻击他。过了一段时间，狼熟悉这种声音了，十几只狼就缩短了与他的距离，应该是准备攻击他了。不过幸运的是，他在路边看到了一户亮着灯光的帐篷，就骑着摩托车冲了过去。最后那家的阿爸，放出家里的藏獒，狼群就再也没追上来。但是把我那同学吓得不轻！听他自己说，当时以为自己会没命了。自从那次之后，晚上一般我们都不出去。而且住在山上的时候，晚上经常会听到狼的叫声，特别是冬天的时候，有牛羊经常被狼咬死。①

听了角巴的叙述，看似美丽壮阔的草原上，却蕴含着此种危险，以至于调查期间，白天我们都不敢去和日镇周边的山上，生怕在乱石狭缝中遇到正在睡觉的狼。

往西出和日镇，行车 20 多公里，就能到达泽库县西北边最后一个乡镇——宁秀镇，再驱车往西 30 公里，就是同德县城，而且道路宽阔平坦。因此，不管是买重要的东西还是生病就医，和日镇上的人首选之地都是去同德县城，而不是泽库县城；就连镇上的电网都是受同德县电网的管辖，和日村村民基本上都去同德县城交电费。后来听村民说，他们去西宁市，一般不走泽库县、同仁县县城那边，镇上有直达西宁和日村的长途巴士，隔日发车，票价 58 元，走 103 省道，途经泽库县宁秀镇、同德县果洛新村、贵南县、贵德县，最后翻过拉脊山抵达西宁，路程约 480 公里，耗时五个

---

① 据 2015 年 7 月 28 日与角巴交谈的录音资料整理所得。

小时。

（二）融入和日

笔者之一东宇轩也三访田野，历时 60 天，包括在田野点——和日村的第一个阶段，他协助向锦程做了近十天的田野调查。东宇轩的讲述，让我们体会到他是如何融入田野的。

我的田野调查经历并不连贯，但并未影响后续的田野调查，每一次下田野都让我对和日村有了更多的了解，并最终能够深入去挖掘其中的信息。总的来说，我的田野经历大概分为三次。

1. 初识

2015 年 8 月 7 日，我们一行三人从宁夏银川出发，先到了甘肃兰州，再从兰州出发途经夏河县桑科新村、青海同仁县隆务镇，之后到达了青海泽库县和日村。其间在途中经过的村落有短暂停留，并且进行了生态移民问题的相关调查，最后于 8 月 17 日到达和日村，与课题组另外两名成员汇合，其中之一即是向锦程。

这是我第一次来到和日村。回想起来，这个以石刻闻名的村子给我最初的印象并不是那么的好，只记得有一条尘土很多、不太热闹的街道，有些店铺和餐馆坐落在街道两边，大多是平房，路过时遇见的人们，看上去似乎并不富裕，却也没有任何愁容挂在脸上。我们停留的旅店是一排十分简陋的板房，下雨时甚至还会漏雨，有些潮湿的屋内有两个破旧的床铺和一个看起来年代久远的小柜子，床铺上准备了电褥子以及厚实的毛毯，床尾有一张略带残缺的木桌，上面放着一个可能是 20 世纪 80 年代的黑白电视机，但好像是坏的。此外，还有一个可以烧牛粪的铁炉子，在屋外院落的一个小房子里可以随意自取牛粪。虽然屋内有电和插座，使得现代工具得以存活，但总的来说，居住环境并不是很好，不过与我们之前路过的村落——停脚的地方相比，却也好上些许。我们在这个村子进行了短暂的停留，并进行了几天简单的调查，大致了解了和日村的概况，还参观了这里最大的寺院——和日寺以及寺院旁山上的石经墙，尤为壮观。

8月21日，来到和日村汇合的我们三人，与在和日村已做了一个月田野调查的向锦程一起又前往甘南州玛曲县做调查。

可以说，我来到和日村的第一次真的是一面之缘。由于停留的时间只有短短几天，我还未能看清这个村子的种种，也没有了解清楚这个村子的现状和历史就匆匆告别了这里。但这个第一次却也让我知道了有这样一个奇妙的石刻之村的存在。

2. 再访

2016年7月26日，与我第一次前往和日村相同，依旧是我们三人同行，一早便从银川乘坐快客出发，下午时到达了青海西宁。由于时间已晚，便在西宁停留了一晚。第二天一早，我们坐"钓鱼车"（不打表的出租车）来到了同仁县城驻地隆务镇，短暂停留后就前往镇东的一个村子——吾屯上下庄。在那里观看并拍摄了"六月会"的场景。全村的人几乎都来参加了，还可以看到有不少外国游客也慕名而来，场面相当热闹。除了盛大的节日之外，这里还以唐卡闻名。我们拜访了很多当地的唐卡高手，并且做了简单的访谈。在这里停留两天后，我们又前往距离县城不太远的一处名为"三江源"的生态移民村落。在那里进行了两天调查后，准备前往玉树继续调研。很不巧的是，由于我来参加这次田野调查之前身体就不适，需要每天服用中药，持续一周。实际上我从宁夏银川出发时，就随身携带了在医院熬制好的中药。因此，我感觉前往高海拔地区有一定的危险性，于是计划有了改动，我们三人便分开行动。

7月31日，我们兵分两路，我从同仁县城出发，去了海拔相对较低的泽库县和日村，以协助向锦程做田野调查。另外两人则从同仁县城到西宁，紧接着前往玉树调研。这也是我再次来到这个地方——和日村的契机，当时并没有感到有什么特别的，但是现在回想起来，仿佛我跟这个地方有一条看不见的线连着，有着言说不清的缘分。去往和日村的路上，小型巴士路过了重重弯道，爬过一些满是风马的山口，满眼是无边的青青草原，这种风景对于刚来到这里的城里人来说或许十分新鲜，但对于我来说已经屡见不鲜。经过了一段时间，我乘坐的长途巴士终于到达了目的地。我又看到了那条熟悉的街道，又一次来到了和日村。与第一次不同的是，这一次，7月20日独自到和日村的向哥（我这样称呼向锦程）已经早早在停车的地方等待着我。他非常热情地迎接了我，一边问我这么长的路途是否劳累，一边带我前往翻译角巴家里。路上还给我大概介绍了角巴家的情况，也聊了他在这里的日子发生的事情。通过写有"高原石刻第一村"的大门进入村中，没多久我们就到了角巴家中。不过，角巴最近有事外出不在，我向角巴的阿爸阿妈①还有角巴的妹妹南措吉打了招呼。向哥也给阿爸阿妈说明了我来这里帮忙的事情，他们非常热情好客，听过后就同意我和向哥一样也住在他们家中，还说不用担心吃的，告诉我说"有我们吃的就有你吃的"，这让我十分安心。这一天吃完晚饭后向哥跟我聊了很多，顺便也安排了之后的行程，向哥已经是第三次来到这里，在我过来之前他已经在这里调查了十天左右，他让我不用担心，跟着他就行，聊着聊着，很快我们就睡着了。

第二天一早，阿妈给我们做了早饭，她在碗里放入适量的青稞粉，一块酥油，些许曲拉，再倒入开水，就可以捏糌粑吃了。每天有一两顿饭都会这么吃，再就是酥油茶配馍馍，不过晚饭阿妈一定会炒个菜或者做面吃。吃过早饭我们就开始了调查，一直到

① 角巴担当我们的翻译，他家有五口人，除了角巴，还有他阿爸（父亲）、阿妈（母亲）、弟弟、妹妹。由于这次田野调查我和向锦程住在角巴家里，在他家吃住，为了便于交流和礼貌，我们俩也习惯性地称呼角巴的父母亲为阿爸、阿妈。

12：00前后回到家中，吃完午饭稍作休息，大约 14：00 继续进行入户调查，一直到下午六七点再回到家中，吃完晚饭后跟大家坐在一块聊一会天，之后便开始进行当天调查问卷和笔记的整理，一直到凌晨前后，简单洗漱后我们就休息了，有时会聊上两句，有时会累到倒头就睡，可以说每一天的田野调查生活都十分充实，其间还有不少趣事发生。

有一天晚上，阿爸阿妈家的小牛跑丢了。这是小牛第一次跑出院子。我和向哥还有南措吉一起打着手电筒到处找，挨家挨户地问，最后在村后一个邻居家的院子里找到了。小牛脾气相当倔，不肯回家，怎么招呼都不出来，还在邻居院子里面乱跑。邻居家的牛群也茫然地看着这只小牛蹿来蹿去。不过好心的邻居发现了这个情况，马上就出来帮忙。我们一起在院子里来来回回绕了好几圈，但还是抓不到小牛。最后这家男主人不知从哪里拿出了一根绳子，并绕出了一个绳圈，一只手不停地甩着绳尾，将绳圈甩地在空中转了起来，活像一个牛仔，只见他看准小牛跑过来的时机，一把将绳圈扔了出去，绳圈不偏不倚地套在了牛崽子的脖子上。男主人见机一拉绳子，直接将小牛拴了个结结实实，我们这才抓到了小牛。我们三人感谢了邻居后便牵起绳子把小牛往回赶，不得不说这小牛的脾气是怪得很，我们走在小牛后面的时候它就跑得飞起，但是一旦走到它前面的话，它就停住不走了，搞得我们一路上又是拉绳子又是推它屁股的，才把它弄回家。非常有意思的是，小牛一回来就跑去找牛妈妈吃奶了。这个时候南措吉说，小牛如果把奶吃了，我们明天就没得奶喝了，于是她把牛妈妈牵走单独围了起来，小牛一边叫唤一边看着我们，我却笑了，跟向哥开玩笑说："这小牛崽子真可爱。"

但是好景不长，下田野时我每天还在喝着中药，免疫力比往常要低，来到和日村后没多久就感冒了。虽然一直没有太严重的症状，但长时间的感冒还是对我自身的状态造成了一定的影响。有一天我跟向哥像往常一样去作调查，访谈结束后准备离开时，已经快走出门口了，不巧的是这家人的藏獒挣脱了拴着它的铁链，并且向我们跑了过来。本来及时反应过来的话还是可以跑脱的，但当时一个是由于感冒，脑子有点蒙，没有反应过来，再一个是当时向哥先看到了狗，然后不停地对我喊"狗""狗""狗"。那会又刚好是刚做完访谈准备离开的时候，我还以为向哥飙起了英文"go""go""go"，实际上他还带着他家乡的湖南口音。我一下子没反应过来，来不及跑，就被狗咬伤了。当时阿爸知道了这件事后，立马就找了车把我送到了泽库县上。向哥和南措吉也陪我一起去县城。在县城打了狂犬疫苗后我们就返回家中，比较幸运的是没有伤及骨肉，只是皮表伤，还有就是裤子上多了几个小洞。不知道是不是受这个影响，受伤后，有一天晚上我有点喘不过来气，还伴随干呕症状，不知道是什么情况，向哥被我惊醒后赶紧来看我，虽然我嘴上说着没事，但是第二天的状态非常差，好像是感冒加重了，无奈之下只能在家中休息。从这天开始我的记忆就变得模糊。至今还隐约记得离开村子的时候阿爸握着我的手不想放开，一直说没照顾好我，十分内疚，我也不知道该说些什么好，只能让阿爸、阿妈不用担心我，就这样我离开了和日村。不知过了多久，人已经到了车站，向哥把我送上了回家的车，让我回去好好养病，我带着无奈和遗憾离开了这个给我留下了与众不同的值得回忆的地方。从 7 月 31 日到这里后，算下来这一次在和日村也只待了一周多，不过这一次我接触了很多和日村的村民，还有僧人，知道了不少关于这个村子的信息，也对这个村子石刻的发展脉络以及和日寺、石经墙的历史有了一定的了解，并且还参观了和日村篮球队在县城的比赛，对那条不太热闹的街道也熟悉了不少，如果再多给我一点时间的话，我感觉自己应该能很好地融入这个村子当中。虽然充满了遗憾，但正如前面所说，我和这个村子仿佛有着言说不清的缘分，虽然这一天来得稍微晚了一些，但是却填补了我之前的遗憾。

3. 融入

2019 年 6 月 20 日，我第三次下田野，在田野中行走 45 天。出发前往田野的这一天是不久前确定下来的。当决定再一次前往和日村的时候，我的心情充斥着遗憾、愧疚、不安，很是复杂。一个是第一次自己亲自操作，为完成本研究的部分主体内容，要进行长时间的田野调查。另一个是想起上一次的"失败"，内心就感到十分不安。虽然这些都没有表现在我的脸上，但是一路上我都感到十分忐忑。这一天晚上，我与协助我一起做田野调查的两位民族学硕士生从宁夏银川乘上了前往青海西宁的火车，准备到西宁转乘汽车前往和日村。从银川出发到和日村已经快一天了，一路上火车、汽车路过了草原、田地和村落，我一路上睡睡醒醒，已经没有了第一次来到这里时的那种兴奋，途中路过的海拔最高的地方是 3830 米。

第二天 6 点多，我们一行三人终于到达了和日村，距离上一次来到和日村已经过了近三年，这里的变化真的让我很惊异！街道变得比以前更繁华了，各种不同种类的商铺坐落在街道两旁，装修各具特色，大大小小的超市比起以前也多了好几个，各种牌子的小汽车穿行而过。天色已暗，我们四处打听了一下旅店价格，没多久就找到了一个还不错的旅店落了脚，并一起吃了晚饭，之后去超市购置了一些日常用品，也顺便熟悉了一下街道，虽然变化很大，但是大体的结构还是没有变，T 字形的街道，和日桥，还有那条数年来似乎修不好堤防的次哈吾曲河，都和我几年前看到的没什么变化，不过从这里人们的穿着打扮看，仿佛比以前更加富裕了。回到旅店后，我们大致商量了次日的行程，便在轻松的闲聊后就休息了。另外，我也默默在心中想着希望这次不要碰到咬人的狗。

寻找落脚的旅馆途中发生了很有意思的一件事情。我们一开始找到了一家藏族人开的旅店，老板听说我们要住得挺久后便表示可以优惠很多。不过便宜肯定是有便宜的理由的。在他带我们看完房间后很委婉地表示："这个房间，对于你们这种外地来的人而言，实在是太垃圾了。"老板的意思是让我们找一找看看还有没有其他更好的旅店。这简单又朴实的话语着实逗笑了我。实际上在我看来，那个旅店的环境其实还可以，房间里有一个铁炉子，烧的是蜂窝煤，用的煤要另外收钱。但是最大的问题是没有电，这对于我们来说俨然是一件不爽的事情，因为拍照、录音都离不开电，整理材料也要用到电脑，于是我们谢过老板后就去找下一家旅店了。

来到这里的第二天一大早，我们就正式展开了田野调查，第一件事是去找村主任说明我们的来意，看看能不能得到村里的支持和帮助，但不巧的是村委并没有人上班。稍微商量了一番后，我们便前往几年前我落过脚的前任村主任家——当时的翻译角巴家，想跟阿爸阿妈还有角巴打声招呼。走在令人熟悉的村道上，我来到了角巴家，看到了院子里正在洗衣服的阿妈，我摘下帽子喊了一声"阿妈"。阿妈停下手中的活走过来，一下就认出了我，招呼着我们到屋里。大致了解了一下家里的情况后得知，家里只有角巴的弟弟增太加和阿妈在，角巴去了镇上的超市打工，阿爸则去了泽库县城的学校。闲聊了一阵后，我们在增太加的带领下前往现任村主任家，不巧的是村主任并不在家，好像是有事情去镇上了，村里的书记也因为去泽库县城治病而不在村里。于是，我们改变计划想先找找村里的石刻传承人，但是绕了几圈发现都没有人在家。听增太加说，这个时候大多数人不是去挖虫草就是上山放牧去了。正愁该怎么办的时候，我们在村委活动室找到了一位正在雕刻图案的僧人，一开始他并不是很愿意接受访谈，似乎对我们有所防备，但简单的交谈过后，他对我们放下了戒心，还主动邀请我们去他家做客。这个还算比较顺利的入村访谈，给我们的调查开了个好头，也为之后的访谈打下了最初的基础。在他家中做客聊天时发生了非常有趣的一件事，从笔者与他的对话中可以领略：

> 问：您家里人都会雕刻吗？
>
> 答：都会刻，在寺里当阿克的儿子也会刻，就这小家伙不会（他拍了拍旁边小女儿的脑袋）。①
>
> 问：您希望女儿学习石刻么？
>
> 答：希望啊！
>
> 问（小女儿）：你想不想学石刻啊？
>
> 答：不想学。

听到这个回答，我们都笑了起来。而在她犹豫的期间，她的父亲和母亲在一旁一直悄悄对小女儿用藏语轻声说："你说你想学。"在大人看来，这可能只是一个很小的插曲。但在我看来，小孩子的想法能反映出来的东西是最纯真的，或许在不久的将来她会改变她的想法，明白父母的良苦用心。但这一刻她的言语似乎反映出了一个小孩子不愿意吃苦的想法。

之后在和日村的日子里，我通过结合地图定位以及实地踩点的方式，绘制了和日村的一个大概的平面简图。穿过和日桥的河流在当地被叫作"次哈吾曲河"。我们一行三人住在和日镇卫生院旁边的一个小旅店，离和日村100米左右。与和日村石刻息息相关的和日寺在今和日镇政府所在地南一公里处的智合加沟，石经墙就在和日寺旁边的山坡上。

---

① 阿克，藏语音译，汉语意为僧人，下同。

第一章
和日村及和日石刻文化概况

从刻有"石雕艺术之乡"的和日村大门口,顺着水泥主干路——甘珠路往里走大约300米,便到了位于村中央的村委会。进到村委会的办公楼中,右手边是村里近期的详细概况表,从中可以大概了解有关村里的一些数据(2019年),表上写着:

和日村位于和日镇东面,距离镇政府所在地1公里,下辖三个社,辖区总面积3.64平方公里,是以"石雕"艺术而闻名的一个行政村。格村(和日村旧称)以藏族为主,畜牧业为主要生产方式,目前,已成为一个生态畜牧业专业合作社,全村入社率100%,全村总户数257户,总人口960人,其中男475人,女485人,劳动力397人,60岁以上高龄老人78人。共产党员35名,村"两委"班子成员8人,卸任村干部7人。全村学生443名,其中大专51人,高中35人,初中111人,小学28人,适龄儿童27人,入学率100%。全村草场面积62226亩,其中黑土滩14142亩,荒山15470亩,沙滩200亩,其中可利用草场面积34612亩,人均草场面积36.4亩,耕地总面积2000亩,人均占有耕地面积2.1亩。截至目前,全村存栏各类畜 1442 头，其中牛 1371 头，羊 71 只，马 0 匹。

除了这个以数据为主的情况表之外，旁边还有一个关于石刻产业发展基本情况的文字介绍。表中提到了详细的和日石刻传承人人数："目前从事石雕艺术人员 265 人，其中男性 150 人、女性 115 人，国家级非物质文化遗产传承人 1 名、省级 2 名、州级 4 名、县级 37 名。"但在调查中我们发现，州级传承人只有 3 人，有很多是已经报了州级的，但是上面没有下发任何通过审核的通知。和日村现有石刻传承人分为四个等级，其中，以国家级传承人贡保才旦大师的手艺最为精湛。2019 年 6—8 月，我们最后一次在和日村进行田野调查时，大师已是重病在身，不能见客了。而在县级传承人中，有不少人都在山上，他们以畜牧为主业，目前并没有从事石刻行业。

实际上，和日村是一个三江源生态移民示范村，属于整村搬迁，2005 年从八九公里外海拔 3700—3800 米的牧区搬迁而来，迁入地的海拔是 3300 米左右。和日村村民用"上面"指搬迁前山沟里的生存环境，用"下面"指搬迁后现在的生活地点。搬迁前，和日村的祖辈就有少数人从事雕刻，主要刻制藏传佛教经文及僧、佛图像等。搬迁后，在延续传统石刻内容的基础上，村民开始刻牦牛、砚台等与俗世生活相关的作品。传统的石刻手艺为和日村生态移民后续产业发展带来了契机，石刻已形成产业，成为搬迁牧民维持生计的重要方式和后续产业的支柱，带动着全村经济的发展。①

与和日村、和日石刻息息相关的泽库县和日寺，则位于和日村东南边约一公里外的山坡上，是安多地区石刻艺术的发源地，地处青藏高原腹地、泽曲草原深处，那里有当今闻名遐迩的石刻遗产杰作《大藏经》（《甘珠尔》《丹珠尔》）等。艺术之乡使这门古老的

---

① 冯雪红、王玉强：《畜牧业的式微与石刻业的兴盛——青海和日村藏族生态移民后续产业民族志》，《西北民族研究》2017 年第 2 期。

照片 1-1　和日村村委办公楼

照片 1-2　和日村的村口

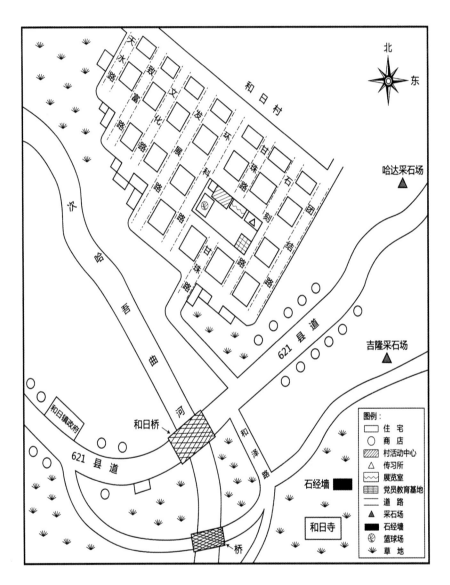

图 1-1 和日村平面示意图

藏族石刻艺术得到了深远的发展，村中僧侣都掌握这种手工艺术。他们以其精湛的雕刻技能和技法，使石刻呈现出鲜明强烈的地方特色，洋溢着活泼灵动的艺术生命力，备受海内外游客的青睐。泽库县和日寺石刻艺术被誉为"世界石书艺术之最"，是独具特色的世界文化遗产的宝库。它具有鲜明的民族特色，具有较高的历史、文化和艺术价值。和日石刻艺术具有别处不具备的特点，诸如勾线绘图、雕刻工具、绘图精细等很多难以被仿制的细节。

和日寺是泽库县最大的藏传佛教宁玛派寺院，建于清道光十一年（1831年），初为帐房寺，后在今宁秀镇卧杰额顿浪山建土房寺。至该寺三世德尔敦·晋美桑俄合丹增（亦称晋美桑杰丹增）时期，该寺迁至今和日乡智合加沟，亦即现在的和日寺所在地。[①] 被誉为世界"石书奇观"的和日石经墙则位于和日寺后面往北约50米处的山坡上。石经墙由一座长达200米、宽约3米、高达2.5米的主石经墙，一座长约20米、宽约1.5米、高约2.5米的新石经墙，以及其他小型石经墙组成。石经墙上放置着众多的石经和石刻佛像，石片上刻有《大藏经》（《甘珠尔》《丹珠尔》）等内容。[②]

第一节 和日村今昔

搬迁后的和日生态移民村位于和日镇东北边，距离和日镇只有几分钟的路程，其地理位置、自然环境和交通情况，与和日镇无异。穿过立在和日村村口写有"高原石刻第一村"的牌子，往里走大约200米，便到了村民居住区。从远处看，次哈吾曲河宛如哈达

---

① 泽库县志编纂委员会：《泽库县志》，中国县镇年鉴出版社2005年版，第11页。

② 冯雪红、向锦程、张梦尧：《青海藏区石刻的流动及其社会文化意义变迁——一个三江源生态移民村的个案考察》，《民族研究》2019年第2期。

一般，由南向西北缓缓从村子的西头流过，最后消失在草地和耕地的深处；村子北面是和日镇司马村移民点，但基本上没有人居住，只有空空的房子；和日村的东头紧挨着吉隆村移民点，两村的距离只有一条马路那么宽。在和日村村委会主体建筑的左边，有一个村民活动中心，是村民娱乐玩耍和开展石刻培训的地方，村子里的活动基本上都在这儿举行。

通过走访调查发现，青藏高原上许多村庄的形成，与在同一地区的佛教寺院有着密不可分的关系。因为大部分藏族群众信仰藏传佛教。每一个寺院，均会定期举办法会。每到法会的时候，来自本地区或其他地区的信教群众便聚集在一起，或听活佛念经、讲经，或做点小生意，久而久之便形成固定的小村庄。位于甘肃省夏河县拉卜楞寺旁边的小村庄就是这样形成的。和日村的形成也与这片区域宁玛派寺院——和日寺的建立和发展密切相关。因此，要对和日村的历史有一定的了解，就必须了解和日寺的建立和发展。

一 过去的和日村

和日寺，位于泽库县城西 70 公里处，在今和日镇政府所在地向南一公里处的智合加沟，早年为帐房寺。约在清道光十一年（1831 年），于宁秀卧杰额顿浪山始建土房寺。现和日寺佛堂 3座，僧舍 38 间，佛塔 4 座，有寺僧 54 人。寺院香火来源主要为原和日四部落，分布在和日、宁秀等地①，是和日地区内最大的宁玛派寺院。

访谈对象阿克宗指（当地习惯于将僧人称为阿克，后同）② 从和日寺历任活佛事迹的角度，给我们讲述了和日寺的历史。

---

① 泽库县志编纂委员会：《泽库县志》，中国县镇年鉴出版社 2005 年版，第 498 页。
② 宗指，25 岁，藏族，和日村人，和日寺僧人，2016 年 7 月 29 日访谈。

　　第一世德敦活佛①是四川德格过来的，叫作久美那错让知，他的上师写下"授记"②，让他去安多。久美那错让知到了青海湖那边，待了一段时间，没有遇上"授记"中提到的弟子和地名，然后就返回去了四川。回到四川的时候，他的第一个上师已经圆寂了。他的第二个上师重新写了"授记"。久美那错让知然后到了河南县（河南蒙古族自治县），在一个叫仙女湖的地方，就待在那边。他理解错了第一个上师写的地名，所以去了青海湖。第二次就找到了仙女湖，他遇上了他的弟子，一直是闭关的，他的弟子弘扬佛法，就在仙女湖那边。然后他想回家了，回德格康曲，河南县那边有个蒙古王爷，不准他回去，康曲有他的弟弟，王爷把他的亲戚都带过来了，带来五户。久美那错让知后来就在河南县圆寂。

　　第二世叫美朋尕俄洛知，他在宁秀那边建了一个寺院叫尕饶恰寺，不是现在的赛合寺，他在那里圆寂，现在有一个活佛叫德格活佛，他的前世叫久美多杰华沃。久美多杰华沃的上师就是第二世德敦活佛。

　　第三世德敦活佛叫久美桑俄丹增，三十七八岁圆寂。久美桑俄丹增有三个弟子。分别是久美多杰华沃活佛、久美去吉尼玛、久美耶西娘俄。久美多杰华沃活佛在和日盖了黑帐篷，一直闭关。还有一个久美去吉尼玛，和久美多杰华沃活佛是师兄弟，还有一个久美耶西娘俄，他们三个人就在和日这儿建立黑帐篷，在这儿修行，然后慢慢收了弟子。他们修行的是密宗大

---

　　① 据当地人说，德敦活佛是和日寺的第一任活佛，现已传至第五世。
　　② 授记，藏传佛教用语，在《佛学词典》中解释道：授记者，预言者。授记便是预言，含有事前推测未来论断的意思。

圆满法，打坐观想修气脉，属于大圆满法，修行的时候冬天河里不会结冰，下雪的时候也不会结冰，石经墙上面有个用土做的房子，就是修气脉的地方。各地的弟子就聚集过来，和日寺建了两百多年。

第四世德敦活佛就是我的上师，叫久美俄赛，是在和日认定的，64 岁圆寂，第四世德敦活佛唯一的上师是班玛特多多杰，班玛特多多杰是久美多杰华沃活佛的弟子，这个活佛是跟第一世德敦活佛的姓氏一样，从河南县仙女湖过来的，老家是四川德格康曲的。

虽然阿克宗指的年龄只有 25 岁，但是他 14 岁出家，然后去四川甘孜佛学院学习了七八年。回来后，又醉心于翻看藏在和日寺内的佛学书籍，这使他对和日寺的发展历史了如指掌。他还准备与现今德格活佛共同出版一本介绍和日寺及和日地区的历史书籍。据他讲，资料已经搜集整理得差不多了，只待最后的校对和检查，而且他所说的与之前我们从和日镇政府所得官方资料大致吻合。从中可以大致推断和描绘出和日寺的发展概况。和日寺的建立先后经历了河南蒙古族自治县仙女湖无寺形态、宁秀卧杰额顿浪山土房寺形态、和日智合加沟帐房寺形态，以及到现在的形态。从仙女湖无寺形态到现在的和日寺，大约历经 200 多年。另外，官方称寺院为和日寺，但是当地人一般将寺院称为"德敦寺"，正好与每一世德敦活佛的名号一样。

当第三世德敦活佛久美桑俄丹增圆寂之后，他的弟子久美多杰华沃、久美去吉尼玛和久美耶西娘俄，在和日智合加沟建立了帐篷寺院，并有许多信众，一路追随他们而来，在和日寺周围定居下来。但和日村的先辈们在一定程度上并不属于追随者，至于为何，或许可以从我们走访过的几位老人的讲述中得到答案。

　　和日村的人是各个村里来的人，来这边挤牛奶，老人和孩子们，还有贫困的人都住寺院那边。马步芳的士兵杀了我爸爸，然后妈妈把我带到了寺院这边。那时候家里穷，要打工生活，除了挤牛奶，还要捡牛粪，给富人家打工。现在咱们村100多户人家里，跟我同岁的基本上都给别人打工，给富人打工，是去泥土里和肮脏的地方打工。在那个时候，有洛迦活佛。① 洛迦活佛把自己的马卖掉，换来青稞，给那些穷人。②

　　以前80户人家的时候叫"格村"，现在的200户人家，是那80户人家的孩子长大后分家而成的。以前80户人家是从各地来的，居住的80户人家是洛迦活佛收养了他们。洛迦活佛将他们聚集一起后，就去外地念经。有报酬后，就分给他们。洛加活佛圆寂的时候58岁。③

　　这个村还有一个名字叫"德敦切格"。我家就属于这80户人家之一。有些老人干不了游牧的活，有些人没有特定的地方住，就住在和日寺的旁边了。村民是从四面八方来的，所以现在大队里（今和日村）有和日周边每一个村的人。这些人来这儿已经很久了，我妈妈78岁的时候就说过。④

　　我阿爸住在寺院那边，我在寺院那边出生。一共有80户

① 80年前和日寺的活佛久美耶西娘俄（当地人一般尊称洛迦活佛）经常接济穷人。
② 拉毛，女，78岁，藏族，和日村人，2016年8月14日访谈。
③ 久美才昂，66岁，藏族，和日村人，2016年7月31日访谈。
④ 卓玛才让，女，57岁，藏族，和日村人，2016年8月1日访谈。

人家的村子，叫"格村"，房子是土做的。当时 80 户人家是从各地来的，从拉仓浑古这些部落来的。以前没有什么住的地方，有些人就搬到泽库，有些人搬到山上，有些人没有牛羊，什么也没有，就搬到寺院边住下来了。当时洛迦活佛一个人养活他们，不是一起搬过去的，是慢慢搬去的。①

从上述访谈中可以发现，现今和日村的先辈们是当时和日四大部落里最穷的人，他们没有牛羊、没有草场，只能给"辛格德"（藏语音译，即牧主之意）放牛羊、割草料和捡牛粪，但维持不了全家人的生活。后来他们的先辈听说和日寺的活佛久美耶西娘俄（洛迦活佛）会给穷人饭吃，因此很多人就从和日四大部落里搬到了和日寺旁边，并重新组建了一个村子，叫"格"（藏语音译）或"德敦切格儿"（藏语音译），即现在和日村的旧称。

1958 年，中共八大二次会议举行之后，"大跃进"在全国展开，很快一股浮夸风吹到了泽库县。同年 9 月，泽库县"全县实现人民公社化，建立政社合一的人民公社 6 个，4493 户牧民全部入社，入社牲畜 643799 头（只）"②。和日地区在 1958 年成立了两个公社，分别是明星公社和前进公社，1959 年合并为和日公社。由原来四个部落组成的格村村民何去何从？从访谈对象久美才昂和扎多两位老人的叙述中，可对当时的历史做一定的还原。

那时候，家里面人比较多的话，就分几个人去放牧，几个人留下来种地。这边比较富裕的人，就住在一起种地。山上的那些人就一起住在一个大帐篷里，一起吃饭。他们没有

---

① 扎多，55 岁，藏族，和日村人，2016 年 8 月 3 日访谈。
② 泽库县志编纂委员会：《泽库县志》，中国县镇年鉴出版社 2005 年版，第 19 页。

在山上定居，可以回到寺院这边。到了改革开放，牛羊分给
了各个家庭，然后各个家庭就再分成了许多小家庭。分没分
草场？什么时候分的？不记得了。分草场之后再分的牛羊。①

1958 年后，以前是哪个山的就回到哪个山上，后来回到原
来村子的也有。当时国家安排有牛羊的家庭去放牧，没牛羊的
就去种地。80 户人家没有一户人家有牛羊，当时就散了，回到
了自己的大队。剩下的就去种地了。富的人家赶牛羊，牛羊被
政府给了那些贫穷的人。牛羊是从和日四个部落里赶过来的。
80 户人家当时都是阿克，很穷。②

以前的那 80 户人家就去山上搭帐篷放牧，留下来的种地。
以前有 40 户在这边种田。这边条件不好，又搬到山上放牧去
了。1970 年前后搬上去的。当时不是自己选的，是大队选的。
所有的收入给了贫民。40 户去山上，40 户去种田。那时候自
己养的牛羊不属于自己，牛羊的收入分给了全村。当时自己愿
意去放牧，是领导安排的。③

虽然三个老人的叙述有一点出入，但是不可否认的是，和日地
区实行人民公社化运动之后，和日寺周边的格村已不复存在，基本
上被划分到各个生产大队，直至 20 世纪 90 年代重新分了牛羊和草
场之后，原先那 80 户人家以及分散的子孙后代又重新被组成为一
个村，即现今移民搬迁前的和日村。

---

① 久美让雄，79 岁，藏族，和日村人，2016 年 8 月 12 日访谈。
② 久美才昂，66 岁，藏族，和日村人，2016 年 7 月 31 日访谈。
③ 扎多，55 岁，藏族，和日村人，2016 年 8 月 3 日访谈。

二　现在的和日村

2005 年，为了响应国家政策，泽库县对许多自然村实施了生态移民搬迁。现在的和日村是一个本乡安置的生态移民新村，属整村搬迁。现有 244 户人家 879 口人，大部分是从距现居地七八公里外的山上搬出来的，还有少数几户是从距和日村 1 公里外的寺庙后山上搬下来的，而且基本上全是藏族。只有 1 户较为特殊，因为这户人家的男主人是一位来自山西的汉族人。和日村搬迁户，按从草山上迁出时间的不同，可划分为生态移民户和游牧民定居户。2005 年搬离草山，定居在村子的 100 户人家，属于生态移民户，人口 444人，并且享受国家三江源补助，即 55 岁以上的老人 16 岁以下的孩子，2005—2015 年，每年每人可以从政府那里领到 5400 元的政府补助，为期 10 年。2009 年以后搬离草山，在村子里定居的 80 户，属于游牧民定居户，共 368 人，他们没有任何补助，住的房子虽然是国家帮助修建的，但需要自筹一定的资金，一般在 5000—10000元之间。① 截至 2016 年 7 月，草山上依然还有 7 户人家没搬下来，国家给他们分了房子，但他们从没有搬下去住过，依然选择在山上放牧，过着游牧的生活，甚至已经忘记了和日生态移民新村自己房子的具体位置。除了自始至终没有搬下来的人之外，村子里还有一部分人选择夏天住在草山上放牧，冬天住在村子里雕刻石头。因此夏季的时候，村子里相当一部分房子是空荡荡的。2016 年夏季，在田野调查期间，以大门紧锁、院子里野草丛生、没有人活动的痕迹为标准，特意数了一下，发现有 65 户属于空户或暂时无人居住。

村庄的整体布局很规整，房子按"五横八纵"排开，每家每户在国家的帮助下修建了一个前院和"一字形"主房，主房用红砖砌

---

① 据原和日村村主任多杰才让访谈资料整理所得。多杰才让在 2000—2013 年担任和日村副主任，2013—2015 年为村主任。

成，由一个客厅和两个耳房组成。2005 年搬下来的牧民，政府还在院子里为他们修建了温室大棚，但后来基本上废弃，变成堆砌杂物或者存放牛粪的地方。而 2009 年搬来的，则没有温室大棚，政府只帮助修了前院和主房。基本上每家每户的院子中央都修有一个煨桑台，每天傍晚太阳落山后，家中的任何人都可以作为煨桑的主持人，从拿煨桑所需青稞种子、柏树枝、白酒的时候，口中就一直念着经文，直到完成整个煨桑仪式。村民的饮食，基本上以面食和肉食为主，偶尔会吃米饭，除了早餐，吃饭并没有什么固定的时间，什么时候饿了，女主人便给家里所有人倒上一杯酥油茶，端出或买或自己做的馍馍、糌粑，一餐就这样解决了。但是晚餐，不管早晚，女主人都会用心来准备，做成的可能是羊肉面片、手抓羊肉，或者牛肉馅的藏包，有时女主人还会炒上一个菜，然后拌着馍馍吃。

服饰方面，除了孩子，村里的男性为了方便打工和雕刻，大都穿得和汉族人没什么区别。女性基本上还是穿藏袍。只有当村子里有活动，或是参加法会、葬礼、婚礼，或是远行走亲戚的时候，男性才会穿藏袍。村里的人，除了上学的孩子，基本上不会说汉语，会的人也只能听懂或说一点点汉语。但是他们去镇上汉族、撒拉族、回族人经营的商店买东西时，并没有什么沟通障碍，因为这些商人有的是会说藏语的，就算不会说的，也会利用手势等肢体语言和他们交流。例如，竖起中指则表示这件物品需要 10 元①。

村民出行，基本上以摩托车为代步工具，但村里也有一些先富起来的家庭有了小轿车。据笔者统计，全村一共 17 户人家有小轿车，6 户人家有中小型货车，3 户人家有三轮车。村里每年藏历六月份都会选一个吉祥的日子，举行村欢会，到 2019 年已连续举办八届。村欢会的时候，男女老少都会穿上崭新的藏袍，首先会在村

_____

① 虽然在中原地区，竖起中指的动作较为不雅，但在和日村却是数字"10"的表现形式。

活动中心的草坪里按小组搭四个帐篷，而后进行文艺汇演，以及打
篮球、扛沙袋、拔河等体育比赛项目，届时村民会载歌载舞、欢庆
三天，但不饮酒，以庆丰收。

需要说明的是，村中一共分为三个小组，村民称作"社"，
"社"的划分主要以原来居住在草山上时山沟的分布为依据。在山
上时，人们居住在"两沟一坪"之内，住在离现今和日村较近的那
条山沟里的村民属于三社，较远的属于一社；居住在坪里的则属于
二社。每一个社都有自己的队长或社长，村委但凡有任何通知，只
要通知到三个"社"的社长即可。在冬季，藏历正月十三、十四这
两天，由村民组成的藏戏团，就会给和日地区内所有群众奉献两出
经典的藏戏剧目，即"松赞干布"和"智美更登"，剧中的角色全
部由藏戏团里的村民自行扮演，其故事的完整、音乐的美妙、服装
面饰的光彩和村民表演的专业，无不引人入胜。村子里还有很多传
统节日，但笔者未曾亲身经历，因此不敢妄下笔墨，后经前村主任
多杰才让的帮助，整理出和日村一年的节日情况表，以作参考，见
表 1 - 1。

表 1 - 1　　　　　　　　和日村一年节日活动表

节日	日期	活动/作用
年	农历十二月三十日，和汉族一样	团圆
藏戏	正月十三至十四日	娱乐
晒佛节	正月十五日，汉族的元宵节	宗教信仰，礼佛
戴面具跳舞	藏历一月三至四日	
祭祀山神	藏历五月四日	祭山神，求平安
村欢会	藏历六月十二至十七日	文艺表演、篮球赛、拔河赛等
放石	藏历十二月十八日	全村一起去放石经

时至今日，石刻业已悄然发展成和日村的支柱产业，2009 年在

村干部的带领下，成立了和日石雕艺术有限公司（以下简称"和日石雕公司"），通过参加展览，对外推广，主营石刻艺术品和石经。2009 年公司成立的第一年便创收 108 万元，2010 年更上一层楼，创收 115 万元，使得全村的人均收入较之前有了大幅度的提高。公司的组织机构也较为完整，公司设有经理、副经理、会计、保管员四个职位，分别由村里的村支书、村主任和两个推选出来的村民担任。另外，还有八名雕刻技术精湛、专门以雕刻为业的村民，即"朵果"（刻工），他们在公司上班，按月拿工资，但他们不参与公司的管理，只负责石材的选择，以及雕刻精美的佛像、动物图像和砚台。公司的经理和副经理名义上是公司的领导者，但起的作用其实仅限于宣传和维持公司的正常运转，另外两个村民参与公司的管理，是为了防止村支书和村主任徇私舞弊，以保证村民的经济利益不受侵害。

公司还有自己的办公地点、艺术品陈列室、"传习所"、石头堆放处、培训基地和各种机械、手工工具。其中公司办公地、"传习所"、培训基地均位于村子中央的村民活动中心，但村里的人和公司的八名刻工基本不在活动中心雕刻，他们自家的院子、走廊或废弃的温室大棚便成了一个简易的工坊，如此既不妨碍平时的生活劳作，也不耽误为公司刻石头，可谓一举多得。刻工将刻好的图像直接放到传习所，以作展示和买卖，自家是不准放多余的图像的。村民刻好的经文就堆放在自家的院子里，不做任何保护，任凭风吹雨打。村子里除了一个集体性质的和日石雕公司之外，还有七家私人公司、三个商店、两个工厂。其中七家私人公司主要经营石刻艺术品；三家商店，两家经营百货，一家专营奶制品；两家工厂，一家经营石材，一家专做石砖。

私人石刻公司，四家以机器生产为主，三家以手工雕刻为主，客户基本上为当地人和临近市县的普通藏族民众，以及远道而来的游客，并且各个公司卖出的图像价格不一，主要看成品的雕刻类型、工艺、大小以及刻工的知名程度。例如，由省级传承人肉增多杰雕刻的一幅长 70cm、宽 50cm 的莲花生大师图像，或观音图像，或畏怖金刚图像，一般在万元以上；而由普通刻工雕刻的同一类型和大小的图像，只要五六千元。但各个公司卖出的经文价格基本上一致。一部《檀多经》（藏语音译，汉语意为《解脱经》），一般只需要一千元左右；一部《东旭尔经》（藏语音译，汉语意为《忏悔三十五佛经》），只要两三百元，因为这部经文很短，基本上一块石头就能刻完。除了公司卖图像和经文之外，其他村民也会在闲暇的时候刻上一部《檀多经》，而后堆在院子里，等有人来买的时候再卖掉，一般比公家公司卖得便宜，一部《檀多经》在一千元以下。也有的村民会等有买家主动来找自己刻经或图像的时候才会刻，一般是双方经过交谈，明确价格和互相要求后，先由买家一方预付一定的订金，而后村民自行解决石材的买卖和运输，等到在规定的时间内，刻完买家要求的石经和图像之后，进行校对，待确认所刻经文或图像无误之后，再打电话通知买家来村里拉走石经或图像，最后经由买家检查，交付最后的款额，交易就算完成。但是，随着私人公司越来越多，没有参加任何公司的村民，刻的经文或图像，越来越难卖出去。因此，每到夏季的时候，原先还有牛羊和大面积草场的牧户，直接回到草山上继续放牧；没有牛羊或者草场面积狭小的牧户，只能选择去镇上的工地上打小工，以维持生计。

和日村经历了组成、分散、重新组成之后，2005 年国家实行保护三江源生态移民政策，为了保护三江源生态，泽库县作为第一批保护三江源生态的示范点，开始了县内的移民安置，而和日村正好在移民的名录当中，因此，和日村进行了生态移民搬迁。这次搬迁采取的是自愿原则，很多青少年表示愿意搬下来，就像翻译角巴说的那样："当时搬的时候，很开心呀，再也不担心早上去上学撞见狼了，放牛羊很累。"但是很多中年人表示搬不搬都无所谓，如果不是响应国家的政策，因自己还有牛羊和草场，还是愿意住到草山上。也有一部分老年人说不想搬迁，但是子女都搬了，自己一个人在山上无法生活，只能随着一起搬下来，言语中颇多无奈。

现今居住在和日村里的村民，一部分属于三江源生态移民，一部分属于游牧民定居户，如前文所述，身份的不同主要源于搬到这里的时间不同。2005 年一部分牧民群众积极响应国家保护三江源生态的号召，率先从原来居住的草山上搬到了和日村，他们享受着草场补助、燃料补助和 55 岁以上 16 岁以下人员的三江源补贴，但 2009 年搬下山的，则不享受任何补助。为何生活在同一个村子里会有两种不同的政策？泽库县三江源办公室的 Z 主任给我们作了解释。

> 所有三江源移民点都有 16 岁以下、55 岁以上的补助，都一样，全青海都一样，一年 5400 元。定居牧民就没有这个补助。都是一个村的，都搬到了一块迁入的地方，为什么是两种政策？成为享受不同政策的两种人？这个我也说不太清楚。你看，游牧民定居是畜牧局管着，基本都定居了，这个问题我们一直在反映，和日村 100 户生态移民，总户数 244 户，还有 144 户（游牧民定居户）没有生态移民这个补助。第一时间让你迁出去，你不报名。两个发挥的作用是一样的，这两个群体也有矛盾，我们也反映着呢。现在还没有太好的办法，要是全部转成生态移民的话，以前规划好的这些钱就不够了，钱从哪来？以前一个萝卜一个坑，总户数都定了，（享受）补助资金（如果）有过世的人，把新生儿再补进去，就是按照第一年定下的那个指标，每年必须要上报，这是一个系统工程。①

---

① Z 主任，泽库县三江源办公室主任，2015 年 8 月 17 日访谈。出于田野伦理要求，文中一些人名使用化名。

从 Z 主任的叙述中，可以提取几个关键因素：其一，主管生态移民和游牧民定居政策的政府部门不同，生态移民的主管部门是为管理移民而主动设置的三江源办公室，游牧民定居则是由各县的畜牧局管理。因为保护三江源地区生态是国家战略政策，国家扶持的力度大，补助资金也多，以鼓励牧民搬迁，但畜牧局并无多余的资金用于实行鼓励政策，因而形成差异，产生矛盾。其二，这样的矛盾，整个青海实行三江源生态移民的区域都存在，泽库县并非唯一。其三，生态移民政策的补助资金是根据 2005 年确定的户数进行预算的，全县有多少户是生态移民，每户多少钱，早在 2005 年的时候就已确立，也就是 Z 主任所说的"一个萝卜一个坑"，因此不会有多余的资金用到游牧民定居户上。其四，对于如何解决这一矛盾，一方面他们在调研的基础向上反映问题，另一方面采取用"新生儿替代死去的人"享受补助的办法，缓解矛盾。

第二节　石经墙与和日石刻

一　石经墙

走出和日生态移民村，往南步行一公里，在和日村旧村址的山头上，有五座大小不一的石经墙，构成了一个雕刻石群，是罕见的人文景观，被誉为"世界石书奇观"。和日石经墙于 1982 年被青海省考古队发现，并首次在《青海日报》上进行报道，而后引起了各方面的关注。1984 年被列为省级第四批文物保护单位，由泽库县人民政府立碑，加以保护。之后，石经墙和部分石雕艺术作品被收录在《中国藏族石刻艺术》一书中。1990 年 11 月上海人民出版社出版的《华夏一奇》和 1988 年编写的五省区藏文协作教材初中《汉语文》（第二册）一书，对和日石经墙都有介绍，它是迄今发现的全国最大的雕刻石群，被称为"石经史上的一奇"，实为世界石书之最，充分体现了藏族人民的聪明才智和石刻艺人的精湛技艺，它不但具有观赏价值，而且具有很高的文物保护价值，是我国文化宝库中的一颗明珠。

石刻群由一处大石经墙和四处小石经墙构成。位于和日寺北面的大石经墙，加上另外四处小石经墙，总长度近 300 米，由 10 万余块大小不一的自然石片刻经成文后，按顺序排列放置。经文用藏文刻制，字数达两亿多，内容主要为《甘珠尔》《丹珠尔》和《大般若经》等，包括显、密经藏和律藏的一部分内容，以及哲学、逻辑、文学、语言、艺术、天文、历算、医药和建筑等大小五明学科，充分展示了藏传佛教的博大精深和藏族文化艺术的无穷魅力。它是自 20 世纪 20 年代以来，德敦寺的数百名僧人和附近的民间艺人靠勤劳的双手和艺术才智，共同雕刻且堆砌成的青藏高原上不朽的经卷。大石经墙长约 200 米、高 3 米、宽 2.5 米，刻着经文的青绿色经石板整齐地堆叠在墙的上部，达 1 米多厚。这座经石主墙西段经过整修，东段老墙形状不规则，东段墙侧有大量佛像、佛塔和六字真言，以及单幅精美的石刻作品，比西段更真实、丰富。

"大石经墙主墙上刻的是著名佛教经典丛书《大藏经》两大部分之一的《甘珠尔》，其中收录各种著述 1008 种，约 3966 万字。大石经墙的东头，是一处独立存在的经石方墩，高 10 米、长 9 米，上面堆放的石经是《大藏经》的另一部分经典《丹珠尔》，收录各种著述 4361 种，约 3870 万字，因这两座石经墙经过后来的翻修和当地人不断地补充石经，二者已连接在一起，构成一座更大的石经墙，如果不是寺院里的阿克提示，很难将其区分。在大石经墙西 120 米处，还有两座规模较小的石经墙，其中靠西边的这座石经墙，高 2 米、长 20 米，所刻经文为佛教丛书《檀多

经》，共刻 108 遍。"① 这座石经墙往东几米，有 1 处刚堆砌而成的
石经墙，高 7 米、长 15 米，所刻经文有 17 种，而且全部由机器雕
刻而成，并在其上修了一个屋顶，以保护石经。在大石经墙西北面
大约 200 米的地方，还有一处高 3 米、长 15 米的石经墙，所放的
是《尕藏经》。此处石经墙的外形与其他 4 处石经墙的外形不大一
样，这边石经墙的外壁用绘有花边的木板护栏包裹着，每隔几十厘
米，便有一个佛龛，僧人和村民将刻好的僧佛图像摆在里面，从远
处看就像开的窗户一样。石经墙上除了堆放石经之外，在大石经墙
和西北面这个石经墙上，加起来还有 2000 余幅各种佛像、佛塔等
绘画石刻作品。

照片 1 - 3　石刻群中最大的石经墙

　　石经墙究竟是什么时候修建的？由谁组织的？为什么修建石经
墙？为什么建在高处？这些问题一直萦绕心间。实际上关于石经墙

---

① 泽库县志编纂委员会：《泽库县志》，中国县镇年鉴出版社 2005 年版，第 501 页。

何时修建、由谁组织兴建，可以从镶嵌在石经墙西头带有中、英、藏三种文字的碑面上找到答案。据碑面介绍，从久美多吉华沃开始有了关于和日石刻的文字记载，后由他的弟子发展壮大。2002 年由当地州县政府组织重修，形成现在的规模。但据访谈对象老阿克却三知说，石经墙原址并不在现今和日寺的后山上，一开始建在哈达那边，后来不知道什么原因，那边的原址废弃，在和日寺后山重新修建，"一开始，德敦活佛将石经墙建在哈达那边，那边采石头方便，后来到洛迦活佛的时候，在寺院的后山上又修了一个，原来的就慢慢废弃了"。对于为什么建在山的高处，两个访谈对象的回答很有意思，其中阿克久美切杨（大）这样说：

> 将石经堆在山上，是洛迦活佛说的，要堆在高处。低的地方，人啊、牛羊啊、马啊什么的，会拉屎、会撒尿，脏的东西都往低处流，这是对佛的不尊重。不尊重的话，对自己、对他人都不好。①

另一个阿克宗指从佛教理论做了一定的解释：

> 你看哈，我们佛教理论里分地狱界、饿鬼界、阿修罗（飞天）、旁生界（畜生界）、人道、天界。六界之外有一个"中阴界"②，六界的必须去"中阴界"，有些修行特别好，直接去刹土③，恶业特别重的直接去地狱界，中等的有善业的、恶业的，不管是前世今生必须经过"中阴界"。在"中阴界"的

---

① 久美切杨（大），34 岁，藏族，和日村人，2016 年 8 月 13 日访谈。
② 中阴界，藏传佛教用语，中阴又称中蕴身、中蕴有，藏文意为"一切情境结束"与"另一情境展开"间的过渡时期；还可理解为前身已弃，后身未得，即还未进入轮回投生的情境。
③ 刹土，藏传佛教用语，一般也说是净土，即诸佛菩萨的清净世界和极乐世界。

时候根本不知道自己是死了还是活着，还跟别人聊天，别人
听不懂，吃饭的时候做火工、做功课，做火工的时候念六字
真言，就跟你们汉族人过世了之后给他们烧东西一样，只有
念完六字真言做好功课之后，"中阴界"的众生才能吃上饭。
刻经是一个修行的方式，刻好一部《解脱经》（《檀多经》）
有功德，天上或地上满是众生神通类的，我们闻不到、听不
见，石经墙上放石经，风吹过来的话，经文遇到所有人感受
不到的众生，雨也是一样的。风雨吹过经文可以感受到，使
众生获得加持（功德），太阳光照到石经墙的经文，众生同
样也得到了加持。①

从以上两人的叙述可以看出，将刻好的经文放在山的高处，其
一是为了保持经文或图像的洁净性，以防止受到世俗之人及其他动
物排泄物的污染；再者，将经文或图像放在高处，体现了佛教普度
众生的价值观念。就像阿克宗指所说，佛教将世界划分为六界，六
界之外有一个"中阴界"，人或其他动物死了之后，会进入到"中
阴界"，但是死去的人或动物并不知自己已经死了，并游荡在这个
世界上，为了让他们能够顺利轮回，减轻痛苦，所以在山上堆上经
文，任凭风雨吹过，阳光洒过，因为风雨吹过、阳光洒在经文上，
就相当于诵念了经文，有助于众生获得加持。

据村里 82 岁的老阿克关却三知回忆："1958 年，我当时 22 岁，
石经墙石头被同德（县）、贵南（县）那些地方的人拉走了，拉走石
头去修房子。乡上那座桥，也是由那些石头修成的。学校里的那些
木头都是从寺院里搬来的——那些土墙遗址的木头……1958 年后，
石经墙还剩一点，但后来遭到了破坏，现在的石经墙没以前的好，

---

① 阿克宗指，25 岁，藏族，和日村人，2016 年 7 月 29 日访谈。

现在是残缺的。"① 石经墙的重建始于 20 世纪 80 年代，由十世班禅额尔德尼主持修复工作。后来在 2000 年，泽库县成立专门的修复小组，对石经墙进行再次复原保护工作，使石经墙成为现今的模样。

照片 1 – 4　位于哈达采石场的老石经墙

照片 1 – 5　石经墙的文字介绍

---

① 关却三知，82 岁，藏族，和日村人，2016 年 7 月 28 日访谈。

二 和日石刻

通过调查，我们慢慢对和日村石刻文化的发展有了比较清晰的认识。村子里的石刻文化，并不是土生土长于村子里的文化，和日村发展到以"石刻"闻名于高原牧区，从某种意义上来说属于不可预见性的结果。那么和日村的石刻文化，从哪里传来的？又是什么时候传来的？据笔者调查，基本上有两种说法：其一，从四川康巴地区传入。据一位 25 岁的和日寺住寺僧人讲，当初第一任德敦活佛在河南①仙女湖修持佛法的时候，为了传播藏传佛教，把经文刻在石头上，这是因为纸上的经文容易丢失，也容易腐烂。后经由德敦活佛传给了历任活佛。此后，和日寺的僧人们一直将刻写石经和雕刻佛像视为一种修行以获取功德的方式，通常将一部刻好的经文或佛像放到和日寺的后山上，长久堆放就形成了规模宏大、藏经丰富的石经墙。从和日寺建立伊始，村里的僧人们一直保留这种传统，把刻经或刻佛像当作一个修行的过程，他们认为刻好一部藏传佛教经文或佛像是有功德的。当和日寺从宁秀的额顿浪山搬至和日智合加沟后，为解决越来越多围绕在寺院周围的牧民的生活问题，当时寺院的洛迦活佛便将寺院这门用来修持佛法的技艺传授给了聚集在寺院周围的牧民，即最初和日村那 80 户人家。但是后来，从老阿克关却三知那里听说，和日村的石刻文化，是从果洛那边传过来的，此其二也。

> 石头上刻字有两百多年的历史了，是果洛的人到这儿，再教我们刻的，来的人有僧人，也有普通人，来这儿之后就教阿克恰洛、阿克参七、阿克拉机。当时石头上刻字，偷偷地放到

① 此处的河南，指隶属青海省黄南藏族自治州的河南蒙古族自治县，它是石刻文化从四川康巴传入过程中的一个节点。

台炎其（藏语音译，一个寺院名）那边，还有我们寺院。当时
就是我们寺院的活佛给了蒙古（人），就来到了这里，建立了
新的寺院，石头上刻字也带过来了。以前的和日寺院就在河南
那边，我们这儿的活佛是从果洛来的，叫德敦活佛，现在第五
世德敦活佛的前世，是四川德格寺的，先去了果洛的多知寺，
然后再来到我们这儿当活佛。石刻技艺就是德敦活佛从果洛带
过来的。①

　　对于石刻文化从哪里传入，以上说法，代表了村子里两部分人
的观点。认为石刻文化是从四川传入的，大多是以村民构成的世俗
群体。而另一部分认为是从果洛传入的，则是以僧人为主的神圣群
体。对于同处一个时代且又同处一个村子的人，为何会有不同的认
识偏差，这应该与他们的知识结构、信息来源及传播途径有关。村
子里了解这段历史的世俗群体，他们没有接受过正规的教育，哪怕
是寺院教育，只能以道听途说的方式获取信息，因而信息在传播过
程中出现了偏差，改变了它原来的模样。而以僧人为主的神圣群
体，他们自幼就进入寺院学习，修持佛法，学到的地方性知识都以
寺院书籍记载为准，由此看来，他们的信息来源更为可靠，而在传
播中也会因为藏传佛教相关戒律的缘故，不会妄加修改原始信息，
因此较为可信。后经查阅《泽库县志》，和日石刻文化的来源，与
神圣群体的说法基本一致。其中记载："石经墙由三世德尔敦·晋
美鄂赛主持，召集雕刻匠雕刻，起始于 20 世纪 30 年代初，最初雕
刻领班是从果洛请来的阿米亥多日。三世德尔敦·晋美鄂赛圆寂后
三世罗嘉仓·晋美叶西娘吾继承先业，继续完成这一宏大宗教文化
工程。"②

①　关却三知，82 岁，藏族，和日村人，2016 年 7 月 28 日访谈。
②　泽库县志编纂委员会：《泽库县志》，中国县镇年鉴出版社 2005 年版，第 500 页。

不管和日石刻文化是传自四川还是源自果洛，两个群体的人都认识到，和日石刻文化的产生源自寺院，并且离不开最初生活所需，即和日石刻文化发展的初因。村里的才让南杰和关却三知给我们讲述了当时的情景。

寺院从宁秀那边搬过来后，一开始搭的是黑帐篷。村民就跟着那些阿克一起学刻石头。因为也没有牛羊，只能刻石头。刻好之后卖给洛迦活佛。洛迦活佛再联系那些富人。有时候卖石刻的钱，有时候卖了石刻换来牛羊什么的，最后都会给村民。这样村民就有吃的了，也不会饿着。①

久美耶西娘俄活佛说要刻。咱们寺院周围的人，没有吃的、穿的，这个活佛就教他刻。给他们吃的、喝的，所以没有饿死，好像是 70 多年以前。石经墙已经有 200 多年的历史了。久美活佛聚集穷人刻的《甘珠尔》《丹珠尔》也已经有 70 多年了。以前刻得少，没有让它失传。②

和日村的石刻文化，不仅经历了由外传入的过程，也经历了发展壮大乃至传出的过程。下面是和角巴的爷爷旦巴达吉的一段对话。老爷爷很友好地给我们描述了当时的情景，包括传出方式、去的地方、去的人数以及雕刻报酬等。

问：爷爷，您出去雕刻过石头吗？怎么去的？
答：1952 年到 1953 年间，我去外地刻石经，去的是青海湖那边，是别人请去的。

---

① 才让南杰，61 岁，藏族，和日村人，2016 年 8 月 9 日访谈。
② 关却三知，82 岁，藏族，和日村人，2016 年 7 月 28 日访谈。

问：村子里有多少人去了，都是僧人吗？

答：一起去的有 40 多人。有村民，也有僧人。但是大部分都是僧人。现在年龄都大了。具体地点不记得了。

问：去了多久？刻图像吗？还是刻经文？

答：一共去了五六个月，一个人刻一部经的一小部分。

问：他们给你们什么作为工钱呢？

答：刻完后，当地人会给牦牛，然后我们再赶回来，慢慢的我们就有牛羊了。以前我们很穷，没有牛羊。会刻经文后，我们的生活变好了。现在村子很好，大家都过得很开心。

问：当时是怎么去的？

答：是走着去的，现在去青海湖可以开车，自家有小汽车，去年夏天的时候，我们家刚去青海湖转湖，现在好多了。

问：当地人怎么看待你们的？

答：就当时来说，生活非常好，是几个部落联合起来请我们过去刻石经的，他们联合几个部落，收来糌粑给我们吃。

问：青海湖那么远的地方，怎么会请你们过去刻石经？另外，是不是像藏戏那样有自己的保护神？

答：那个时候，只有我们这个地方刻石经，没有保护神。①

通过与老人的对话，可以了解到，当时和日村石刻文化的传出方式主要是输出人力，村子或寺院会组织村民去需要经文的地方刻经。这与现今在村子里刻，然后等人来买，再卖出去的输出方式迥异。以前输出的是人力，而今输出的是作为商品的经文或图像。但通过参与观察，如今一种新的输出方式悄然发生，即输出雕刻技术。因为村子的雕刻技术，名扬雪域高原，所以每年都有几个从周

---

① 旦巴达吉，藏族，76 岁，和日村人，阿卡，2015 年 2 月 18 日访谈。

边区县慕名而来学艺的人，他们学成后，又将学到的技术传授给其他人。正如访谈对象多杰东珠所说："自己在宁秀有徒弟，是他们主动来学的，我也愿意教，不收学费，这个可以赚钱，他们也想赚钱，那就帮帮他们，他们回去后，我听说有人又教了其他人。"除了主动来学之外，还有一种技术输出方式，村民肉增多杰曾说："我去河南那些地方当老师，培训的都是他们那些地方的人，去外地当老师是热贡布达拉艺术学校联系到（和日村）村委，村委让我去，去外地教刻图案，吃住都是他们包，每次教三四个月，每个月6000元。"

上文谈到了石经墙的兴修、选址变化及其存在的价值，并说明了和日石刻文化的传入、传出及兴起的原因。可以说，石经墙与和日石刻文化紧密相连。和日石刻文化的传入和发展，再加上藏传佛教普度众生观念的盛行，促成了石经墙的兴建。而石经墙的存在和信众对佛教观念的信赖，又为和日石刻文化的不断发展和变化培育了良土，因此二者相辅相成，不可分割。也正因为石经墙上浩繁的经文和栩栩如生的僧佛图像，使得和日石刻文化名传千古，传承至今。

第三节　藏族石刻文化

藏族是中国56个民族之一，具有悠久的历史和文化，繁衍生息在"世界屋脊"青藏高原，创造了丰富多彩的高原文化，包括语言文字、哲学宗教、伦理道德、藏医藏药、天文历算、音乐舞蹈、戏剧曲艺、建筑美学、雕塑绘画、工艺美术、服饰、民俗等，具有鲜明的地域和民族特色，形成绚丽多彩的文化景观，是高原人民智慧的结晶，体现出兼收并蓄的文化交流交融能力和魅力，成为中华文化的重要组成部分，并且随着历史的进步和社会的不断发展，在新时代显示出了勃勃生机。

人类文化发展史昭示，文化的丰富和发展主要是通过各地区或民族内部自身的文化保护、传承和发展与地区、民族之间的文化交流来实现的。"传承和弘扬中华优秀传统文化，并不意味着故步自封，闭上眼睛不看世界。中华民族是一个兼容并蓄、海纳百川的民族，在漫长历史进程中，不断学习他人的好东西，把他人的好东西化成自己的东西，这才形成我们的民族特色。文明因多样而交流，因交流而互鉴，因互鉴而发展。对各国人民创造的优秀文明成果，都应该采取学习借鉴的态度，都应该积极吸纳其中的有益成分。要坚持从本国本民族实际出发，坚持取长补短、择善而从，在不断汲取各种文明养分中丰富和发展中华文化。"① 先进文化是人类文明进步的结晶，如何继承、创新、发展和保护中华文化就是一个重大时代课题。把握时代精神，加强优秀传统文化的继承、借鉴、创新和发展，并加以切实可行的保护措施，制定文化可持续发展战略，坚定"四个自信"，做到广收并蓄，加强文化交流互鉴，不断积累创新，把中华文化通过各种途径和渠道传播给世界各国人民，传播中国声音，使中华文化走向世界。中华优秀传统文化是中华民族的"根"和"魂"，是最深厚的文化软实力，是中国特色社会主义植根的沃土，是我们在世界文化激荡中站稳脚跟的根基。习近平总书记指出："中华民族伟大复兴需要以中华文化发展繁荣为条件，要推动中华优秀传统文化创造性转化、创新性发展，不断增强中华文化的影响力和吸引力，创造中华文化新的辉煌。"②因此，以习近平新时代中国特色社会主义思想为指引，在有效保护的基础上加强中

---

① 中共中央宣传部编：《习近平新时代中国特色社会主义思想学习纲要》，学习出版社、人民出版社 2019 年版，第 148 页。

② 中共中央宣传部编：《习近平新时代中国特色社会主义思想三十讲》，学习出版社 2018 年版，第 206 页。

华优秀传统文化继承、弘扬和发展的力度，不断增强其影响力和感召力，使古老的藏族文化实现创造性转化和创新性发展，赋予新的时代内涵和表达形式，激活其生命力，展现出时代风采和迷人魅力，使之与社会主义核心价值观相适应，为实现"两个一百年"奋斗目标和中华民族伟大复兴的中国梦积累深厚的文化软实力。

文化传承和储存、记录的载体自古以来就非常丰富，主要以石头、金属、竹简、木牍、布帛、纸张、照相、录像、电影、录音，以及现代的计算机、数据硬盘或云服务存储等不同的介质和物质载体，用图像、符号、语言文字、声音、数据等形式，通过刻画、记录、书写保存和传承。在藏族文化传承和发展过程中，各类质地的载体发挥了很大作用。除了藏纸、贝叶、木牍、布帛、金属等质地的载体和材料外，石头是重要的载体，每块刻有文字、图案的石头上都凝结着藏族人民的智慧、思想和情感，记录着藏族的历史和文明，石刻文化因此成为藏族文化的重要组成部分和文化符号。

一　藏族石刻的历史

石刻文献是记录人类文明的重要载体和形式，从古埃及文明、古印度文明、两河流域文明、中国古代文明、玛雅文明等文化遗存看，都有数量巨大的石刻文化。"可以毫不夸张地说：人类的文明，是从石头开始的。没有石头的文明，也就没有人类的文明。"[1] 人类与石头之间，有着深刻且复杂的关联。石刻即为其一。"广义的石刻，指以石质材料为载体用金属刀具在石上雕刻文字和图像，如摩崖、碑碣、墓志、塔铭、经幢、造像题记、画像石、经版、地券、建筑物上之铭刻、石阙、石雕造像；狭义则仅指在石上镌刻之文

---

① 向以鲜：《中国石刻艺术编年史》（严峻卷·先秦两汉魏晋南北朝），东方出版中心2015 年版，第 3 页。

字，如摩崖、碑碣等上之铭文、题记。"① 同时，"'石刻'这一概
念的范围并不局限于专指用金属刀子对石头的雕挖，而泛指所有人
劳动作用于石头留下的痕迹或作品。人类劳动作用于石头，所产生
的石刻文化遍布全球。无论是两河流域'楔形文字'刻石，还是印
度半岛西北部远古居民生活习俗的崖雕，不同的民族都用同一种方
法——刻石，记录并创造着自己的文明。石头作为一种人类社会文
化的载体，以其不朽的质地成为人类社会文明继承和创造的有力见
证。"②自古以来，人类在不同时期、不同地域，在各种材质的石头
上凿刻了数量庞大、内容丰富、分布广泛、各具特色的石刻，蕴藏
着政治、经济、历史文化、科学技术、宗教哲学、伦理道德、文学
艺术等多方面的信息，具有很高的研究价值。古埃及众多的金字
塔、神庙保存着大量刻有象形文字、图案、符号的石刻，是研究古
埃及历史文化的重要资料。苏美尔人创造了古巴比伦文明，其代表
是刻在石头和泥板上的楔形文字，著名的《汉谟拉比法典》刻写在
高 2.25 米、上周长 1.65 米、底部周长 1.90 米的黑色玄武岩石柱
上，是世界上现存第一部比较完备的成文法典。古波斯贝希斯敦用
楔形文字镌刻的摩崖石刻，古希腊、古罗马精美的石刻艺术，玛雅
文明用大型石碑、立柱雕刻历朝历代统治者形象和玛雅象形文字的
石刻，都是石刻文化的典范。中国古代的石刻文化同样达到了相应
的高度，如泰山石刻，包括石碣、石阙、碑刻、摩崖碑刻、墓志、
经幢、造像题记及石造像、画像石和题名题诗题记等九种，是珍贵
的历史文化遗产。联合国教科文组织世界文化遗产重庆大足石刻是
我国石窟艺术的杰作，规模大，造像、文字精美，有很高的艺术水
准，是研究历史和文化的重要资料。西安碑林收藏了大量古代碑石

---

① 向以鲜：《中国石刻艺术编年史》（严峻卷·先秦两汉魏晋南北朝），东方出版中心
2015 年版，"序一"第 1 页。

② 张虎生：《浅析西藏石刻文化》，《中国藏学》1998 年第 2 期。

墓志，是中国古代文化典籍刻石的集中地点之一，有着重要的历史文化和艺术研究价值。此外，还有龙门石窟、云冈石窟、麦积山石窟、敦煌莫高窟、北京房山石刻等。藏族石刻文化源于青藏高原，具有鲜明的地域和文化特色。"中国石刻历史悠久，至少可以上溯到新石器时代，唐代达到高峰期，元明清时期的石刻，从总体上看已逐渐式微，但藏传佛教石刻则出现了上升趋势。"①藏族石刻以各种形质的石头为载体和材料，使用圆雕、浮雕、线刻等方法镌刻图像、文字和符号，包括岩画、石窟、摩崖造像、造像题记、碑碣、石刻经文、咒语、图像以及数量众多的玛尼石，相当一部分还用色彩涂染，涉及日常生产生活、宗教信仰、政治、经济、历史等内容，风格拙朴，手法大胆简约，内涵丰富，特色鲜明。藏族石刻形成的历史悠久，在吐蕃前期就有分布广泛的岩画和大石文化，藏文创制、佛教传入吐蕃及藏传佛教形成后的历史岁月中，一代又一代的僧俗在寂静的高原不停地镌刻、积累，历经沧桑岁月，大量的佛教石窟、摩崖造像、石刻经文、图像和六字真言玛尼石遍布高原。

（一）文明的开启

通过西藏唐古拉山脉以南至喜马拉雅山脉以北的中、西部区域的考古，发现有大量属于旧石器中晚期的文化遗址和大量打制石器，主要有藏南定日县苏热、藏北申扎县珠洛勒、阿里地区日土县扎布，以及藏北申扎县的多格则、各听等采集点。此外，还有普兰县霍尔乡发现的旧石器等。依据这些旧石器文化的特征，藏族先民在西藏高原活动最早的时间大致距今5万至1万年左右，这是石器文化时代的起始。此后，西藏高原经过细石器时代，逐步进入新石器时代，距今约1万年。从目前考古发现和分布情况来看，"3000年前高原进入'小邦时代'，以后又合并成几个大的部落联盟。有

---

① 向以鲜：《中国石刻艺术编年史》（严峻卷·先秦两汉魏晋南北朝），东方出版中心2015年版，"序一"第1—2页。

象雄、苏比、女国、吐蕃、附国、党项，等等。从此出现了大石遗迹、岩画、石棺葬的考古文化。"① 通过考古发现的藏南旧石器、藏北旧石器、细石器以及几乎遍布西藏全境的新石器和新石器遗址，还有阿里、藏北等地考古发现的史前岩画、陶器文化、石棺葬文化、大石文化等成果，说明青藏高原是人类文化的发祥地之一，青藏高原先民创造了新、旧石器文化以及陶器、青铜等文化，其中，石刻文化尤其是内容丰富的岩画等文化形式遍布高原，寂静的青藏高原进入了文化初兴和发展的时代。

（二）早期的石刻

审视发现的新石器、旧石器、大石文化、岩画和摩崖石刻等文化遗存，石头与藏族文化有着密切的联系，体现着藏族先民的思维特点和自然崇拜等观念，记录了远古以来的生产生活，勾画了历史文化的轨迹。

1. 大石文化

在青藏高原的史前文化中，除了大量的旧石器、细石器和新石器、陶器、骨器、少量青铜器之外，还有大量散布在阿里、藏北、日喀则等地的大石文化和藏东等地的石棺葬遗存，分布广泛、形制各异，有 200 多处，从源头上诠释着藏族石刻文化。"西藏本土早期的文化艺术形式大多与石头有着密切关系，如石器文化、巨石文化、古代岩画和石雕石兽等。根据西藏的民间传说，藏文美术一词的起源就与石刻绘画有直接的联系。这种祭祀堆石文化是本教文化形成之前的主要文化形态之一，具有建筑意义的审美特征。祭祀堆石造型是在山顶或山的某些部位，用大小石块堆积起来的锥形体石堆。堆石被远古人类视为是神灵物的居住地，是神灵的宫殿或象征神灵所在所依之处，以便于人们祭祀

---

① 侯石柱：《高原不寂静》，《中国西藏》2012 年第 3 期。

崇拜，故需着意供奉。"① 其中，大石文化比较典型，经历了原始社会、本教时期和后期的佛教时期，一直延续不断。"藏族石刻艺术与巨石崇拜一脉相承，渊源流长，体现了藏族先民最为纯朴的宗教情绪。所以作为人类早期的文明，即拜物敬神时期，藏族的石刻就应该以最为稚朴的形式出现了，开始它们可能只是一块光秃秃的石头，进而由符号、经咒到图像是石刻由单纯进而丰富的不继演变。"② 从石头最初的自然状态树立到简单的修饰和按照一定仪轨摆放、排列，逐渐具有了较为深刻的原始信仰含义，投射着青藏高原先民对自然、生命、生死的理解和审美意义。在西藏西部的喜德卡、玛旁雍错附近的吉乌、噶尔羌、多杂宗、萨嘎、夏布格丁，以及日土班公湖、日喀则昂仁雅木村、拉萨附近辛多山等早期人类生活区域和墓葬区域，有大量大石遗迹，由数量不等的大石块组成方形、圆形，或呈直线排列。大石文化早期主要是自然崇拜和图腾崇拜，按照某种观念自然垒石成堆和排列布局，到本教时期增添了很多祭祀等内容，石头上出现了涂画和刻画简单符号等装饰，寄托着人们的祈愿。后期受藏传佛教的影响，矗立的独石、列石和垒石以及遍布青藏高原的"拉则"上，錾刻了大量的佛教经咒、图案和符号等，成为青藏高原民间民俗文化、本教文化、藏传佛教文化共融共存的典型符号。

2. 岩画

在人类文化史上，岩画是一部无字史书，是早期人类通过刻画、涂绘方式，利用石制工具和金属工具，在自然形态的各种岩石上形象生动地用凿、刻、磨、敲、点等技术手法记录、刻画了人类的生产生活，保留了狩猎、战争、祭祀、生殖崇拜和丰富的

---

① 康·格桑益布：《辉宏拙朴的藏族民间玛尼石刻文化》，《西藏艺术研究》2003 年第 1 期。

② 李翎：《藏族石刻艺术概论》，《西藏研究》2003 年第 4 期。

符号等视觉图像信息，承载着前文字时代的历史和文化，也是人
类早期思维方式、精神世界、原始信仰以及朴素的审美意识和价
值观念等重要历史信息沉淀的重要载体。岩画在世界范围内普遍
存在，中国境内分布有内蒙古自治区阴山岩画、阿拉善高原曼德
拉岩画；宁夏回族自治区贺兰山岩画、大麦地岩画等。青藏高原
的岩画有3000多年的悠久历史，在西藏、青海、甘肃等区域普遍
存在，分布范围较广。"据不完全统计至少有70处以上，数百幅
画面、数千个图像。岩画的分布地点主要在西藏境内的西部、北
部，也有一些分布在其他地区。内容主要有狩猎、放牧、祭祀、
骑乘、武士格斗等场面。单个图像最多的是牦牛、马、羊、驴、
犬、骆驼、鹿、羚羊、鹰、鱼、羽毛、盾牌、陶罐、车辆、长杆、
房子、陷阱、日、月、山、宗教符号、人、男性生殖器等。西藏
岩画的年代上限为雅砻吐蕃建立以前，下限不晚于吐蕃王朝建立
初期，还有的则到佛教传入西藏以后，即公元前2世纪以前至公
元7世纪以后。"[1] 在西藏藏北那曲地区申扎县的加林发现了大批
岩画，约有百余幅，题材大多为牦牛、马、犬、羚羊、鸟和人等，
敲凿而成，属于早期岩画，距今三四千年。在阿里地区日土县发
现了大批古代岩画，包括姆栋岩画、鲁日朗卡岩画、恰克桑山岩
画、阿垄沟岩画、那布龙岩画、塔康巴岩画、布显岩画、康巴热
久岩画、曲噶尔岩画、过巴岩画、达贡亚贡岩画等多处岩画，造
型古朴，题材多样，约为吐蕃王朝建立以前，即下限不晚于吐蕃
王朝建立时期，反映的大多是本教内容，有大量的太阳、月亮、
雍仲等符号和祭祀场景，具有重要的研究价值。此外，在青海省
的刚察、都兰、天峻、共和及玉树，甘肃省的玛曲、祁连、肃南
等区域也发现大量的古代岩画遗存。

---

[1] 侯石柱：《高原不寂静》，《中国西藏》2012年第3期。

（三）佛教浸润的石刻

1. 摩崖石刻

摩崖石刻是岩画的一种延续、过渡形式，在藏文创制前已经存在。在悬崖石壁上刻画图案、几何图形、符号，有早期自然崇拜的，有随性刻画的，也有本教文化的大量内容，如日、月、雍仲等图案和符号。公元 7 世纪藏文创制及其普遍使用，佛教传入并在吐蕃扎根、大范围传播。公元 10 世纪以后佛教复兴，藏传佛教教派逐渐形成，渗透到了政治、经济、文化、伦理道德、天文历算、建筑、艺术等社会生活的方方面面，对藏族石刻文化同样产生了很大影响，从内容到雕刻形式、图案范式等发生了很大变迁。同时，岩画逐渐衰弱，摩崖石刻开始以新的图文并茂的形式大量出现在青藏高原，题材、内容日益丰富多彩，不仅有早期的信息，还涵盖了经文、六字真言、造像、颂词、佛塔等，在吐蕃时期呈现出繁荣趋势，一直延续到公元 13 世纪前后才渐渐式微。在西藏和青、川、甘、滇四省涉藏地区发现了大量摩崖石刻遗存，内容包括佛、菩萨、罗汉、护法神、高僧、弟子、法王、历史人物造像以及动植物、佛塔、经文、咒语、祈愿文、颂词文字和符号等。与以前石刻不同的是，摩崖石刻大多是佛教题材，除了圆雕、高浮雕、浅浮雕、线刻等手法錾刻之外，还在造像、图案和经文、咒语上涂绘红、蓝、白、黄等色彩，形成浓厚的民族特色和强烈的视觉冲击效果，具有很高的艺术价值。"在西藏还分布着大量的摩崖石刻，主要有：扎什伦布寺摩崖造像、扎央仲摩崖造像、达仁摩崖造像、甘丹寺摩崖造像、东嘎摩崖造像、尼塘哲扑摩崖造像、邦那摩崖造像、红山摩崖造像、多曲丹摩崖造像、多拉山摩崖造像、色拉寺摩崖造像、仲·古崩摩崖造像、青瓦达孜山摩崖造像、觉木寺摩崖造像、钦浦摩崖造像、哲蚌寺摩崖造像等。这类摩崖造像体现了一种民间纯朴的宗教信仰，即祈求平安、去病长寿、五谷丰收。"① 其中，浸透着佛教文化的西藏拉萨药王山摩崖石刻便是典型代表。其他涉藏地区同样存在着大量錾刻手法精湛、内容丰富、风格独特的摩崖石刻，例如，青海省玉树藏族自治州贝纳沟的摩崖石刻、勒巴沟的摩崖石刻等，这些石刻分布在山川、沟谷中和悬崖峭壁上。

2. 碑刻

碑刻是藏族石刻文化的重要组成部分，其造型庄重，内容和题材多涉及政治、宗教、文化等重大事件，是历史的最好见证，具有重要的研究价值和历史意义。藏族碑刻遗存多为吐蕃时期铭刻，主要有山南琼结县藏王墓的赤松德赞纪功碑和赤松德赞墓碑、达扎路恭纪功碑、唐蕃长庆会盟碑、桑耶寺兴佛证盟碑、米林丹良赤松德赞碑、谐拉康定埃增盟誓碑、噶回寺建寺碑、楚布江浦立寺碑、热扎建寺碑等。"作为汉藏两族人民团结友好象征的吐蕃会盟碑，又称'长庆唐蕃甥舅和盟碑'，在大昭寺前矗立了一千多年，受到藏族人民的珍视和保护，至今完好无损，被列为全国重点保护文物，供世人观瞻深思。"② 除了吐蕃时期的碑刻，还有藏传佛教后弘期所建立的各地寺院中保存的大量碑刻，皆为重要的历史文献。同时，藏族碑刻也因设计精巧、图文并茂、制作手法技艺高超而具有极高的艺术价值。

3. 玛尼石刻

后弘期以来，随着藏传佛教的全方位渗透和传播，佛教成为藏族信众的主要信仰。藏族石刻文化形式、内容、题材、形制等方面也随之发生了很大变化。13 世纪后，摩崖石刻逐渐淡化，而玛尼石刻以及石刻佛经逐渐兴起并趋于大众化。大大小小刻有"六字真言"及经文、各种佛像、护法、金刚、度母、宗喀巴、莲花生、文

① 李翎：《藏族石刻艺术概论》，《西藏研究》2003 年第 4 期。
② 浦文成、王心岳：《藏汉民族关系史》，甘肃人民出版社 2008 年版，第 48 页。

殊等造像和各种图案符号的玛尼石遍布高原，并且传承、延续至今，成为最普遍的符号和地域、民族和民间文化的重要标志。

照片1-6 玉树新寨嘉那玛尼石堆

二 创制藏文的作用

文字不仅是文化发达的表征，也是文化传承的重要载体和媒介。文字的发明，对于早期人类利用图画、符号等记录和保存信息的方式来说，具有划时代意义，使人类能够长久地积累、保存更多的知识和经验。它克服了个体记忆的缺失、碎片化乃至消失的缺陷，加强了人与人之间的思想感情交流。文字记录了人类的生产、生活和历史，对文化传承和推动人类文明、社会发展起着决定性的作用。通过藏族文化发展史，尤其是吐蕃时期以来的文明进程，可以看出，藏文的创制和使用对藏族文化传承和发展具有重要作用，产生了深远影响。

（一）推动了藏族石刻文化发展

藏语属于汉藏语系藏缅语族藏语支，主要分为卫藏、康、安多三大方言区以及嘉戎语、尔苏语、白马语等多种小方言，使用范围主要分布在西藏自治区以及四川、青海、甘肃和云南四省涉藏地区。藏文使用遍及西藏和四省涉藏地区的政治、经济、文化、教育、科技、艺术等多个领域。

经过漫长的历史岁月，西藏高原上形成了众多部落，散居在雅鲁藏布江、拉萨河、年楚河、尼洋河、雅隆河等流域的河谷地带和阿里、藏北等广阔的草原上，从事农业和游牧业。藏族史料中记载，在吐蕃的发祥地泽当，由"六猴雏"演变、发展成为吐蕃的六大原始部族，即赛、穆、东、党、查和祝，同时期的西藏其他地方也相继出现了众多的部落。"以后依次由玛桑九兄弟、二十五小邦、十二小邦、四十小邦统治。此后，乃有天神降世来为人主。"① 经过不断的部落分化、兼并，形成了部落联盟，产生了权力系统和阶级分化，形成吐蕃、象雄、苏毗等部落联盟。位于山南雅隆河谷琼结一带的"悉补野"部落拥戴聂赤赞普为王，建立了吐蕃王朝，历经"天赤七王""上丁二王""中列六王""地岱八王""五赞王""中丁二王"，到第 31 代赞普朗日伦赞时，先后兼并了苏毗等部，统一了雅鲁藏布江的中下游地区。公元 629 年，松赞干布继承了第 32 代吐蕃赞普位，采取了一系列措施，统一了青藏高原，加强对外交流，促进经济发展，推动了吐蕃社会的发展。由于此前吐蕃没有文字，因此，松赞干布派遣吞米·桑布扎等 16 人赴天竺（印度）学习梵文。吞米·桑布扎仿照梵文兰杂和瓦都字体创制了藏文，写成了《三十颂》和《音势论》等语法著作，进一步规范了藏文。

藏文的创制，开创了用文字书写、记载藏族历史文化的新时代。历史上先后进行了三次厘定和规范文字，使藏文的表述更加准确和规范，并沿用至今。藏文创制以来，除了政府、民间使用，还

---

① 蔡巴·贡噶多吉：《红史》，西藏人民出版社 1988 年版，第 29 页。

大量用于佛教经典的翻译和僧侣、学者的著述。同时，藏文被广泛使用于抄写、雕版印刷、石刻文化之中，在文化传承和经济社会发展中发挥了重要的作用。

（二）丰富了藏族石刻文化内涵

藏文创制以后，松赞干布带头学习并下诏在民间推广使用。自此，藏族用文字记录文化和历史，开启了一个新的文明时代。一大批历史文献、传记等著述问世，如《巴协》《五部遗教》《柱间史》、吐蕃敦煌手卷、布敦大师的《善逝教法史》、蔡巴·贡噶多吉的《红史》、萨迦·索南坚赞《王统世系明鉴》、达仓宗巴·班觉桑布的《汉藏史集》、廓诺·迅鲁伯的《青史》、班钦·索南查巴的《新红史》、巴卧·祖拉陈瓦的《贤者喜宴》、第五世达赖喇嘛《西藏王臣记》、松巴堪布·意希班觉的《如意宝树史》，以及《米拉日巴道歌》《米拉日巴传》《布敦大师传》《萨迦格言》《萨迦班智达传》《玛尔巴传》《日琼巴传》《汤东杰布传》等名著，成为宝贵的历史文化遗产。藏文的广泛学习、使用和传承，使藏文得到全面发展，为藏族文化在不同时代的传承、传播和弘扬奠定了坚实的基础。"藏文的大力推广和使用，突破了藏语使用的时间和空间的限制，对藏文化的记录、保存、传播、交流和发展产生了不可估量的作用。"[①] 这种作用在石刻文化上得到了具体的体现，产生了大量的碑刻、摩崖石刻，不但丰富了石刻文化的内涵，也创新了石刻的形式，具有极高的文物价值和历史研究价值。"公元 7 世纪初，吐蕃赞普松赞干布时期创制藏文后，把西藏的石刻文化推进到代表奴隶制时代的灿烂辉煌的新高峰，西藏地方开始有了用本民族古文字记录传世的石刻，其中尤以碑刻为其大宗，上面不仅古藏文字体浑朴敦厚，还刻写了分封奴隶的诏令文书，为历史学家提供了吐蕃

---

① 佟锦华：《藏族传统文化概述》，中国藏学出版社 1990 年版，第 7 页。

奴隶制政权的确凿实证，成为藏民族古文献的重要组成部分。可以说，研究西藏的石刻文化，是与研究西藏的历史和社会同步进入学术领域的。从公元13世纪到1959年，西藏在这一漫长的历史时期涌现出了浩如繁星般数不尽的各种石刻品，其中，又以藏传佛教的色彩和内容为最大特征，这是西藏石刻文化的高度发展时期，各种石刻文字、图像，均以藏传佛教的形式作为整个西藏文化内容的主流，并以其雄浑的气势呈现在西藏高原每一个有人迹活动的地方。这种局面的出现，还是在政教合一体制形式和发展的封建农奴制时代才得以不断完成的，创下了藏族文化的一大奇迹。它是藏族人民刻在石头上的追求、理想、情感、艺术和希望。西藏大量的各色石刻文化载体被自然的风雨剥蚀，被历史的风雨推涌到现在，使后人得以观瞻和研究。"① 藏文创制及其推广使用，丰富了藏族石刻的内涵，拓展了外延，石头上不仅刻上了图案、符号，更刻写了文字，开启了记录历史、文化的新时期，推进了藏族石刻文化的变迁和发展。

二 佛教传入的影响

自古以来青藏高原就是文化的交汇之地和重要通道，在周边地区史前文化、古代波斯祆教文化、丝绸之路文化、佛教文化等多种宗教和文化的交流中发挥着重要作用。吐蕃时期的藏族文化，具有积极进取、开放和兼收并蓄的特点，在与中原文化、印度文化、波斯文化、中亚文化等的交流交融中，不断借鉴、吸收了周边地区和民族的先进文化。文化的交流和互鉴，推动了吐蕃社会经济、宗教、医学、天文历算、哲学、文学艺术的发展和进步，形成了特色鲜明的藏族历史和文化。

---

① 张虎生：《浅析西藏石刻文化》，《中国藏学》1998年第2期。

（一）推进了藏族文化变迁

佛教的传入和藏传佛教的形成，也因此形成了以藏传佛教哲学体系为核心和特点的藏族文化，对藏族社会人们的思维方式、伦理、文化艺术等多维度产生了深远的影响。"藏族作为中华民族大家庭中的一员，在与其他民族不断交流和相互吸收与促进的漫长历史中创造和发展了具有特色的灿烂文化。藏民族文化至今仍然是中华文化和世界文化宝库中的一颗璀璨的明珠。藏族本土文化原本是位于雅鲁藏布江流域中部雅砻河谷的吐蕃文化和位于青藏高原西部的古象雄文化逐渐交融而形成的。到了公元7世纪松赞干布时期，佛教从中原、印度、尼泊尔传入吐蕃，逐渐形成和发展为独具特色的藏传佛教。与此同时，南亚的印度、尼泊尔文化，以及西亚的波斯文化、阿拉伯文化等，特别是中原的汉文化，对西藏文化的发展产生了较大的影响。在西藏文化的历史发展过程中，藏族建筑艺术和雕塑、绘画、装饰、工艺美术等造型艺术及音乐、舞蹈、戏剧、语言文字、书面文学、民间文学、藏医藏药、天文历算均达到了很高的水平。"[1] 藏族先民最初信仰以自然崇拜为特征的原始本教，相信万物有灵，约公元前5世纪，象雄辛绕米沃且创立了雍仲本教。本教把世界分为天、地、地下三个部分，分别住着赞神、年神、龙神等神灵。祭祀、供奉神灵成为人们的日常活动和行为，至今对"神山圣水"的崇拜仍然普遍存在。在涉藏地区，无论山顶还是隘口等重要位置，矗立着众多的"拉则"。人们在节日里通过煨桑、放飞风马、插五彩箭杆、安放白石等方式祭祀山神，祈愿安康。在山崖石壁上刻画"卐"字形图案、垒石成堆以祈求平安等。在佛教传入后，又演变为内容更丰富、图式更精致的玛尼石刻文化，成为最为普遍和典型的藏族传统文化符号。

---

[1] 中华人民共和国国务院新闻办公室发布：《西藏文化的发展》，新星出版社2000年版，第1页。

佛教的传入引起藏族传统文化的嬗变。藏文史料记载，约公元4世纪吐蕃王朝第27代赞普拉脱脱日年赞时，佛教传入吐蕃。松赞干布继吐蕃赞普位以后，创制文字，制定《清净十六条法》，并于公元635年、公元641年先后迎娶尼泊尔赤尊公主和唐朝文成公主入藏，修建大小昭寺，供奉两位公主带来的释迦牟尼8岁和12岁等身像以及大量的佛教典籍，这是佛教从印度和内地两条路线正式传入吐蕃的标志。赤德祖赞笃信佛教，从印度迎请寂护和莲花生大师，修建桑耶寺，"七试人"受戒剃度出家为僧，推进了佛教在吐蕃的发展。同时掀起了大规模的翻译运动，组织翻译4000多部著作，形成藏文《大藏经》的基本雏形，编辑藏文《大藏经》的旁塘、秦浦和丹噶三个目录。因为赤松德赞、牟尼赞普、赤德松赞等赞普大力扶植佛教，佛教在吐蕃的传播进入鼎盛时期。公元843年，朗达玛下令禁佛，强迫僧人还俗，关闭寺院，砸坏佛像，焚烧佛经，史称"朗达玛灭佛"。公元846年，朗达玛被佛教徒僧人暗杀。公元869年，奴隶平民大起义，吐蕃王朝解体，史称藏传佛教的"前弘期"。公元10世纪东部安多地区和西部阿里地区先后掀起了佛教的复兴运动，开始出现大批出家僧侣，寺院大规模重建，佛经大量翻译，佛教得以大传播，藏传佛教史上称其为下路复兴和上路复兴，藏传佛教进入"后弘期"。自此以后，佛教在青藏高原迅速发展，广泛传播，出现了宁玛派、萨迦派、噶当派、噶举派、格鲁派等藏传佛教教派，对藏族社会、历史和文化产生了深刻的影响，渗透到藏族的精神世界和日常生产生活、风俗习惯、行为方式、天文历算、法律、医学、建筑、绘画雕刻等方方面面。

（二）促进了藏族石刻文化发展

藏文创制、佛教传入及藏传佛教的形成，对藏族文化的影响十分重大。西藏及青海、甘肃等涉藏地区先后建立了托林寺、吉札寺、敏珠林寺、萨迦寺、楚布寺、白居寺、夏鲁寺、热振寺、哲蚌寺、色拉寺、甘丹寺、扎什伦布寺、塔尔寺、拉卜楞寺等众多寺院，以及雄伟的布达拉宫和数不胜数的各种佛塔，建筑、绘画、雕塑、石刻等艺术形式不断趋于成熟，成为艺术宝库。同时，大量佛教经典的翻译，历史、文学、天文历算、医药、艺术等各学科著述非常丰富，极大地促进了文献学、雕版印刷、石刻等技术技艺的发展。通过大量收集、整理各地各派经典和著述，经过分类整理、编纂目录，形成了系统的文献资料，具有极高的文物价值和历史文化研究价值。元明清时期以来建立的拉萨印经院、四川德格印经院、卓尼印经院等许多印经院，对藏族文献的保存、传承和发展起到了重要作用，为石刻文化增添内容、创新形式以及向民间普及创造了良好的条件。

具有百科全书性质的经典丛书《大藏经》（《甘珠尔》《丹珠尔》）的编纂、刻写和刊印即是这一历史阶段的浩大文化工程，对以后涉藏地区的经文版式、形制、印刷以及向金石刻写方面的拓展，影响巨大。元代蔡巴万户长蔡巴·贡嘎多吉聘请布顿大师参与主持编定勘校，以金银汁混合书写了 260 函目录《新造佛说甘珠尔之目录——白册》，影响巨大。明代永乐年间刻印了永乐版《大藏经甘珠尔部》。1556 年，明朝廷在北京番经厂刻印汉文大藏经。万历年间刻印了万历版《大藏经丹珠尔部》。此后还雕版印制了理塘版、北京版、卓尼版、德格版等不同版本。

"佛教石刻最初出现在青藏高原的时间，可以追溯到公元 7 世纪中叶，第一次出现的佛教石刻，雕刻在一块巨大的岩石上，其内容除了六字真言之外，还有观世音菩萨、救度母和马头金刚等佛像。从公元 8 世纪开始，佛教石刻文化在藏族地区得以推广，并逐步盛行。由于藏族地区有丰富的不用过多加工的各种天然石料，加上内地和印度，以及像尼泊尔等周边国家佛教石刻艺术的启迪和在技术上的大力支持，吐蕃时期推行佛教石刻文化。"[1] "佛教传入后，藏传佛教也完全继承了通过建立石堆来祭祀山神的古老习俗。祭祀石堆的表现形式和内涵逐渐演变为刻满经文、图符和神祇图像的玛尼堆造型，而具有了更深厚的美术因素和审美特征。尤其是公元 10 世纪后半期的藏传佛教后弘期，石头作为一种人类文化的载体，积累功德的刻石造像佛事活动和民间造型艺术样式，以大众化、通俗化的特点，大规模地在涉藏地区各地兴起，并由民族化进而民俗化，在'神山''圣湖'、农村、牧场、寺院、城镇、山垭、路口，众多带有佛教色彩的玛尼石刻造像兴起于此时，成为民间民俗美术中喜闻乐见的重要形式。玛尼石刻的功用也更多是表示对神佛的祈祷尊崇、顶礼膜拜和积累功德的虔诚之举。"[2] 大量的藏传佛教佛像、菩萨、金刚等形象和符号被刻写在石头上，四川、青海交界区域还出现了极富民间特色的格萨尔石刻。同时，一些经咒和完整的《甘珠尔》《丹珠尔》等石刻文献也陆续雕刻完成，按照佛经版式堆砌、码放在青藏高原大地上，在沧桑岁月中经受风雷雨雪洗礼，静静地接受人们的祭祀和虔诚膜拜。

四 藏族石刻的特点

藏族传统文化的保存和传承与石头存在非常密切的联系，不仅历史悠久，而且内容丰富，形式多样，分布广泛，数量庞大。"石刻是藏族文化的一种主要表现形式和不可缺少的组成部分，它深刻地反映了西藏的历史发展中不同时代的社会特征。作为一种文化的载体和现象，在西藏，几乎可以说凡是人迹所至，石刻品随处可

---

① 参见朶藏加《藏区宗教文化生态》，社会科学文献出版社 2010 年版，第 47 页；朶藏加：《藏传佛教与青藏高原》，江苏教育出版社、西藏人民出版社 2004 年版，第 258 页。

② 康·格桑益西：《辉宏拙朴的藏族民间玛尼石刻》，《西藏艺术研究》2003 年第 1 期。

见。不论石刻的数量之多、分布区域之广、功能之全，还是在社会各阶层被接受的程度之高，都当推世界之首。并且源远流长，纵跨原始社会、奴隶社会和政教合一体制下的封建农奴制社会，甚至到今天这种文化现象仍经久不衰。"①鏨刻在石头上的文字、图像、符号除具有原始信仰、藏传佛教等宗教内容外，还包含丰富的政治、经济、历史文化、生产生活、民俗、艺术等信息，学术和艺术价值非常重要，从文化和艺术遗存保护、工艺传承来看，具有重要的意义和作用。

（一）空间分布极广

西藏和青海、四川、甘肃、云南涉藏地区，以及内蒙古自治区等地区都存有大量的藏族石刻，遍布于高原的山川河谷、草原、寺院、村寨，历史悠久，空间范围极广，时间跨度较长。

岩画、摩崖石刻、石窟造像、碑刻和石经、玛尼石刻、格萨尔石刻等不同时期的石刻在西藏以及四省涉藏地区广泛存在。千百年来，虔诚的人们不停地鏨刻，经年累月地积累、堆砌，使石刻成为高原很普遍和常见的艺术形式，成为藏族人特有的精神寄托和表达语言，使镌刻的每一块石头都灌注了淳厚的人文精神，连接着人与自然，在高原辽阔天地间构成和谐共生的图画。

西藏的阿里地区，岩画和卵形玛尼石刻居多，还有小型石刻佛像和部分单片石刻经咒、图像、符号等。其中，扎达、日土、普兰一带有大量的玛尼石刻。例如，冈仁波齐的"底斯不动钉"石刻脚印、圣湖玛旁雍错四周以及转经道沿途都有大小不等的玛尼石刻、石堆。古格王朝遗址存有三座玛尼墙，以刻有经咒的玛尼石为主，有4000多块。日喀则地区历史上曾是西藏政治、宗教、经济生活的中心，著名的萨迦寺就建立在这里，这是一座文化艺术博物馆，

---

① 张虎生：《浅析西藏石刻文化》，《中国藏学》1998 年第 2 期。

其建筑、雕塑、绘画独树一帜，存有数量巨大的经书和石刻造像、
石刻经板、玛尼石等，被誉为我国"第二敦煌"。扎什伦布寺、白
居寺、夏鲁寺、纳塘寺、强准寺、珠峰脚下的绒布寺等寺院都存有
大量的石刻作品。扎什伦布寺转经廊千尊玛尼石刻造像最具代表
性，寺院后山也有大量石刻造像、石刻经文和玛尼石。玛尼石等更
是广泛存在于乡村、山顶和路口等地段。吉隆县还发现"它日普岩
画"，题材为生殖崇拜、狩猎、动植物、几何图形、符号等，形成
时间约为公元 7 世纪之前，学术研究价值非常高。

在西藏山南地区，雍布拉康、昌珠寺、桑耶寺、琼结藏王墓、
青瓦达孜山、青朴山、泽当猴子洞、白若洞、西扎洞等存有众多摩
崖石刻、石碑、石刻圆雕狮子、石板佛造像、玛尼石刻，时间从前
吐蕃到吐蕃时期及明清。其中，桑耶寺中心主殿"乌孜大殿"主供
的释迦牟尼像，用整块巨石雕刻而成，殿门口还有石狮和赤松德赞
时期的石碑。桑鸢寺中央大殿转经回廊存有千尊佛像玛尼石刻，石
刻技艺精湛。顶布钦寺内有一千多尊雕刻精致、种类齐全的石刻造
像。洛扎县还发现吐蕃时期的门塘得乌琼摩崖石刻以及后期的石
经，拉隆寺内的喜珠拉康石雕壁画更显与众不同，"与其他佛殿不
同的是，在喜珠拉康的壁面上绘制壁画，而整幅壁面是全部采用石
头镌刻而成的佛教题材艺术，堪称一座石雕艺术宝窟。在每一面巨
大的石壁上面，艺术家们雕刻出佛、菩萨、祖师、弟子等不同人
物，在他们的身边，环绕着青山、树林和绿水，布局细密而不繁
芜，虽然后世给石刻上涂绘的色彩显得有些过分艳丽，但石刻本身
无论从其雕刻技艺还是从整体布局上都具有很高的水准，堪称拉隆
寺内的一绝。"[①] 林芝地区八一镇、苯日神山、布久喇嘛林寺、列山
古墓区等地存有大量石刻和大石文化，其中，刻有本教"八字真

---

① 霍巍：《藏南山谷中的神奇古寺——洛扎拉隆寺考察记》，《中国西藏》2011 年第
2 期。

言"的石刻和摩崖石刻，玛尼石堆四处可见。藏北羌塘高原存有不少风格粗犷、质朴的玛尼石刻，牧区特色鲜明。当雄县康玛尔寺千尊玛尼石刻造像在藏北玛尼石刻中最具代表性，在寺院大经堂左侧神殿墙面上镶嵌着上千尊佛、菩萨、金刚护法、供养人等石刻造像，雕刻精致，形象生动，是涉藏地区石刻文化中的精品。巴青县境内还有数量不少的本教石刻。昌都地区的石刻更是以数量和种类、技艺著称，如昌都黑昌道旁的山村中由两座玛尼石堆砌而成的高约 20 米，有近 600 年历史的玛尼山被称为"西藏之最"。丁青、八宿、类乌齐等县境内除存在数量不少的大石遗存和本教石刻外，还有数量众多、分布在寺院、村寨、路口、山垭等处的玛尼石刻。例如，丁青县的乃查姆玛尼石堆，类乌齐等地多处神山上遍布悬崖石壁、山坡的石刻造像和六字真言玛尼石等。

拉萨市范围内的石刻文化，无论数量、规模、内容、形制、刻功等更具特色。布达拉宫、大小昭寺、哲蚌寺、色拉寺、甘丹寺、扎叶巴寺、聂塘寺以及大大小小的寺院都刻有不同时期的摩崖石刻、石板造像和大量玛尼石，分布在寺院、山崖和山坡上，其中从松赞干布时期起开始雕刻至今的药王山石刻最为典型。四川省甘孜藏族自治州、阿坝藏族自治州也分布着大量石刻，如巴格玛尼石墙、松格玛尼石经城、壤塘县邦托寺石刻大藏经等。青海省玉树藏族自治州、果洛藏族自治州、海南藏族自治州、黄南藏族自治州等州县都有大量的藏族石刻，如勒巴沟摩崖石刻、贝纳沟摩崖石刻、玛尼石刻、玉树结古寺新寨嘉那玛尼堆、果洛州甘德东吉多卡玛尼石刻经墙、黄南州泽库县和日石经墙等著名的石刻文化。甘肃省甘南藏族自治州、天祝藏族自治县、肃南裕固族自治县，以及内蒙古自治区同样分布着数量不等的摩崖石刻、石窟和玛尼石刻。

可以说，藏族石刻遍布青藏高原，历史悠久，具有极高的历史文化价值、艺术价值及研究价值。完成这一高原人文景观和大地艺术作品的，是历代藏族僧俗和民间雕刻艺人，他们是藏族石刻文化的主体创造者，也是保护和传承者，他们以高超精湛的雕刻技艺、坚韧的毅力创作出浩如烟海的石刻作品，把人与自然紧紧连接在一起，给每一块天然石头灌注着自己的情感，赋予了人文意义，使自然之石成为在山川河流、寺院乡村静静安放的人文之物。

照片 1-7 哲蚌寺石刻

照片 1-8 拉萨药王山摩崖石刻

（二）遗存数量巨大

以岩画、摩崖石刻、碑文、佛像圆雕、浮雕、玛尼石、石经等多种形式存在的藏族石刻，在青藏高原数量非常巨大。拉萨药王山石刻分为摩崖造像、经咒和查拉鲁普石窟。药王山摩崖造像长约2000米，主要有释迦牟尼、五方佛、三世佛、观音、历代达赖、班禅等5000多尊造像和部分佛经以及大量大小不等的六字真言石刻，刻、染、绘结合，具有独特的风格。查拉鲁普石窟从吐蕃时期就开始凿刻，石窟内共71尊造像，除两件为泥塑之外，其余都是石刻造像，包括释迦牟尼、三世佛、菩萨、弟子、供养人和松赞干布、莲花生、喜饶扎巴等历史人物，题材多样，雕刻手法精湛，特色鲜明。青海玉树藏族自治州是石刻分布较多，数量、规模较大的区域。结古镇向西十多公里处的贝纳沟和文成公主庙（大日如来佛堂），在贝纳沟的石壁上有吐蕃时期刻制的佛像、佛塔和经文、六字真言等。位于玉树藏族自治州结古镇东郊五公里处的新寨村玛尼石刻堆，始建于公元1715年，奠基人是结古寺三大活佛之一的第一世嘉那活佛，有300多年的历史。几百年的积累，已有各种25亿多块大小不等的玛尼石，近200亿字，其中几万块刻有律法、历算、艺术等的石经板，其余大部分为刻有造像、六字真言和其他经咒的玛尼石。规模巨大，数量极多，被誉称为"世界第一石刻图书馆""世界第一玛尼大堆"。

藏族石刻文化除造像、经咒、图画和符号外，还有独特的石经形式。石经大多按照非常规范的书籍形式装帧，包括封面、封底、插图等，刻好的石经按照一定顺序码放，形如藏传佛教长条经书，宛如石墙，所以又被称为石经墙（藏语音译为"多让"）。例如，青海泽库县和日石经墙、甘德东吉多卡玛尼石经墙、四川甘孜藏族自治州石渠县雅砻江边的巴格玛尼石墙、松格玛尼石经城等，规模宏大，气势磅礴。此外，还有大量单个石片镌刻的石经和经咒等。

照片 1-9　玉树嘉那石经墙

四川省阿坝藏族自治州的"壤塘县邦托寺石刻大藏经,位于壤塘茸木达半坡平地处的 32 座巨型佛塔群中,其寺始建于元代,属早期藏传佛教宁玛派寺院,石刻为《大藏经》(《甘珠尔》和《丹珠尔》)两部经书。计用 50 万片石双面刻成,按经文顺序堆放成不规则的长方形。堆放成的经堆左长 46 米,右长 39 米,左宽 16 米,右宽 13 米,左高 9.7 米,右高 9.2 米,被废弃物掩盖 2 米深,实高 11 米,占地 620 平方米。其中,《丹珠尔》为明正统年间刻成,《甘珠尔》为明末清初由该寺活佛仁青达尔基主持完成。先后 60 余人用了九年多时间耗资近亿枚银圆刻制而成,是涉藏地区最为完整的石刻藏经,邦托寺石经以其悠久的历史和丰厚的文化沉积,在当地信教群众中有极为深远的影响。石刻藏经图文并茂、笔画流畅、疏密有致、阴阳相背、满板生辉,其数量之多为全国罕见,尤其是《甘珠尔》具有重要的版本及学术价值,这些无声的学术研究价值涉及佛学、藏学、艺术、民族学等各个方面，慕名来此的考察观赏者无不称奇"①。

四川甘孜藏族自治州石渠县雅砻江边的巴格玛尼石经墙，距县城 50 公里，长 2 公里，最高处达 3 米，厚度 2—3 米。距石渠 80 公里的松格玛尼城，高 10 米，长宽各百米。是涉藏地区格萨尔石刻文化的典范，极具特色和浓郁的艺术感染力。青海省果洛藏族自治州甘德县存有多处石经墙，东吉寺附近的东吉多卡石经墙，呈立体长方形，长约 224 多米，宽约 3.5 米，高约 2 米，中间建有 3 座佛塔，刻有《般若波罗蜜多八千颂》《贤劫大乘经》等，石经板数量巨大。位于甘德县东南部岗龙乡的塞西多卡石经墙乡政府所在地，是著名活佛塞西仓修建的，距今有 400 多年历史，长约 280 米，宽约 5 米，高约 2.5 米，有众多石经板。位于甘德县下贡麻乡的多勒石经墙，长约 121 米，宽约 9 米，高平均约 5 米，刻有《甘珠尔》《般若波罗蜜多金刚能断大乘经》《贤劫大乘经》以及大量的六字真言、众多石刻造像等，石经板数量巨大，规模宏大。此外，在达日县还有东琼石经墙等多处规模不等、石经数量不等的石经墙，分布广，数量多。

青海省泽库县和日寺石经墙，石刻经文按照传统经书顺序排列，形成完整的成套经书，石刻文字数量巨大，刻工精美绝伦，技艺高超，世所罕见，被称为"天下第一石书"。《泽库县志》记载："和日石经墙坐落于泽库县城以西 80 公里处和日乡和日村和日寺院后山坡的平台上，分 4 处排列，其中位于寺院大经堂右侧的是主体石经墙，长 165 米，宽 2 米，高 1.1 米，用大小不等，厚约 1—5 厘米的 3 万余块刻有经文的不规则石板，按照藏文经籍版式分部垒砌而成。所刻经文为世界著名的藏传佛教经典

① 康·格桑益西：《辉宏拙朴的藏族民间玛尼石刻》，《西藏艺术研究》2003 年第 1 期。

《甘珠尔》(系藏传佛教《大藏经》两大组成部分之一,包括显、密两宗经律),按四川德格版本统计,共收录各种著述 1008 种,刻 2 遍,3966 万余字。主体石经墙以东,另有长、宽各 9 米,高 1 米的石经墙 1 座,所刻经文为《大藏经》之另一个组成部分的《丹珠尔》(即论部,包括经律的阐明和注疏、密教仪轨及五明杂著等)。该经共收录各种著述 4361 种,总计 3870 万余字。再东 40 米处尚有石经墙一堵,长 11 米许,高 1.2 米,宽 1.4 米,所刻经文为《檀多》,共刻 108 遍。两边距主体墙 120 米处有长 115 米,宽 1.3 —1.58 米,高 1.2 米石经墙一处,所刻经文有 17 种。石经墙每部经文皆有书名,各部之间用刻有精美图案的石板隔开,经墙外壁有绘着花边的木板护栏,如同书本上的插图,每隔一段砌有一座佛龛,供奉一座石刻佛像,佛像用浮雕形式刻制,装点色彩后栩栩如生。佛龛顶部为传统的藏式建筑式样,拼盖石板如檐瓦,泄水流畅。经推算,石经墙的经石数量约为北京房山云居寺经石的 1.5 倍,总字数约 2 亿以上。除经文外,在部分石板上镌刻着大小不等的佛像、民间图案、佛教故事等图画。"①

和日石刻与自然融为一体,形成大地艺术,传承着文化,延续着高原人群对生命的深刻理解和对美好生活的不懈追求。在这些浩繁的石片上刻有大藏经《甘珠尔》《丹珠尔》《贤劫经》《大般若经》。此墙的两面所设佛龛还供放着 1000 余幅石刻《释迦牟尼》《药师佛》《无量光佛》《莲花生》《玛米塔》《汤东杰布》《八十四大成就师》等造像。此石经墙的文字、佛像雕刻,由寺僧和民间艺人历时几辈人完成。它不仅有助于我们了解藏族历史、宗教、社会、文化状况,而且有助于加深对藏族独特的装饰、

---

① 泽库县志编纂委员会:《泽库县志》,中国县镇年鉴出版社 2005 年版,第 447— 448 页。

照片 1 – 10　和日石经墙

工艺美术技能和雕刻技法的认识，是绝妙的藏族石刻艺术的大展示。[1]

一堆堆玛尼石，一部部石刻经，一道道石经墙，与寺院、村庄、牛羊、草原、高山、蓝天以及游弋天地间的淳朴人们共同组成了和谐的自然图画。千百年来，无数僧俗百姓、信徒、刻工在石头上不停地錾刻着，艰苦地劳作，成就了这种浩大的工程，成为青藏高原独特的人文景观和文化符号，成为一种日常、一种标志。

（三）地域特点鲜明

藏族作为青藏高原上的主体民族，不仅创造了神奇的青藏高原文化，还具有独特的对待自然、生命的朴素态度和审美意识，维系着人与自然的和谐关系，藏族石刻就是保存传统文化、传递信息、延续理念的文化符号，成为藏族人民利用自然石材镌刻、保存文化

---

① 康·格桑益西：《藏族美术史》，四川民族出版社 2005 年版，第 378—379 页。

的最佳方式之一。

　　"这个伟大的雪域民族，以其不凡的睿智和艺心，创造了灿若群星、明若新月的藏族美术。在有史可考的千余年传承中，与中华民族及世界各地区、各民族，尤其是雪域毗邻地区的美术相互借鉴、相互交融，它是人类共同的文化遗产。同时，也形成了其他地域、其他文化所无法替代仿效的形式格调、气质神韵，培养出了独具民族性、雪域特性的美术奇葩。至今被国内外美术界、藏学家悉心研究并汲取精华。"① 内容丰富、形式多样的藏族石刻，既是藏族文化的重要载体，也是藏族传统文化的重要记录，彰显了藏族创造精神和藏族文化深厚的人文底蕴。从远古石器时代到卡若文化、曲贡文化、昌果沟文化，从部落时代到吐蕃王朝、分裂时期，从本教时代到佛教传入、藏传佛教兴起，藏族石刻文化处于不断的变迁之中，在保持和继承本土民族传统的基础和前提下，大量吸收了波斯、印度、尼泊尔文化以及汉地和克什米尔等地文化，兼收并蓄，形成了风格独特、内容丰富、题材多样的石刻文化。大石、垒石、岩画、摩崖石刻、碑刻、造像、石经、玛尼石，散落、分布在广袤的青藏高原，区域特色鲜明。

　　最壮观的是规模宏大的石经墙，是藏族石刻的典型代表。内容非常丰富，既具有庄重的宗教内容，也不乏浓厚的世俗生活情趣。有高浮雕、浅浮雕以及线刻等形式，刻石手法大多采用阴刻、阳刻、敲、凿、磨、刻，有些还用不同色彩涂绘。大多石刻想象丰富，按照石料的天然形态设计，超越了《佛教造像度量经》等宗教规制的束缚，使石刻作品更加朴实、生动形象，构图布局自然，拙朴淳厚，成为高原独特的风景，流淌着藏族人民对未来美好生活的

---

　　① 康·格桑益西：《西藏美术史》，四川民族出版社 2005 年版，第 1 页。

向往和精神追求。

完成这些大地艺术作品的是不见经传的僧俗和民间雕刻艺人，他们是石刻文化的创作、传承主体。藏族石刻制作者，除了部分僧人，大部分是民间刻工、信徒以及赎罪者，有的世代为业，也有临时为业的，一般是师徒相传、父传子，现在也有女性从事这个行业。他们怀着虔诚之心，为了祈愿、积善修功德或赎罪静心刻石，表达着对美好未来的寄托和希望，给冰冷的石头赋予了神圣的意义，成为精神的造物，散发着朴素的生命温度。可以说，藏族石刻在藏族文化中是重要且广泛存在的文化符号，每块刻有图像、文字的石头上都凝结着藏族人民的智慧和思想，记录着历史和情感，是藏族文化的重要组成部分。石刻的存在不仅普遍，而且凝固着本教文化、藏传佛教文化、民俗文化的深刻内涵，成为人们供奉、祭祀、祈愿的存在，超越了自然石头成为精神寄托的神圣之石，充满了人文气息和艺术生命力。"石雕""石刻"都是物体，在一定意义上，石刻已有了艺术的成分和更崇高、神圣的意义，表达了藏族人民的美好祈愿，也体现了他们对生命、对自然的朴素态度和执着的追求。

五 和日石刻的价值

历史悠远的藏族石刻艺术是藏族文化的一个缩影，这种无处不在的文化符号，书写了雪域人们对美好生活的向往。它是在历代民间艺匠的辛勤努力下逐渐发展起来的一种镌刻精致的手工艺术，是"朵果"创造的藏传佛教雕刻艺术中极为可贵的部分。泽库和日寺石刻这一流传于青海省黄南藏族自治州泽库县和日镇和日寺及周边地区的藏族民间雕刻艺术，因其工艺复杂、特色鲜明，具有较高的艺术价值和历史文化价值，于 2008 年入选第二批国家级非物质文化遗产代表性名录项目。[①] 目前和日村的石刻艺人、石刻艺术、石刻文化等通过非物质文化遗产申报等多种方式得到了保护和传承，非遗传承人与一般所说的"朵果"又有所不同，这里的非遗传承人指熟练掌握了线刻（阴刻、阳刻）、圆雕、浮雕技艺，能使用这些技艺独立地进行石刻经文和石刻图像的雕刻，并且创作过水平较高的石刻图像作品，通过严格的审查或者经过正规的技艺考试，能够通过选拔且得到认可后被授予正规的"非物质文化遗产传承人证书"的石刻艺人。随着社会和文化的变迁，在移民搬迁后由于生计转型等因素的影响，村民们拓宽了视野，除了錾刻传统的经文或僧、佛图像外，也开始雕刻牦牛、砚台等与俗世生活相关的图像等石刻作品。

泽库县和日镇和日寺是安多地区石刻艺术的发源地，地处青藏高原的腹地、安多地区的怀抱、泽曲草原的深处，那里有当今闻名遐迩的石刻遗产杰作《大藏经》（《甘珠尔》《丹珠尔》）。石雕艺术之乡使这门古老的藏族石刻艺术得到了深远的发展，村中僧侣皆掌握这种手工技艺。以其精湛的雕刻技能和技法，呈现出鲜明强烈的地方特色，洋溢着活泼灵动的艺术生命力，备受海内外旅游者的青睐。泽库县和日寺石刻艺术被誉为"世界石书艺术之最"，是独具特色的世界文化遗产的宝库，具有鲜明的民族特色及较高的历史、文化和艺术价值。

在和日村村委会的旁边有一个展览室，平日里不开放，只有到了有活动的日子以及领导来村里视察时才会开放，而笔者一行在调查期间则有幸见识了这个展览室的"庐山真面貌"。展览室并不大，30 平方米左右，但是里面却摆满了各种石刻作品，种类比较丰富，有些十分精致，而有些则显得较为粗糙。听管理员说，这个展览室

---

① 《在石头上刻出"幸福花"》，中国西藏网，https://www.tibet3.com/lvyou/wcfq/ys/2020 – 01 – 22/148265.html，发布时间：2020 – 01 – 22，访问时间：2021 – 03 – 19。

里除了摆放村里优选出来的作品以外，还放一些早期学徒雕刻的作品，所以可以在这里粗略地看出和日村石刻艺人的一个成长过程。在墙上的展示柜橱中还摆着有各种称号的证书和一些奖状，给人一种硕果累累的感觉。除此之外，还摆放着一些龙砚，听说是由一位从外面请来的汉族师父用小电钻雕刻出来的，也有本村人自己模仿雕刻的龙砚。

照片 1-11　示范村表彰证书

照片 1-12　摆放在展览室的各类证书

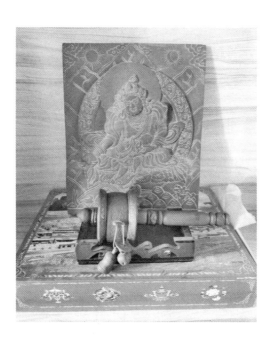

照片 1 – 13 优选作品

照片 1 – 14 龙砚

第二章
物为石刻

探讨石刻文化的传承与保护，我们首先需要对和日石刻包含的具体方面进行描述和呈现，下面主要从石刻的雕刻步骤、工具、技艺及内容逐节予以分述，力求从历时性和现实性的角度，对和日石刻文化做全面的梳理和介绍。

第一节　石刻流程

和日村生态移民搬迁户，有近70户，夫妻二人及家中小孩和老人，至少一人会刻石经或图像；有20多户，夫妻二人均会石刻，通常男性刻图像，女性刻石经，女性一般要承担很大一部分家务活，较之刻经，刻图像需要更多的时间，要求的技术也更高；仅几户无石刻手艺。[①] 公司从无到有，全村进行石刻生产的公司有八家，2009年和日村成立了纯手工雕刻的"和日村石雕艺术有限公司"（后文简称"和日石雕公司"），是属于全村集体所有的公家公司，以"公司+农户"的方式运营，此外，还有三家以手工雕

刻为主的私人公司、四家以机器雕刻为主的私人公司。私人机器
雕刻公司的出现略早于私人手工雕刻公司，但晚于公家公司。也
就是说，如今随着时代的变化，村子里已存在两种截然不同的石
头雕刻方式，分别是传统的手工雕刻和现代的机器雕刻，二者颇
多不同，最明显的便是产出石刻作品的步骤有异。值得说明的
是，石刻文化的传承和保护，更侧重于手工方面的石刻文化，但
为了更加全面地呈现和日村石刻文化的发展及其关联问题，在对
手工石刻流程进行重点叙述的基础上，对机器石刻流程的介绍也
必不可少。

一 手工雕刻流程

较之机器雕刻，传统的手工雕刻要复杂得多。就手工石刻而
言，从石料的来源到最后对石刻经文和图像的处理，大致经历了
选、采、运、刻、放几个步骤。但随着时代的发展，每一个步骤都
发生了不同程度的变化。"选"主要经历了从单一的"选石头"，
到"选采石场"和"选石头"二者兼有的变化；"采"则从最初的
"捡石头"，转变为如今的"买石头"；"运"也由最初人工或牲畜
"背"或"驮"，发展到如今的"三轮车""摩托车""拖拉机"
"小型货车"运输；"刻"则由最初的"手工粗雕"，发展为现今的
"手工雕刻"与"机器速刻"共存；"放"由早先单纯地卖掉换取
生活物资，发展为时下的"卖掉赚钱"、"送给亲朋好友或活佛"、
"放到石经墙上"，等等。

（一）"选石"与"选石场""挑石"

起初，选石头是石刻流程的第一步。和日村还叫"格村"的时
候，村民主要去位于现今和日村五公里处的哈达选石头。据老阿克关
却三知讲："哈达那边的石山上，有很多可以用来雕刻的石头，是洛
迦活佛首先发现那个地方的，他发现那边的石头可以刻石经和图像，

后来我的爷爷、爸爸他们就都去那里采石头。那边的石头质量好着呢，软得很！特别适合用来刻图像，那些软的、颜色好看的、表面平的，他们就捡回来自己刻。"如今，村民们用来雕刻的石料来源主要有三个地方：一是村民原来去采石的哈达采石场，现今哈达采石场已由一位名叫 LZH① 的私人老板承包了，他从西宁请了专业的技术人员，组织开采石头；二是位于和日村东南方向的吉隆采石场，距和日村七公里，现由一户牧民所有；还有一个在吉隆村里面——县道旁的石材厂，距和日村不足一公里，而且石材厂的石头均是从吉隆和哈达采集而来，在石材厂内进行切割打磨，之后再进行出售。

现今，村民们从事雕刻，首先面对的问题是从哪一处石料来源地选石材，通常先选地方，再挑选石头。2015 年，从对 60 位受访者的访谈结果来看，有 20 人选择吉隆，有 35 人选择哈达，有 5 人选择石材厂。可以发现，村子里去采或买石头，主要是去吉隆和哈达采石场，一般不会选择距离最近的吉隆石材厂。如何挑选石头，对于村民从事雕刻，至关重要，也是每一个会雕刻的人必备的技能。他们挑选石头时一般会考虑两个因素：一是家庭经济条件和经济回报率，二是雕刻类型的要求。就家庭经济因素而言，这与三个卖石头地方的石头价格有关（见表 2-1）。

表 2-1　　　　　　　　采石场的价格及购买人数

区域 价格	吉隆采石场 （户数）	哈达采石场 （户数）	吉隆石材厂 （户数）
500—600 元/立方米	32	0	28
600—1000 元/立方米	17	35	12
1000—2000 元/立方米	1	15	10

① 出于田野伦理要求，书中部分人名使用化名。

表 2-1 是根据 2015 年 7—8 月对和日村 60 户人家的访谈资料整理所得，由于每个村民对三个地点的石头价格说法不一，因此，以每个地点石头的平均价格为分析依据。可以发现，认为吉隆采石场每方石头价格在 500—600 元的有 32 户、哈达采石场石头每方价格在 500—600 元的则没有、吉隆石材厂每方石头价格在 500—600 元的有 28 户；认为吉隆采石场每方石头价格在 600—1000 元的有 17 户、哈达采石场每方石头价格在 600—1000 元的有 35 户、吉隆石材厂每方石头价格在 600—1000 元的有 12 户；认为吉隆采石场每方石头价格在 1000—2000 元的有 1 户、哈达采石场每方石头价格在 1000—2000 元的有 15 户、吉隆石材厂每方石头价格在 1000—2000 元的有 10 户。因此，我们可以大致推断，吉隆采石场每方石头的平均价格约 800 元，哈达采石场每方石头的平均价格约 1800 元，而吉隆石材厂每方石头的平均价格约 1000 元。也正因为三个地方石头价格的差异，所以家庭贫困的村民通常选择吉隆采石场的石头，家庭稍微优越一些的，则选择哈达采石场的石头，而家庭条件一般的就会模糊处理，只要能刻经文或图像，不会在乎石头是哪里的。

经济回报率也会影响村民从何处挑选石头。调查发现，为村里公家公司①刻一张经文的平均价格是 20 元，能刻多少张经文，这取决于自家的雕刻能力，如果能在规定时间内完成公司要求的经文张数，就可以从公司多拿一些经文，这样也就能赚更多的钱。正如村民久美德金所说："给果洛那边的一个寺院刻过《甘珠尔》《丹珠尔》，刻好后卖给了公司，当时我们家分了 600 多张经文，当时刻的时候自家要多少就拿多少，当时他们要刻一部《甘珠尔》《丹珠尔》，就找我们刻，是因为我们村的人，人人都会刻。当时卖了 1

---

① 村民们习惯于称村里集体的"和日石雕艺术有限公司"为"公家公司"。

万多块钱。"

除了为村里公家公司刻经文之外，村民也会自己刻经文或图像，然后卖出去。村子里刻的最多的是《檀多经》。据村民讲，这部经对于人死后，有助于消除人生前所犯的错误，因此成了藏族群众喜欢买的石刻经文，也是村民最常刻的一部经文。刻完一部《檀多经》，需要20天左右的时间，出售的平均价格在1300元以上，考虑到成本与收获的价值比，因此当需要刻经文的时候，村民大多数会选择从吉隆购买石头，因为比较便宜，如此才能保证刻经行为价值的最大化。

通过对60户人家的走访调查显示，村里所刻图像的尺寸主要有四种：20cm×20cm、20cm×30cm、45cm×45cm和50cm×100cm。其中，村里刻的最多的是20cm×20cm和20cm×30cm大小的图像，也是卖得最好的，另外两种尺寸的图像刻得很少，刻完后有的放在了私人公司里，作为公司对外宣传的标志，有的直接放到了石经墙上，只有很少一部分用来出售（见表2-2）。

表2-2　　　　四种尺寸石刻图像的价格、雕刻周期和用途

项目 尺寸	每片价格	雕刻周期	用途
20cm×20cm	1000—5000元	一个月或一个半月	出售
20cm×30cm	5000元以上	两个月	出售
45cm×45cm	1万元以上	三个月	出售，放石经墙上
50cm×100cm	2万元以上	一年以上	出售，放石经墙上，展览

从表2-2中可以发现，刻一幅（一片）图像，它的价格主要与所刻图像的尺寸比例有关，尺寸越大，耗费雕刻的时间越长，价格就越高，经济回报率也随着图像尺寸大小和雕刻周期长短的不同而不同。前两种尺寸大小的图像，虽然价格较后两种低，但是雕刻

周期短，可以在一年雕刻好几幅 20cm×20cm 和 20cm×30cm 大小的图像，产出数量要比 45cm×45cm 和 50cm×100cm 大小的多，只要将刻好的图像卖出去就能赚到钱。因为雕刻图像对石头的质量要求很高，石头需要软的、表面平滑的、颜色较蓝的、厚度较厚的和没有裂缝的，而三个地方的石头，只有哈达的石头可满足以上要求，就算石头的价格贵，若需刻图像，村里人还是愿意选择从哈达采或买石头。村民多杰说："用凿子去敲，听声音，有两种声音，脆的就不要，石头的厚度、颜色都要看，刻佛像的石头比较厚，最厚要 10cm 左右，薄的差不多 3cm、4cm，蓝色的石头最好。"但吉隆采石场的石头表面不平、质地较脆，雕刻图像的时候，容易刻碎石头。而吉隆石材厂的石头，虽已经过粗加工，将石头切好，但是质地较硬，不便雕刻。而需要刻经的时候，考虑到经济成本和刻经本身对石头质地的要求较低，村里很多人会选择从吉隆采或买石头。但是如果需要刻图像，虽然石头的价格成本增加了，但是所获利润也是丰厚的，因此村里人会选择从哈达采或买石头。由此，可以说，村民从何处选石头，主要基于经济条件、经济回报率和雕刻类型的不同而做出选择。

照片 2-1　吉隆石材厂　　　　　照片 2-2　吉隆采石场

照片 2 – 3　哈达采石场

　　村民选择石头，除了会考虑以上因素之外，个人对采石场拥有者的感情，有时也会成为一个影响因子。虽不占主流，但确实存在。在一次与村民 ZTJ 闲聊的过程中，他无意中向我们吐露出对哈达采石场老板 LZH 的不满，因为他把哈达的石头价格定得太高，使很多人买不起，自然也就雕刻不出好的图像，卖不了好价钱。因此，现在 ZTJ 宁愿打小工也不去哈达买石头，除非村上分配了石头，他才刻。

　　（二）"捡"与"买"

　　选好采石地点之后，就要去采石头。村民去采石头，从过去到现在，经历了从"捡石头"到"买石头"的变化。"捡石头"历经时间较长，从最初村里雕刻石头伊始至 2005 年左右，之后进入"买石头"阶段。那么村民是如何在没有现代机械工具的情况下，从悬崖峭壁上采下石头呢？我们可以从村里几位老人的回忆中了解和体会。

　　　　80 户人家的时候，石头是从哈达采的。当时没有分草场，
　　　　石头都是免费的，也有从吉隆拉石头的人，大部分人都去哈达

拉石头。男的采，去那儿待 3 天、10 天的都有。以前采石头是用手去采，慢慢地有工具了，采得比较快了，慢慢变成了大铁锤和钢钎，以前那个钢钎是比较短的。3 天采石头的活儿，可以足够刻一部《檀多经》。采的时候很累，如果不采石头就没有吃的东西，采的时候，宗教信仰方面觉得很好，心情也不错。①

80 户的时候从哈达那里捡石头，那时候是自己去看，看大小，看颜色。在山上的时候，自己用手去敲打，声音比较好听、比较脆的就背到自己家里。②

石头是从哈达采来的，男人采石头，女人背回来，男女都刻，石头本来是不规整的，用凿子一点一点敲。③

从三位老人的回忆中，大致可以想象当时村民采石的情景。如果需要刻石经或刻图像，便邀请几户人家的男主人，带上帐篷、吃的、穿的和"戎"（藏语音译，汉语意为"凿子"），去采石场住上一段时间，然后一点一点地从哈达采石场的悬崖峭壁里抠出用来雕刻的石头。虽然很累，但是为了生活和信众的宗教信仰，他们还是坚韧地持续了几十年。

时至今日，采石头需要用钱买了，但过程并不简单。很多村民说，为了节约钱，去买石头的时候，一般都是自己拿着钢钎、锤子去采。自己采的石头要比从采石场那里购买现成的石头便宜，而且自己采石头的时候，可以挑选好的石头。从采石场直接购买石头，

---

① 久美让雄，79 岁，藏族，和日村人，2016 年 8 月 12 日访谈。
② 久美才昂，66 岁，藏族，阿卡，和日村人，2016 年 7 月 31 日访谈。
③ 多杰，62 岁，藏族，和日村人，2016 年 8 月 1 日访谈。

那里的老板不允许挑选石头，买回来后发现大多数石头都刻不了图像，有些甚至还刻不了经文。因此，就算是从采石场采下来的石头，还是需要用钱来买，大多数村民依然选择自己去采。如果经济收入主要靠卖石刻制品为主的家庭，他们一般一年买三四次石头，一次买两到三方石头；普通家庭一年只买一次石头，一次买一方。基本上是秋天去买，这样的话，冬天无法去镇上打小工赚钱养家的时候，就会选择在家里刻石头，待到来年，将刻好堆放在院子里的石经卖掉，以维持家庭的基本生活开支。

（三）"人背""牛驮"与"车运"

村子还在山上的时候，需要将采好的石头运回村子，主要有两种方式：一是用人力背，二是用牦牛驮。背的时候主要是女人背，男人采好石头后，就让自家的女人将石头一块一块从哈达采石场背回位于距离 12 公里外的旧和日村。笔者与角巴的奶奶有一段对话，从中可体会当时运石的情景。

问：奶奶，当时您的母亲是怎么把石头运回山上（搬迁前山上的和日村）的啊？

答：都是男人采、女人背。有时候小孩子也会搬一块石头，但是一般到路上的时候，就扔掉了，太重，他们搬不起。

问：怎么个背法？也就是说是怎么背的，用绳子绑在背上吗？有背的工具吗？

答：哪有什么背的工具，就是用绳子把石头捆住，拴到腰间，就这样一块一块地背。

问：那岂不是一天要背好几趟？

答：男人们采的很多，一天背不完，那时候苦得很，背上都出血了，但是还要背。

问：那没有其他的方式背石头了吗？

答：没有。

问：背的时候这么累，什么原因让您母亲坚持背石头的啊？

答：家里孩子多，要吃饭啊。背完石头就刻，刻好之后，把石头一开始卖给罗加仓活佛（洛迦活佛）。他卖了，给我们吃的、穿的。后来我们自己卖给富人，富人给我们粮食，酥油、糌粑什么的都可以。

问：还有其他的原因吗？

答：没有了，就是为了生活。那时候也有尼姑去背石头，背回寺院刻，她们刻了就放到石经墙上，应该是为了信佛。

后来从另一个叫拉毛的老奶奶那里得知，当时确实都是用人力将石头背回村子里。但是也有一种方式，就是用牦牛驮。如前所述，当时那 80 户人家，基本上是和日四大部落里最贫穷的人，因为听说寺院的洛迦活佛提供吃的、穿的，才搬到寺院周围，并且定居下来。以此看来，村子最初形成的时候，村民不可能有牛羊等动物，那么用来驮石头的牦牛从何而来？据拉毛老奶奶讲："村子搬来的时候，每家每户都有一个阿克，因为是寺院里的，阿克们向富人借了牦牛，富人们愿意借给阿克。"老奶奶在无意之间说的一段话，以及前文所述"石经墙为何位于高处"，似乎让我们明白了，村子里的石刻文化为何经久不衰；或许也可以用来解释，为何当初采石、背石的时候那么累，村民们却还是坚持下来了。她还说："有钱人家死了人的话，就买一部《檀多经》，放到石经墙上，穷人家也会买，用打工的钱去买，赚到钱可以买石经。自己刻的也会放到石经墙上，比如自己的家人去世了，就刻一部《檀多经》放到石经墙上，对死去的人好着呢。"

从拉毛老奶奶的叙述中可以发现，不管是富人还是穷人，只要家里有人去世，都会买或刻一部《檀多经》，如前文所述，"这部经文的作用是消除死去的人生前所犯的错误"，有助于死去的人重新进入新的轮回，免去死后的痛苦。

随着时代的发展，石头的运输方式，由人力或畜力运输发展为机械运输，机械运输方式主要包括摩托车、拖拉机、三轮车和小型货车。据村民讲，住在山上的时候，也曾使用自行车运石头，但是最佳的方式还是通过摩托车和拖拉机运输。和日村搬到现在的这个地方后，全村200多户人家里，6户人家有小型货车，3户人家有三轮车，这些车就成了村民们运回石头的主要交通工具。小型货车拉一车石头，可以拉四五方，一般由几家亲戚共同承担一辆车的运费，一车的运费100元左右。一辆三轮车可以运一方石头，运费只要30元。虽然目前的运输方式已经免去了当时人背石头的痛苦，但是普通村民对藏传佛教的信仰和尊崇，从未改变，这一点从村民刻经和放经的行为看，体现得淋漓尽致。

（四）"刻"与"放"

2016年8月20日田野笔记这样写道：

> 我们到村子第一户人家大门外面的时候，从院子里传来叮叮当当的声音，清脆悦耳，这是做什么呢？扎西回过头来跟我们说："这家在刻石经，我们去看看。"扎西进去后，由于还没有经过主人的同意，我们站在铁门外面，透过铁门看见院子四处都是空的，院落中央坐着几个正在刻经的妇女，她们头顶上方搭着一块像大伞一样的花布，应该是用来遮太阳的吧。在她们四周堆放着许多石头，有些石头上还有藏文，在乱石的中央，竖着一块木支架，木支架上也有一块石头，好像还没刻完。扎西和女主人交谈了一会儿，便招手让我们进去。进去后发现，石头上密密麻麻刻的全是藏文。在竖着的木头支架上，

除了一块石头之外，还有几根像笔一样，底部宛如"一号起子"的工具。之后扎西和女主人说了一会话儿，我们就出来了。（向锦程记录）

　　这是我们第一次接触到雕刻石经的经历，现在回想起来，还记忆犹新，那清晰隽秀的石刻文字，那奇形怪状的工具和女主人热情的笑容，久久不能忘怀。那么经文或者图像到底是如何刻的呢？刻的时候有什么要注意的地方呢？

　　石头从哈达和吉隆买回来后，一般就堆放在自家院子里，村民们只要有空闲的时间就会刻。刻经文的石头，一般不用经过处理就能刻，但是如果需要刻图像或者砚台，则需要切割和打磨。现在生活条件好了，会刻图像和砚台的家庭，一般都有相应的切割和打磨机器。如果没有的话，就去私人公司里借。不过村子在山上的时候，由于没有切割和打磨的机器，基本上就是用凿子和锤子，一点点地把不规整的石头敲成了规整的石头。正如村民多杰所说："石头本来是不规整的，用凿子一点一点敲，就把石头变成了正方形，当时没有锯子，只能用凿子。"

　　刻经文的时候，将石头放在一块斜靠在墙边的木支架上，为保证木支架的平衡和稳定，木支架与地面会成一个 20 度的夹角。人便坐在一个小凳子上或席地而坐，身子与身前木头支架的平面构成一个 30 度的夹角，也就是斜坐着，身体略向前倾，这样的坐姿有利于加快雕刻的速度。刻的时候，左手拿凿子，右手拿锤子。拿凿子的左手需要手背对着石头，手心朝上，凿子不能握在手中，正确的握姿是，左手的大拇指、食指和中指抓住凿子钻头往后 1cm 的部分，而后无名指成弯曲状，将凿子的主体部分搭在无名指的上面，小拇指压住凿子的尾端，一切准备就绪后，再对照放在石头上端的经文，就可以刻了。

刻图像的时候，也有一个木支架，这个木支架宛如一个小桌子，将切好的石头放在上面，然后一边参照所要刻的图像，一边刻。刻图像与刻经文拿工具的姿势、使用工具的数量是不一样的，刻图像的时候，也是左手拿凿子，右手拿锤子，但左手拿凿子时，将凿子中间躯干部分全部握在手中，不像刻经的时候，凿子是搭在左手手指上的。

刻经和刻图像时，要求刻者专心致志。按照传统说法，如果将经文刻错，或者佛像的某一部分刻错，这将会影响自己的身体健康，或者下一世就会受到缺胳膊断腿等惩罚。我们走访了一户人家，那家的男主人叫 CDJ，以前在县城工作，现在退休赋闲在家，他说："刻佛像的时候，刻眼睛要刻好，刻不好眼睛自己下辈子就瞎了，刻石经也不能有漏字错字，否则下辈子会断手断脚。"从他的叙述中感受得出，藏传佛教轮回的观念对普通藏族民众影响之深，做任何事情均以佛教的普适价值观念为行为标准，并且虔诚地信奉着。

那么刻好的石经和图像是如何处理的呢？村里的老人久美让雄回忆说："80 户人家的时候，穷啊！都是没有牛羊的（人）才到这边来住下的，后来洛迦活佛把雕刻的技术教给了村民，以后村民就把刻好的石头卖给洛迦活佛，洛迦活佛再将这些刻好的石头卖给富人，富人给洛迦活佛一些粮食，最后洛迦活佛把粮食都分给了村民，那时候很少有去放石经、佛像的，吃都吃不饱，哪里还有多余的（石经和佛像）去放啊，都是富人从洛迦活佛那里买了之后放的，后来生活慢慢变好了，村民才去放的。"[1] 现今，刻好的石经或图像虽有拿去卖的，有拿去送亲朋好友和活佛的，但也有放到石经墙上的。据村民讲，将刻好的石经或图像放到石经墙上之前需要请

---

① 久美让雄，79 岁，藏族，和日村人，2016 年 8 月 12 日访谈。

阿克校对，特别是经文，在校对的时候发现错字或漏字的地方，需要马上在原来的石头上进行改正，如果错误较多，无法改正的，就需要再找一块石头重新雕刻。校对完之后，除了卖掉的经文和图像，大多数都会放到石经墙上。后来从村民那儿得知，全村有一起放石经的传统，在每年藏历十二月十八日（约公历1月）。以前，每家每户都会按村里的要求，刻一张《檀多经》的经文，等到十二月十八日这一天，全村人拿着自己刻好的经文，一起放到石经墙上。放经有两种方式，一种是平放，一种是叠放。平放的时候，从石经墙的西头开始放石经的开头部分，之后，其他部分可以打乱顺序摆放，为了区别石经的开头部分，村民会在刻经的第一块石头上刻一个特殊的符号，以表示这是经文的开头部分；叠放时，首先放石经的其他部分，可以不按顺序一层一层地叠在一起，最后再将经文的开头放到最上面。等到村民放完石经，村里的阿克们会口念《扎木尼经》①（汉语意为《普贤行愿经》），最后所有人围着石经墙按顺时针方向转三圈，整个放石经的仪式便宣告结束。

那么他们为何要选择这一天去放石经？为什么转三圈？带着这样的问题，我们请教了阿克宗指，他是这样讲的：

> 放《檀多经》是为了怀念死去的人，十二月，到年末了，会思念自己死去的家人，想（让）他们也好好的，就去放。人死了必须刻石经，天葬里面有放石经，火葬里面也有放石经，放的是《檀多经》。临终的时候就在"中阴界"，自己相信轮回前世这一说，所有生命都有前世，在"中阴界"待49天，有些待两三天、十天就好，然后就到下辈子。放《檀多经》对他们在"中阴界"是有作用的，之前也给你们说过，放到上面

---

① 用于祈祷的经文。

的经文，经过风吹雨打，就像念了一样，可以使众生获得加持。转三圈嘛，你看哈，我们讲究的佛、法、僧三宝，是不是，所以转三圈。①

村民常放的经文，除了《檀多经》之外，还有《东旭尔经》《智美歇尔经》（《忏悔经》）。一般在自己犯错后放《东旭尔经》，用以赎罪；当发生自然灾害，造成人员伤亡后，放《智美歇尔经》，为祈福禳灾；《尕藏经》也有祈福的作用。但不管放哪部经文或佛像，村民都认为是一种无上的功德，对自己、对他人都有益处。

观察放在石经墙上的石经和图像，可以很明显地区分出哪些是过去遗留下来的，哪些是现今刻的。因为遗留下来的石经文字，字体较斜、字间距较大，而新近刻的石经文字，字体较正、字间距较小，排版较为整齐。另外，过去遗留下来的图像，追求的是以流畅简单的线条刻出佛像；而今的图像，不仅追求线条的流畅，也更加注重对佛像的衣服褶皱、莲花坐台和面部表情等细节的雕刻，有的甚至还会雕刻出佛像背后的云彩、远山、飞鸟等，宛如在石头上作画一般，栩栩如生。

二 机器雕刻流程

人类自 19 世纪进入工业文明以后，机器大生产逐渐取代手工生产，生产生活的节奏加快，这无疑是机器生产带来的便利。青藏高原虽是一个比较封闭的地区，但是随着我国改革开放的进行，机器也随之进入。和日村的机器雕刻大约始于和日村从草山上搬迁到现在的移民点之后。我们从村里第一家机器私人公司的所有者 28

---

① 阿克宗指，25 岁，藏族，和日村人，2016 年 7 月 29 日访谈。

岁的久美东芝那里得知，他目前所使用的机器雕刻，是自己 2010 年去成都打工时第一次接触到的，回来后便与家人商量准备筹建一个机器雕刻公司，专门雕刻经文和图像。为保证能够掌握机器雕刻的技术，后来又去广州专门学了两个月，学成归来后，于 2013 年成立了雪域玛尼石机器雕刻公司。从田野调查看，机器雕刻主要分为以下三个步骤。

第一步是找寻石头。久美东芝说："机器刻的石头是从内蒙古发过来的，叫'蒙古黑'。还有四川来的黑石头。四川的石头，黑色是喷上去的。'蒙古黑'是天然的。'蒙古黑'运过来，一块算运费的话，一块 30 多元。哈达的石头是挺好，但现在石头少了。机器刻的话，'蒙古黑'好一些。差别就是哈达的石头过很久的时间会渗水，'蒙古黑'保存时间更长。哈达的石头不是很硬，哈达的石头专门是为了我们村手工雕刻用的。"

第二步是美化石头。从久美东芝的叙述和笔者参与观察发现，对于石头的形状、大小和质地并没有什么要求，但是对于石头的颜色要求很高，机器雕刻的石头，需要底是黑色的，这与机器雕刻出来的经文或图像的深浅有关，如果不是黑色的底，基本上很难辨认石头上的经文或图像。因此尽管"蒙古黑"成本很高，也会将其作为雕刻的首要选择，如果是四川的石头，就需要使用金刚喷砂器，将石头表面喷上黑色的涂料。如果不是黑色的石头，也是可以刻的，而且能保证经文和图像清晰可见，这便需要在雕刻之前，用金色的胶纸覆于石头之上，而后进行第三步，就可以刻了，刻好后的经文或图像，放在石经墙上，光彩夺目。

第三步是电脑排版。这包括对经文和图像的排版。经文的排版，只要将经文输入到电脑里即可，之后请一个阿克帮助检查所输入的经文是否有遗漏或者出错的地方。待阿克全部检查完毕，便使用电脑上的"文泰三围雕刻软件和激光切割技术软件"，连接激光雕刻机，开动即可。至于刻图像，久美东芝认为比较复杂，首先需要找到所刻图像的纸质图案，而后用打印机将图案扫描到电脑里，但是他家没有打印机，因此，每次需要扫描的时候都要去镇上的打印店扫描，价格比较贵，扫描完成后，还需对图案进行美化，所用的软件是 Adobe Photoshop，待一切完成后，与雕刻经文一般，使用相同的软件，连接激光雕刻机即可。

可以看出，传统手工石刻流程大体经过"选石""采石""运石""刻石""放石"五个步骤，每个步骤本身又经历着动态的变化，这种变化随着石刻的不断产业化而出现，并形成一条产业链。然而手工雕刻终究不能适应和满足快节奏的现代化生活需求，机械化生产应用而生，这既是市场的需求，也是和日村村民为改善经济状况而做的积极改变。相较于慢节奏、零散性的手工雕刻，机器雕刻公司则具有高效率、规模化生产的特点，机器、电脑排版等现代技术的引进，让石头雕刻变得越来越简单，石刻文化的辐射范围和内涵也随之不断扩展和延伸。

第二节　石刻工具

如今，村子用来雕刻的工具主要有两类，一类是以凿子、锤子等为代表的传统手工工具，另一类是以切割机、喷砂机等为代表的现代机械工具，二者雕刻的经文或图像有着巨大的差别。手工雕刻的经文，字迹较深，字形、字间距、字体与每个人的写字习惯有关，而机械雕刻的经文，字迹较浅，字形、字间距、字体与电脑输入的规格有关。因此，从外观上看，手工雕刻的经文略显杂乱，而机械雕刻的经文整齐划一，就像村民所说"机械工具雕刻的经文好看"。手工雕刻的图像，凹凸有致，立体感较强；但机械雕刻的图像，宛如在石头上绘画一般，没有立体感。

一 手工工具

（一）传统雕刻工具

手工工具虽是传统的，但并非一成不变，传统雕刻工具中最重要的有四种，即锤子、凿子、木架子、尺子。通过对这些工具的考察，可以观察和日村石刻传统在不同时代的发展状况。

1. "坨"：从"石头"到"铁锤"

"坨"系藏语音译，汉语意为"锤子"。村子还在草山上的时候，刻石经和图像用的"坨"是用石头做的。据村民回忆，当时住在山上的时候，除了用来做饭的铁锅之外，其他铁器稀少，那时候虽然有大铁锤，但是都属公社，一般不外借，而且也不适合用来雕刻经文或图像。因此，他们多选择用石头作为雕刻用的锤子，这种石头一般是从山间的水沟里捡的，质地坚硬，且一手能够抓住的鹅卵石。据私人公司的雕刻大师才多说，河里捡的石头，可以用三四年，但是用久了，石锤没碎，也会在石锤表面留下一个个很深的凹痕，在刻经文或者图像的时候，容易剐蹭凿子，使用起来极其不方便。现在用的铁锤，是村子2005年搬迁到这里后才开始使用的。关于铁锤的来源有两种说法：一是村民自己发明创造的——本土说；另有一说则认为铁锤是从外面传进来的——外来说。2016年8月的一天，在访谈中支持"本土说"的东将本就说："现在用的锤子是我自己发明的，一开始我给自己和媳妇做了一个，在镇上有一个电焊部。在这之前，村里人用的都是石头做的锤子，（铁锤）是我2005年发明的。以前的那个锤子，正面打的话，如果打穿洞了，容易刮到凿子。当时我自己想用铁做，找了一块钢板，焊上一根管子，试了试，觉得很好用，这是我自己偶然想到的。"村里支持"外来说"的阿更登则说："现在的工具，是我自己从陕北拿过来的，是加钢的，大概是2006年。"

从访谈和观察来看，铁锤应是源于村子本身。从现有铁锤的外形看，是由一根圆形铁管和一小块正方形的铁块组成，圆形铁管长10cm—15cm，小铁块长、宽各约5cm，二者的结合处有很明显的焊接痕迹，整体来看，工艺略显粗糙。不管铁锤源于何处，铁锤的发明和普遍应用，确实促进了村子石刻产业的形成和发展。

照片2-4 "坨"（藏语音译，汉语意为"锤子"）

2. "戎"：从"废铁"到"铁钢结合"

"戎"系藏语音译，汉语意为"凿子"。"戎"的发展变化，也有时代的印记。在山上的时候获得凿子有两种方式：一是自己找铁，自己做；二是自己拿着铁，出工钱，让偶尔经过此地的铁匠打制。但是在那个铁器稀少的年代，怎么找到铁的？后来从村里的老人那里得知，做凿子的铁，有的是从电线杆里剥出来的；有的是老式猎枪压子弹的那根铁棍；还有的是去建筑工地上或者公社修机器的地方捡废铁；还有直接从铁匠那里买铁的。有了铁之后，自己就拿回家做凿子，做凿子有自身的土方法。

那时候把钢筋放到土炉子里烧，有煤是最好的，没有的话羊粪也挺好的，这要比牛粪好，最次的是牛粪。那时候树刚种下，哪儿来的木柴！一直等到铁烧红了，烧红后拿出来敲，要烧很多次，然后把铁放到水里，就是年轻人肩上出的汗洗过之后的水，加上那种有汗渍的羊毛洗出的黑水，再放点盐，这样凿子就非常坚固。这是老人们总结出来的经验，从铁匠那儿吸取了经验。①

自己做凿子，就是钢筋找着了放土炉子里夹着烧红，然后拿出来，用榔头（大铁锤）敲凿子的样子，完了之后还要切割，用钢锯锯着来定长短，差不多一个手掌这么长就可以了，最后放到盐水里泡，不用泡很久，最后在磨刀石上磨一下就好了，这样凿子不容易坏。②

凿子是铁做的，不是钢的，铁的凿子是自己做的，见过自己的爸妈做过铁凿子，先把铁烧红，放到炉子里烧，加牛粪，然后拿出来敲打，敲出样子，再放到石头上磨，然后放到水里，不放盐。现在的工具，要什么就买什么，基本上都有卖的，西宁市就有。③

从以上叙述可大致勾勒出制作凿子的步骤：首先将捡来的铁放到土炉子里烧，用的燃料主要包括羊粪、牛粪和煤；待到铁烧红后，将其取出，用大铁锤敲，如此反复，直到敲出"戒"（凿子）的模样。如果铁很长，则需要用钢锯将其锯短至一手掌长，大约 10cm 左右；然后再将其放到磨刀石上打磨，直至成型；最后将其放至事先准备好的盐水之中浸泡一两分钟，再将其取出，打磨一下便算制作完成。除

① 才让三知，54 岁，藏族，和日村人，2016 年 8 月 11 日访谈。
② 才让南杰，61 岁，藏族，和日村人，2016 年 8 月 9 日访谈。
③ 拉果加，女，38 岁，藏族，和日村人，2016 年 8 月 9 日访谈。

了自己打制凿子之外，还可以找铁匠打制，但是那时候铁匠居无定所，而且打制还需要钱，因此，凿子大多还是自己亲手打制的。

　　如今凿子多半是买的，有的从西宁买，有的在吉隆的采石场买，有的到镇上铁匠铺里买，而且凿子的钻头部分很多加了钢，比过去的铁凿子更加坚固耐用。以前村民做的凿子，只有钻头呈"一字形"的凿子，种类单一。现在买的凿子，钻头部分不仅有常见的"一字形"凿子，还有宽的"一字形"凿子，以及"锥尖形""梯形"凿子。总之，种类多样，一个成熟的石刻从业者，至少有一套十几根钻头大小不一的凿子。种类不同，功能各异，以前"一字形"凿子多半用来刻经文，若用来刻图像则较为困难。但现今刻图像时可以用"锥尖形"凿子，先在石头上描绘出图像的大体轮廓，而后用宽的"一字形"凿子刻出图像的轮廓，使其从平面的石头上凸出来，然后再用大小不一，钻头部分呈"梯形"的凿子逐渐雕刻完善，一幅图像便完成了。总之，"戎"的变化经历了材料从"废铁"到"铁钢结合"、获取从"做"到"买"、种类从"单一"到"多样"、功能由"少"变"多"的过程，也正是这些发明及其变化，支撑着和日村石刻的持续发展。

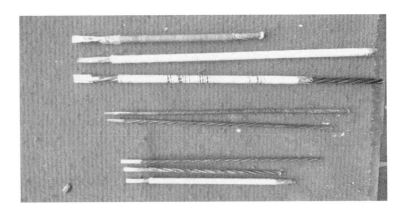

照片 2-5　"戎"（凿子）

3. "朵车": 从"石板"到"木支架"

"朵车"系藏语音译,汉语意为"垫板"。"朵车"是刻经的时候,用来支撑刻经石头的辅助装置。在山上的时候,垫板都是用石板做成的,材质与刻经文的石头一样,但其类型可分为永久型或临时型。永久型的石板又可分为两种,一种是用一块石板做成的,另一种是用两块形状和厚度不一的石板做成的。临时型的垫板是由一块厚石板做成的。由一块石板做成且具有永久性的垫板,长约100cm、宽约60cm,石板的上层部分呈尖状形,较为扁平,厚度约5cm,在石板的中间部分有一块明显凸起部分,厚度大约8cm。刻经的时候,便把这块石板斜靠在墙边或者帐篷里的柜子旁边,将其固定好,然后将所要雕刻的石头放在石板凸出部分的上面就可以刻了。但在自然界中寻找这样一块石板是比较困难的,因此,很多村民从采石场找回一块石板后,还需对其进行加工,用锤子和凿子,将其上半部分凿平,以与其下半部分形成一个明显阶梯状的差别,如此一块永久性的垫板就做好了。还有一种永久性的垫板,是由两块一长一短的石板叠放在一起做成的,长石板的长度大约80cm、厚度5cm,触地部分需要扁平,以便能够靠墙放稳;短的石板长度约30cm、厚度约5cm,也需触地放置,因此,底部也是扁平的。临时型的垫板,由一块石板构成,这类垫板,一般由一块大石板做成,之所以说它是临时性的,主要是因为这类大石板可以直接斜靠在墙边,人们可以直接在上面刻经文,刻好之后,它的功能就由垫板转化成石经,因此,它只是临时性的。但刻经的石头,并不是每一块都如此巨大,可以直接斜靠在墙边雕刻,因而便需要前两种永久性垫板。

村子搬迁后,由于石头做的垫板体积较大,不易挪动,后来这种石质垫板慢慢地被木质垫板所替代,也就是在村子里经常能看见的木支架。整个木支架由木腿和木身两部分组成,木腿是整个木支架的骨干,起支撑作用,长度约100cm;木身由三四块木板钉制而成，在木身的上半部分和木腿连接的部分，钉有两根横木条，由于木条的间隔，上半部分用来放纸质的经文，中间部分用来放需要雕刻的石头。这种木支架对需要雕刻的石头大小没有要求，无论石头多大或多小，只要能将石头平放在横条之上就可以雕刻，而且这种木支架简单易做，只需两根木棍、三四块木板、两根横条和几颗钉子便可完成，而且还易于挪动，因此自搬迁至此，沿用至今。

照片2-6 "朵车"（石质架子）

4. "特杭"：从"木条"到"刻度尺"

"特杭"系藏语音译，汉语意为"尺子"。刻经的时候，需要用尺子在石头上划线，就如在笔记本上划线一样，形成一个个书写的格子。但是在山上的时候，由于经济发展滞后，很多人家没有刻度尺，因此当他们需要刻经划横线的时候，一般都是用一根木条代替刻度尺。但是，当刻图像需要用尺子测量石头长宽等数据的时候，一般都是用"估摸着来"的方法进行测量，因此现今存放在石经墙上的很多在山上刻的佛像，都略显粗糙，与搬迁后刻的佛像形成巨大的反差。

搬迁到和日新村后，木条用来做尺子的年代一去不返。现今村民们使用的尺子有很多种，有直尺、卷尺、直角拐尺或称为钢角尺。直尺的作用与在山上所用木条的作用一样，是用来在石头上划横线的。在买石头的时候需要用到卷尺，以计算有多少方的石头。直角拐尺是用来雕刻图像必不可少的一件工具，因为在雕刻之前需要测量所雕刻图像的各项数据，而后用之前所说的尖状形"戎"（凿子），在石头上描绘出来。尺子由之前的木条发展到现在类型多样的刻度尺，为村民们雕刻出形式更为标准的图像提供了必要的保证。因此，使得时下雕刻的图像兼具美观和购买价值。另外，也使得雕刻的佛像与唐卡上的佛像一样，有了自己的数字标准，体现了对藏传佛教的尊崇。

（二）手工辅助工具

时至今日，手工工具除了以上列举的四种主要工具之外，还有许多辅助工具。主要有圆规、铅笔、复印纸、刀片、铁刷子、锉子、磨砂纸、固体胶涂料和蜡油等。如此多的辅助工具又可以分为四类：一是以刀片、铁刷子、锉子、磨砂纸为主的辅助打磨工具；二是以圆规、铅笔和复印纸为主的辅助绘画工具；三是以固体胶为主的辅助修改工具；四是以蜡油、涂料为主的辅助完善工具。另外，还有佛像教材书，是一系列教怎么画僧佛图像的书。

在绘画之前，还需将石头的表面用锉子和磨砂纸打磨平滑，虽然哈达采石场的石头属于页岩，表面较为平滑，但是有的石头表面还是有凸起的部分，因此，需要用刀片和锉子将其表面凸起的部分刮掉，而后用磨砂纸反复摩擦石头的表面，直至光滑反光。但在雕刻过程中，会产生石头的碎屑，为了明晰雕刻时的线条走向，就会用铁刷子将石屑剔除干净，如此反复，直至雕刻完成。

在石头上刻图像，首先需要将图像画到石头上，而后根据所画线条进行雕刻。随着时代的发展和信徒对宗教的信仰，人们对佛像尺寸的要求更加精细。我们从省级传承人肉增多杰的作坊中看到了几种不同的佛像教材书，后来从翻译角巴那里得知，这些书都是画唐卡的教材书。书里有多种多样的僧佛图像，如"如来佛""金刚""度母""观音""宗喀巴大师""莲花生大师"等，而且书中详细记载了各个僧佛图像的尺寸、画法和步骤，只要人们按照书中所记载的方法操作，就能画出一幅符合佛教规范而又标准的僧佛图像。从书中找到合适的僧佛图像后，需要将图像画到石头上。村民将佛像画到石头上的方式一般有两种：一是直接画，这是对有绘画基础的村民来说的；二是用复印纸将僧佛图像印在石头上。直接画的时候，会用到之前所说的"特杭"（尺子），以石头的中心为起点，画出纵横坐标，以确定所刻僧佛图像的高度，而后以纵线的某一点为支点，用圆规画出僧佛图像的头或躯干部分，再对照教材书中的要求，用铅笔一点点地完善僧佛图像的各个细节，如口、耳、鼻、眼、佛衣、莲花座等，最后用尖状型的凿子按照铅笔绘画的线条加深痕迹即可。

在雕刻的过程中，经常在佛像初具雏形的时候会出现意外，即特别容易将所刻图像上某一部分的石头刻掉。在调查过程中，正好碰见了一位石刻艺人，他在刻佛像头部时，因为用力过度，加上页岩柔软的质地，不小心将佛像的头部直接刻离了躯干，当时看上去觉得可惜了，之前刻的都白费了！但事实上还有补救措施，正如村里的多杰东珠所说："自己可以随便选择大口子的凿子，先用大口子的凿子把画出来的图像刻出来，然后慢慢刻深，刻出大体的样子。但是因为太自信，经常会刻坏。还有就是在刻牦牛的时候，它的角也特别容易刻断。如果是以前，刻坏了就要重新找石头刻，但是现在时代发展了，刻坏了，用胶水粘上就好了，买家也不会介意，但卖的时候，会跟他们说，自己哪里刻坏了，用胶水粘的，他们不会介意，价格也是几千块钱。"

等到图像刻好后，要用蜡油或者涂料对图像进行涂染。涂蜡油的时候，是将图像通体都涂上，以加深图像的颜色，在阳光下显得更加生动，同时也使得雕刻的细节更加清晰可见，向世人骄傲地展示自己高超的雕刻技艺。有些图像除了会抹上蜡油外，还会涂上颜料，诸如刻的"六字真言"和以藏族生活为题材的图像，颜料主要为蓝色、金色和红色。手工雕刻的僧佛图像一般不涂颜料，不似机器刻的僧佛图像，通体施以金色。至于原因，有以下两种：一是手工雕刻的僧佛图像，立体感强，雕刻纹路繁杂，而机器雕刻的僧佛图像，没有立体感，宛如在纸面上绘画一般，因此需添加色彩，使其雕刻的僧佛图像更加突出，如若不然，很难发现雕刻其上的图像；二是关涉宗教信仰，有的村民认为在佛像上涂颜料是对佛的不尊重，因为颜料含有毒素。正如村民GD所说："自己不愿意买机器刻的佛像，但现在的人太现实，只看价钱，哪个便宜就买哪个，机器刻的佛像好看是好看，还涂了金色，所以就买那个，他们的眼光不够长远，涂了金色——有毒，对佛不好。"

照片2-7　其他手工辅助工具

二　机械工具

前文所述机器雕刻的步骤时已提及私人机器雕刻公司里的机械工具，包括切割机、磨砂机、激光雕刻机和气泵。此外，这些公司还有电脑，专门用来录入经文和排版以及图像绘制。但并非只有私人机器雕刻公司里有机械工具，我们从私人手工公司里也发现了切割机，还有一种专门用来刻经的机器。据村民俄金仁增讲，那个机器只有一支笔高，跟一个茶杯似的，启动开关后就转动起来，边转边刻，但是刻出来的字不是很好看。

如需雕刻图像，村民们首先会从买回的石头中挑选出用于雕刻图像的石头，而后对不规整的石头进行切割，尺寸有大有小，其中最常见的石头尺寸有以下四种：20cm×20cm、20cm×30cm、45cm×45cm和50cm×100cm。但有时候村民也会根据买家的要求切割出相应尺寸的石头。村子里，只要会刻图像的家庭，基本上都有这类切割机，体积较小，易于携带，可随意放置，只要通上电，随时随地都可以切割石头。在私人机器雕刻公司里，还有一种与电脑连接的激光切割机，切割之前，用电脑里安装的激光切割技术软件，首先在电脑里输入要切割石头的大小、长宽等数据，然后将石头放在与电脑连接的激光切割机上，不到一分钟，石头便能切好。但这种机器与机器雕刻机是一体的，体积较大，足有半间房大小，不易挪动，因此为了保护好这些机器，机器雕刻公司的拥有者，一般会在自家院子里搭一座自制板房，当作雕刻的小工坊。石头切好后，除了用手工辅助工具清理石头表面凸起的部分，有条件的家庭会直接用磨砂机磨掉石头的凸起部分，直至光滑，磨砂机很小，一只手拿住就可以操作，易于携带。

电脑是机器雕刻重要的组成部分，主要有三种作用：一是将纸质经文或图像转化成电脑文件，对经文和图像进行排版和美化，应用的软件包括 Word 文字处理软件、Adobe Phtoshop 图画软件；二是切割石头的辅助设备；三是经文和图像的输出工具，应用的软件是文泰三围雕刻软件。由于机器雕刻机和激光切割机是一体的，因此，其操作与切割石头的操作无异，首先打开文泰三围软件，输入相关数据，连接机器即可。气泵的作用是，在经文或者图像刻好之后，需要涂颜色的，便会利用气泵对其喷彩。另一种喷彩的方法是将一张金色的胶纸粘在石头上，等刻好后撕掉多余的部分，金色的字体或图像就可以显现了。

总体来看，工具的不断革新、创造以及机械工具的出现和应用，与在山上时相比，不仅缩短了他们的雕刻时间，增加了单位时间内石刻产品的数量，还提升了石刻产品的质量。同时，也扩宽了他们的雕刻类型，因此也就能卖出更多的石刻产品，这对改善和提升他们的物质生活起到了巨大的作用。刻一部《檀多经》，在山上的时候，由于工具的单一和粗糙，大致需要一年的时间才能刻完，但如今，完成一部手工雕刻的《檀多经》只需要一个月的时间，如果使用机器雕刻，只需几天时间就可完成所有经文的雕刻。在山上的时候，刻一个20cm×20cm大小的白度母像，要大半年的时间，据翻译角巴的爷爷旦巴达吉讲："还没等佛像刻好，'坨'（石锤）就已经碎了，还要重新找，那时候又有牛羊（需要）看着，没时间刻，所以在山上的时候，很少刻佛像。"如今，刻一幅同样大小的白度母像，对于一个技艺娴熟的石刻艺人来说，每天坚持刻的话，只要20天就可以刻好，那么他们就可以利用多出的时间雕刻其他图像或到镇上打工，以改善和提升他们的生活。石刻数量得到提升的同时，石刻的质量也有了极大的提高，这可以从放在石经墙上的僧佛图像雕刻细节显示出来，年代久远的僧佛图像，线条简洁粗犷，纹路较少，而今手工雕刻的僧佛图像，雕刻的线条流畅自如，纹路较为丰富，僧佛图像栩栩如生。除了数量和质量上的改变之外，雕刻的种类也有很大的变化。在山上的时候，主要刻经文，偶尔会刻图像。搬迁后，村民除了刻经文和各种僧佛图像之外，还刻砚台、牦牛、藏羚羊、藏獒、藏族妇女、格萨尔王等图像，与之前相比，更加广泛，正如村民肉增多杰所说："只要能画出来的，我都能刻。"

手工工具的革新、创造与机器工具的出现、运用，不仅改变了

照片2-8　机械工具

雕刻的数量、质量和类型，还影响到了村民的生计方式。在山上的时候，以放牧为主要生活来源，刻经或刻佛像顶多只算是一个副业，而且对于有些村民来说，只是一种礼佛的手段，因为他们不用来买卖。在田野调查接近尾声的时候，我们去了和日村迁出地的山上，在那里我们遇见了一个没有搬迁的阿克，阿克说："自己雕刻的主要是石经，图像会刻一点儿，如佛像、牦牛、花，刻了没卖过，佛像就放到石经墙上，牦牛、花送给好友。佛像不能卖，别人需要刻佛像的话，我会送别人，卖掉不好，不能把佛像当成商品。把佛像当成商品去卖的话，用高价卖出去，对自己不好，对买的人好。从经济的角度来说有很大的作用，从宗教上来说有点不合适。刻好一个佛像，别人找我来要比较合适，主动去卖不合适。刻一部经文也一样，自己刻完后放到石经墙上是最好的，别人想要的话我才刻，这样对别人、对自己都好。"

搬下山后，牛羊都卖掉了，虽然国家给了一些补助，但是依然不能完全满足家庭生活所需，因此迫于生计，很多家庭开始从事买卖石经或图像的行当，以维持家庭生计。另外，政府也积极引导，支持村里创立和日石雕公司。时至今日，已建立起以石刻为依托的后续产业链条，石刻业的形成，积极促进了村民生计方式的改变。调查中问及"您认为您是农民、牧民、城镇居民、商人、工人或其他"，60 户随机受访的村民，对于这个问题的回答，不同年龄段的人给出了不同的答案，具体数据见表 2 - 3。

表 2 - 3　　　　　　　　不同年龄段村民的自我身份认同

类型 年龄段	农民	城镇居民	牧民	未回答
20—30 岁	5	7	1	3
30—40 岁	3	7	3	0
40—50 岁	6	6	4	2
50 岁以上	0	0	9	4

从表 2 - 3 可以发现，有 14 人认为自己是农民，有 20 人认为自己是城镇居民，有 17 人认为自己是牧民。结合原始访谈得知，一般年纪较轻的人，认为自己是城镇居民或农民，而年纪较人的则认为自己依然是牧民。这也说明，当年轻人受到新文化冲击的时候，更易于接受和采纳，他们紧跟时代的步伐，改变自己的生计方式，但年纪大的人较为墨守成规，不愿承认已发生的事实。也就是说，卖掉牛羊后，随着石刻后续产业的建立，他们的生计方式已由以前的放牧为主、石刻为辅，转变为现今以石刻为主、打工和放牧为辅，并且随着石刻业的发展，这种生计方式更加牢固。

第三节　石刻技艺

村里有两种不同的手工石刻，一是石刻经文，二是石刻图像。刻经与刻图像，对石头质地、雕刻工具的要求不同，二者的雕刻技艺也有所不同。刻经文时主要使用"刻"的技艺，刻图像时主要使用"雕"的技艺。其中"刻"分为阳刻和阴刻，"雕"分为圆雕和浮雕。

一　阳刻与阴刻

毕昇发明的活字印刷术所用字体模板，使用的便是阳刻；阴刻指的是，在一块平面的石头或木板上，字是凹陷在石头或木板里的。通过在村里观察和对石经墙上所刻经文的考察，发现村民刻的经文大多是凹陷在石头里的，也就是说，他们刻经文的时候，只有阴刻，并没有阳刻。为何村里刻经时只有阴刻，没有阳刻？这可能与阳刻和阴刻的适用范围以及二者的刻制工序有关。阳刻的时候需要将字凸出来，首先就需要将石头磨平，然后使用锤子和不同的凿子，一点一点地将字刻出来，如此工序，不仅耗费时间，也占用石头的空间。但是阴刻的工序则较为简单，只需用锤子、凿子将经文刻在石头上即可，而且对石头质量的要求不高，只要从采石场捡回一块石头就可以刻，因此会节约大量的时间，单位石头上刻的经文也就更多。所以从经济学的角度来看，使用阴刻技艺来刻经文更符合村民的经济利益，即用较少的石头刻较多的经文，以获取更大的报酬。很显然，使用阴刻技艺刻的经文，更符合村民的期望；再从宗教信仰的角度来看，不管是阴刻还是阳刻的经文，都是石刻经文，按村民普遍的说法，"刻一遍就相当于念了一遍（经文），放到石经墙上后，包含的作用也是一样的，是为了积德和祈福"。

二　圆雕与浮雕

圆雕和浮雕是相对刻图像来说的。圆雕又称立体雕，是将一整块石头，经过打坯，然后雕成相应的图像，如村里雕刻的格萨尔王、牦牛、藏獒等均是圆雕作品。浮雕指的是将所要雕刻的图像从石头上凸显出来，使其脱离原来石头的表面，村中雕刻的观音、如来佛、度母、宗客巴等僧佛图像，属于浮雕作品。

以雕刻牦牛为例，圆雕的刻法主要有三个步骤：一是敲打粗坯。从采石场买回石头后，从中找一块厚度较厚、颜色较深且最好是深蓝带黑的石头，切割打磨后用铅笔画出牦牛的形象，然后用尖状形的凿子加深痕迹，再将所画轮廓以外多余的部分用宽"一字形"平凿和锤子去掉，以凿出牦牛头部、躯干和尾部的粗坯。二是雕刻细节。待到粗坯初具形象后，用口子大小不一的平凿逐一对牦牛头部的眼睛、鼻子、躯干及尾部的鬃毛进行雕刻。三是修光美化。修光时，不仅仅是对前一步骤的简单重复，还需对牦牛的眼睛、鼻子、鬃毛上的细节做二次雕刻。由于牛角部分较难把握，因此很多都是在另一块石头上刻好之后，再用胶水粘到牦牛头上。

以雕刻观音为例，浮雕的刻法与圆雕的刻法类似。首先，敲打粗坯。找好石头后，先用铅笔勾勒出观音的形象，然后用尖状形的凿子加深痕迹，再用平凿和锤子，沿着勾画的线条，大致敲出观音的形象，使其从平面的石头上凸显出来。其次，雕刻细节。包括观音的面部、躯干、衣物和莲花座台，同样使其凸显出来。再次，修光美化。较之圆雕，这一步更为细化，需对观音的面部表情、眼睛大小、手指动作、衣物褶皱和莲花座台的细节部分进行反复雕刻和修饰，以达到艺术欣赏的水准。

第四节　石刻内容

在村里，村民雕刻的石刻内容主要有两种，分别是文字类和图像类。石刻经文，如《檀多经》《甘珠尔》《丹珠尔》《尕藏经》等皆属于文字类。另外，村民所雕刻的僧佛等画像，则属于图像类。从题材来看，石刻图像的内容主要体现为宗教类、传说类和世俗类。本节主要叙述石刻图像的内容，以期对石刻图像内容的题材和功能做一定的分析。

一　宗教类

村民雕刻的宗教类图像主要包含四大原型：一是以佛陀为原型创作的图像，如"如来佛"；二是以菩萨为原型创作的图像，如观音菩萨、畏怖金刚菩萨及观音菩萨幻化的白度母和绿度母；三是以历史上得道高僧为原型创作的图像，如宗喀巴大师、莲花生大师；四是以藏传佛教中代表祥瑞物体为原型创作的图像，如四象合瑞、吉祥八宝。

村民雕刻这些藏传佛教中的僧、佛、菩萨和祥瑞的图像，在不同时期所表达的意义是不一样的。和日村形成初期，村子还叫"格村"的时候，当时的村民刻佛像，一是为了养活自己的家庭，另外，他们自己也认为这是一种修行方式。在藏族人的观念中，"人类的知识可以分为五类，称为五明，五明又分大五明和小五明，大五明包含工巧明、医方明、声明、因明和内明。其中工巧明是指工艺学，医方明指医学，声明指声律学，因明指正理学，即逻辑学，内明指佛教哲学；小五明包括在大五明之内，指修辞学、辞藻学、韵律学、戏剧学和星相学，共十种学问"[①]。我们所谈论的石刻属于工巧明，而工巧明又包含三种工巧，即身工巧、语工巧、意工巧。身工巧主要是造像，诸如描绘佛陀画像、菩萨画像等；语工巧指的是对佛教经文的释读；意工巧指的是"头脑对宗教方面或其他方面的所有知识的感受力是无止境的"[②]。藏传佛教信徒认为通过身工巧造的佛陀、菩萨、高德大僧的画像，体现了他们的修习功德，因而他们可以通过造像进入善业功德之中，减轻轮回之苦，即被看成是一种修行的方式。

---

① 扎雅·诺丹西绕：《西藏宗教艺术》，谢继胜译，西藏人民出版社1997年版，第52页。
② 扎雅·诺丹西绕：《西藏宗教艺术》，谢继胜译，西藏人民出版社1997年版，第52页。

此外，从村民那儿得知，刻佛陀、菩萨、高德大僧和佛教中祥瑞的画像，不仅体现了对佛教的尊信，而且他们也希望从中获得智慧、勇气和祥瑞。关于这一点，可从与村里一位妇女的交谈中进一步体会。

问：阿妈，刻佛像应该很辛苦吧？

答：辛苦是辛苦，坐得太久，时间长了，脊椎有问题了，刻的时候，经常有小石头掉到眼睛里，自己害怕会再伤到眼睛，所以就没再学了。但是刻还是会刻，主要是为了（宗教）信仰，家里的经济条件还可以，丈夫在镇上的畜牧所上班，我在家带孩子，偶尔会刻。

问：阿妈，您刻的最多的是哪种图像？

答：图像都会刻，主要是刻四象合瑞、吉祥八宝什么的，还有刻白度母和绿度母。

问：刻这些有什么好处吗？

答：当然有好处，刻了四象合瑞、吉祥八宝，放到家里的高处，可以给家里带来幸运。刻度母的话，也是一样的，不管是放到家里还是石经墙上，都会对自己特别好，对别人也好着呢。

现今，村民所刻佛陀、菩萨、高德大僧和祥瑞画像的意义已发生了根本性的转变。搬下来后，人们的生计方式有了很大的转变，迫于生计，他们一般将刻好的宗教类图像作为商品直接卖掉，以换取生活的资本，而宗教信仰则成了其次考虑的因素。正如恩格斯所说："人们首先必须吃、喝、住、穿，然后才能从事政治、科学、艺术、宗教，等等。"①

① 中共中央马克思恩格斯列宁斯大林著作编译局：《马克思恩格斯全集》，人民出版社2006年版，第328页。

照片 2－9　手工雕刻的佛像

照片 2－10　机器雕刻的佛像

二 传说类

传说类的图像，主要取材于格萨尔王传说。据藏族史诗《格萨尔王传》记载，格萨尔王一生戎马，扬善惩恶，弘扬佛法，在藏族人的心中具有光辉神圣的形象。另外，村民以格萨尔王的形象进行雕刻，也与传说格萨尔王是莲花生大师的转世有关。和日寺属于藏传佛教四大教派里的宁玛派，即红教，而莲花生大师则被认为是宁玛派的传承祖师，因此雕刻格萨尔王的图像，就是对莲花生大师的尊崇。再者，和日地区的藏族群众，也坚信这一区域曾与格萨尔王有着千丝万缕的关系，相传现今和日镇政府所在地，以前是格萨尔王妃周毛用来背水的地方，因此得名"周毛多则塘"（"多则塘"系藏语音译，汉语意为"周毛积石滩"）。因格萨尔王妃周毛为背水方便，曾在这里的次哈吾曲河岸边修砌过石阶而得名。① 另有传说，现今和日寺后山大石块上，还留有格萨尔王坐骑的蹄印。总之，

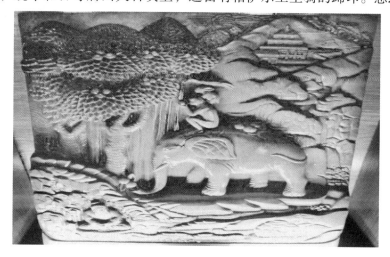

照片 2 – 11　吉祥四瑞

① 泽库县志编纂委员会：《泽库县志》，中国县镇年鉴出版社 2005 年版，第 61 页。

格萨尔王是藏族同胞心中伟大的英雄，对其进行雕刻，一是为了歌颂他的事迹，二是为了吸引更多的人前来购买石刻制品。

三　世俗类

世俗类的图像，主要源自生活当中，以及与他们生活息息相关的形象。其中有以世俗妇女挤牛奶、打酥油为雕刻题材的图像，也有以世俗男性骑马、射箭、摔跤、吹笛为雕刻题材的图像，可谓题材广泛、种类繁多，不仅体现了石刻艺人精湛的技艺，也反映了藏族人传统生活的重要方面。村民在实际的生活中，很少雕刻以世俗生活为题材的图像，究其为何？据村民 RZDJ 讲："刻妇女挤牛奶，男人们骑马、射箭什么的，跟刻佛像需要的时间差不多，但是没有佛像好卖，所以这些刻得少。并且刻好的佛像，我会放到石经墙上，祈祷佛祖的保佑，我一般不放那些石头（以世俗生活为题材的图像），其他人也不放，石经墙是专门放佛像的。平时，有些外地来旅游的人，要我给他们刻一个'爱心'，我找一块石头，差不多一个小时就可以刻好，卖30块钱。"①

雕刻的动物形象主要包括藏獒、牦牛、藏羚羊。以这三种动物作为雕刻题材，主要是因为与藏族的生活息息相关。藏獒以勇猛忠诚著称，放牧的时候，是防狼的利器，而且根据安多地区藏族的传说，狗为人类带来了青稞，从此人类有了食物。② 因此，藏族人特别喜欢狗，他们不会买卖狗，就像翻译角巴所说："狗是我们的朋友，我们是不会卖的，但是可以赠送，绝不买卖，以前有人想出钱20万（元）买大白（角巴舅舅家的白色藏獒），舅舅坚决不卖。"牦牛被称为"高原之舟"，历史上牦牛是涉藏地区重要的交通运输工具，而且也是他们的肉食、衣物来源，因此在石头上雕刻牦牛，

---

① RZDJ，29岁，藏族，和日村人，2016年8月9日访谈。
② 丹珠昂奔：《藏族文化发展史·上册》，甘肃教育出版社2001年版，第265页。

体现了人们对牦牛的喜爱和感激。藏羚羊，是青藏高原上的濒危物种，也深受藏族人民的喜爱。

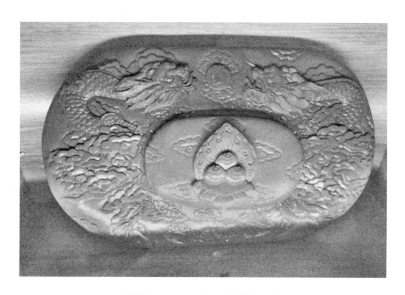

照片 2 – 12 手工雕刻的砚台

照片 2 – 13 手工雕刻的藏羚羊

照片 2 – 14　手工雕刻的牦牛

第三章
人造石刻

前文从石刻的制造步骤、工具、技艺和内容，从历时性和现实性角度叙述了和日村石刻文化的发展状况，接下来将着重呈现石刻的传承主体、传承方式和现实功用，以及保护石刻的策略和意义等问题。

第一节　石刻的传承主体

和日村石刻的传承主体主要有内传群体和外传群体。内传群体，指和日寺僧人、居家村民及公司"朵果"（刻工或石刻艺人）为主体的群体。外传群体是由因师徒和婚姻关系而形成的群体，包括以和日村7个技艺精湛的朵果为师的徒弟群体，他们主动来和日村学习石刻，主要来自和日镇的司马村、吉隆村、东科日村和宁秀乡的措夫顿村、智格日村，还有和日村七个朵果外出培训时所教培训班里的学生，大多来自泽库县其他乡镇，也有青海同仁县、河南蒙古族自治县和尖扎县的。和日村外嫁妇女与其婚姻家庭成员组成了一个重要的外传群体，和日村的适龄青年由于通婚，嫁入的女性及其娘家亲友、入赘的男性及其原生家庭亲友，也形成了一个以姻亲关系为主的外传群体。

一 内传群体

（一）和日寺僧人为主体的群体

和日寺属于藏传佛教中的宁玛派寺院，而"宁玛派僧人又分成两部分，一部分为住寺僧人，一部分为住家僧人或者叫帐房僧人。住寺僧人专门从事佛事活动，不从事畜牧生产，帐房僧人一般不脱离畜牧生产"①。帐房僧人除了从事畜牧生产，还可以结婚生子，常住村子里，不用住在寺院，当寺院有法会或者需要诵经念佛的时候，才会去寺院进行相关宗教活动。和日村244户人家852人，其中有50多个僧人，他们基本上是帐房僧人，只有十几个是住寺僧人。村子里的帐房僧人，服饰与住寺僧人无异，穿着黄色或绛色的僧袍，他们可以蓄留长发，不用剃发，如果在大街上见到蓄有头发的僧人，多半是帐房僧。帐房僧群体，在村子里很常见，但他们又因为带有宗教色彩的身份，被村民赋予了特殊的地位，很受村民的尊崇。

一是作为藏传佛教的传播者。虽说藏族人大多都信仰藏传佛教，但随着时代的发展，以及新思想、新文化、新技术的不断涌入，藏传佛教在信徒中的地位受到了冲击。但是和日村的这种变化却不明显，许多父母表示愿意送自己的儿子去当阿克，很多小孩子也表示自己愿意去，并且不是父母逼迫的。究其原因，虽说与当地的宗教氛围不无关系，但是村子里的帐房僧人对村民的影响也是清晰可见的，他们的言行和举止无时无刻不在感染着村民。

二是作为村落矛盾的调和者。在一次从泽库县城回和日村的车

---

① 泽库县志编纂委员会：《泽库县志》，中国县镇年鉴出版社2005年版，第498页。

上，从司机那儿听到了一个关于草场纷争的小故事：在没分草场之前，牧民之间都相安无事，但是分了草场之后，修了铁丝栏，牧民之间的矛盾反而愈演愈烈，甚至出现了村与村之间群体斗殴的事件。每到事件即将失去控制的时候，僧人就会出来协调双方，缓和矛盾，避免流血事件的发生。如果已经造成流血事件和人员伤亡，通常也由僧人出面按照古老的部落传统予以调解，打伤、打死一个人，以相应数量的牛来进行赔偿，以平息纷争。

三是作为雕刻技艺的指导者。村民会刻石经，很多都是跟着帐房僧人学的，角巴的爷爷就是一个帐房僧人，他是村中许多中老年人的刻经老师，这些人学会刻经后又将刻经的技术传给其子女、兄弟和朋友。更为重要的是，另有两个僧人对村子石刻文化的传承起到了至关重要的作用。一个是帐房僧人贡保才旦，他是泽库县唯一一个国家级非物质文化遗产项目石雕（泽库和日寺石刻）代表性传承人。另一个是住寺僧人阿克丹曲，他是州级石刻传承人，他们之间有着师承关系，村上公家公司的七个刻工和大部分会刻图像的村民，都是从他们那儿学会了刻图像。

（二）居家村民及公司刻工为主体的群体

这一群体是相对于僧人来说的，这一部分人按石刻技术的专业程度可分为居家村民和公司刻工。居家村民是指不以雕刻为职业的、没有参加任何公司且只会刻经文的村民；而公司刻工是指以雕刻为职业的、参加了公司且雕刻技术娴熟的村民。

1. 居家村民

这一群体，因为石刻技术并不高超，除了刻石经之外，基本上不会刻图像，加上刻石经的人数众多，较之石刻图像的价格，石经价格低廉，卖石经很难维持生计，所以这部分村民，出现了新的生计方式。需要强调的是，他们会刻经文，因此依然属于石刻的传承群体之一，只是传统的石刻维持不了生计，才开辟了其他生计方式。

一是打工和放牧兼有的生计方式。据村民卓玛加讲，他会刻石经和简单的图像，村子里有房子，但是单以雕刻养活不了家庭，因此有机会打小工的时候就去镇上打小工，不打小工的时候，就到山上放牧，以维持生计。

> 现在有三四十头牛，没有羊和马。现在也还有草场，但是很小，有800亩。这800亩草场是几家人的。我是替别人放牛，在自家草场放着。在山上的时候主要靠牛生活。作为生活的主要来源，一年卖四五头牛，还打小工。打小工是自己找的，工作很容易找，就在镇上，那时候一天六七十元。现在不打工了，放点牛。一头最好的牛可以卖一千多块钱，卖到泽库县那边，卖给了回族。[①]

二是以打工和自主创业为主的生计方式。自主创业的形式有开百货商店、开摩托车修理店、开专营奶制品店的，还有用小汽车、三轮车、中型货车做生意的，甚至还有在村子里开砖厂的，等等。村民 YNZX 就是一个典型的例子。为了维持生计，他曾去河南、果洛、玉树挖虫草，在镇上给人打过小工，后来参加了村里举办的机动车修理培训班。学会之后，在镇上与几个伙伴开了一家摩托车修理店，一年能有几万元的收入。药乃扎西说："我参加过一次由政府组织的机动车修理技术培训，三年前学会摩托修理技术，没参加培训前就会一点，参加之后修摩托进步多了。现在跟别人合伙开摩托修理店，赚得不多，但比闲着要好，有时开店铺的比较好，租别人的房子开店，房租 1 年 1 万元。知道村

---

① 卓玛加，42 岁，藏族，和日村人，2016 年 8 月 15 日访谈。

里有其他人修摩托车，村里有两到三个人跟自己一样，以前一起合作，现在分开了，以前合作是为了赚钱，都赚钱了，就开始分开赚钱。自己修了三年，与自己合作的人修了 11 年，是我的姐夫，一个月去一次西宁进配件，有时自己去，有时姐夫去。不太清楚大车修理，只知道修摩托车赚得比较多。自己出去挖虫草，去果洛、玉树，自己开摩托去挖，挖虫草简单，每年藏历四五月去（约公历五六月），今年去挖了，但虫草价格不高，自己在甘德买了地，买了 300 多亩地，每次去自己的地方挖，今年的价格不高，自己挖的还没卖出去。虫草价格以前一根二十几块钱，现在十几块钱，现在价格不高。"①

对于只会刻经文不会刻图像的村民，以上两种生计方式非常普遍。以打工和放牧兼营为生的家庭，除了卓玛加一家外，还有果多、拉旦加、仁增多杰、索南拉旦等十几户家庭，他们一般会在冬天没有打工机会而无法在山上放牧的时候，便回到村子里刻石经，卖一些石经，以维持生计。以打工和自主创业为生的家庭，不仅仅只有 YNZX 一家，还有久美切杨（小）、赛措等家庭，这些家庭同样会刻石经，而且不分季节，只要有时间就刻石经，但对于他们来说，刻石经顶多只能算是副业，当有打工机会或店里有生意的时候，就会停止雕刻，全心全意投入到生意当中。

2. 公司刻工

刻工，藏语音译为"朵果"，也即石刻艺人。可以说，村里公家公司的刻工，是属于世俗群体中的职业群体，专职雕刻，是比较特殊的一个群体。他们的雕刻技艺高超，石经和图像都会刻，但一般只刻图像，除非有买家的要求才会刻石经。村子里属于公司"朵果"的只有七人，分别是肉增多杰、多杰东珠、羊切

---

① YNZX，30 岁，藏族，和日村人，2015 年 7 月 23 日访谈。

布加、朋措、根丹曲配、关却多杰和才多。他们一边在村里的和
日石雕公司上班，一边与阿克丹曲合开了两家私人雕刻公司。他
们每个人都是雕刻大师，会刻多种图像，但同时也有自己擅长的
雕刻类型，如肉增多杰、关却多杰和才多擅长雕刻各种僧佛图
像，多杰东珠擅长雕刻牦牛和格萨尔王，羊切布加擅长雕刻藏羚
羊、四象合瑞和吉祥八宝，朋措擅长雕刻砚台，根丹曲配擅长雕
刻牧民世俗生活类题材的图像。

　　他们与很多上班族一样，按时上下班。每天 8：00 上班，11：30
下班；14：00 上班，18：00 下班，除了下班的时间、在家里吃饭之
外，基本上一整天都在工坊里进行雕刻，甚至他们还设有上班时刻
签到表，正常上班就打勾，请假用"○"表示，不存在无故旷工的
现象。

照片 3 - 1　刻工上班签到表

　　他们是特殊的一个群体，因为他们身兼多种角色，首先他们

不仅是村上公家公司的刻工，还是私人雕刻公司的拥有者和管理者。据 RZDJ 讲，村里刚成立的两家私人手工雕刻公司，就是他与阿克丹曲等共八人合伙创办的，而且每个人在公司里都有相应的职位。

> 公司有领导层，阿克丹曲是总经理，我是副总经理，会计是才多，管理人员是多杰东珠，他们几个刻，我们也刻着，没有发工资，在公司里自己刻自己的，然后放到公司里卖，卖出去的钱都是平分（的）。不用担心卖不出去，一般都有人订货，自己先刻好，有买主的话就卖，现在的生意很好，做得最好的一次是三四万（元），平时也有几千的。以前七个人在村上公司干过，果洛那边的人就知道我们了，所以很容易卖出去。[①]

正因为如此，他们在村子里算是比较富裕的人，住的房子虽然与其他村民一样，都是一家一院式的普通住房，但家里的装修和陈设相较于普迪村民更为豪华，屋内的墙壁是用壁纸装裱的，地板是用木质地板铺设的，各种电器和生活用具一应俱全。另外，出行基本以摩托车为代步工具，其中三人买了小汽车。他们还扮演着老师的角色，村子里每年都会定期举办石刻培训，届时政府会聘请他们去培训班里当老师，教村民在石头上绘画和雕刻，也正是如此，他们很受村民的爱戴。

二 外传群体

以上所述内传群体，其实指的是石刻文化在和日村内部的传承

---

① RZDJ，29 岁，藏族，和日村人，2016 年 8 月 9 日访谈。

主体，但是随着时代的发展，和日村的石刻文化在和日村内部相传的同时，也逐渐由村内传播发展到向外传输，于是构成了外传群体。

一个外传群体主要包括以和日村七个刻工为师的徒弟群体，又可分为两类：一类是主动来和日村学习雕刻的徒弟群体，这一部分人基本上都是和日镇、宁秀镇周边几个村子里的人，有司马村的、吉隆村的、东科日村的、措夫顿村的——都是泽库县的，他们学习雕刻的主要目的是为了赚钱，以维持生计。因为和日镇和宁秀镇都是实行三江源生态移民的区域，这些牧民从山上搬下来后，卖掉了牛羊，失去了赖以生存的法宝，为了生活，他们不得不学习和适应新的生产生活环境，并且改变自己的生计方式。其中有的与和日村的村民一样，以在镇上打小工为生；有的偷偷回到山上继续放牧，过着"半工半牧"的生活；有的学会了修理摩托车和汽车；有的用卖掉牛羊的钱买了小汽车、三轮车，拉生意；还有一部分人就选择了学习雕刻。协助我们做调查的另一个翻译斗格杰布说，他所居住的司马村就有几户人家从和日村学会了雕刻，便以雕刻为业，维持着全家的基本生活。除了生计上的考虑，外村学习雕刻的人，还有一部分人是出于宗教信仰的考虑。这一部分人在刻好石经之后，一般不用做买卖，而是放到石经墙上，放好之后，也会请阿克念经，转石经墙，以表达对佛教的信奉。另一类是和日村七个刻工外出培训当老师时培训班里的学生，这些学生大多是泽库县其他几个乡镇的，同时还有同仁县、河南蒙古族自治县和尖扎县的，他们学习雕刻，与主动来学的人一样，主要也是出于生计和宗教信仰的考虑。

另一个重要的外传群体主要由和日村外嫁妇女与其婚姻家庭的新成员组成。这一部分人通过婚姻的连接，与和日村构成紧密的联系。和日村外嫁的妇女将从小学到的石刻技术通过言传身教的方式传授给自己的丈夫、孩子或者丈夫家的亲朋好友，从而构成一个新的以和日村外嫁妇女为基础的传承群体。

此外，在田野调查时我们还看到，和日村的适龄青年，由于通婚，嫁入的女性及其娘家亲友，还有入赘的男性及其原生家庭亲友，也形成了一个以姻亲关系为主的传承群体。

第二节 石刻的传承方式

石刻的传承方式，即通过什么样的方法传承石刻文化。随着石刻业的兴起和发展，和日村石刻的传承方式呈现出多样性，主要有师徒间的传承、家人间的学习、婚嫁传输及政府培训。

一 师徒相承

师徒相承，是和日村石刻文化传承的主要方式之一。在和日村，能够冠以师父之名的只有九人，分别是和日石雕公司里的七个刻工和他们的师父贡保才旦和阿克丹曲，而丹曲又学艺于贡保才旦，因此，可以说贡保才旦是将和日村石刻文化发扬光大的先驱。

（一）拜师

拜师是每一个新手开始学习某项技术之前必先经历的一个仪式过程，通过这一环节确立师父与徒弟的关系。拜师仪式中，有的有一整套纷繁复杂的仪轨，如中国古代拜师于某某武术流派门下，徒弟需经过磕头、奉茶等仪式，表达对师父权威的认可，以及自己强烈的学习愿望。而有的则较为简单，师父与徒弟之间，恰如朋友，相互学习和促进，和日村的石刻学习就是如此。

我是从阿克丹曲那里学的，我想学嘛，就去了。当时刚搬下来，没有牛羊了，就想着学刻石头，就到镇上买了一点吃的、用的，给阿克丹曲送了过去。但是阿克丹曲没有要，我又拿回来了。阿克丹曲年龄跟我差不多大，他是跟广才大师①学的，刻得很好。广才大师年纪大了，我不想打扰他，所以就去找了阿克丹曲，他愿意教，不要东西，也没要学费，我很感激他。②

我是跟广才大师学的，当时去学的时候，就拿了一点吃的给广才大师。大师也没有收自己的学费，说好之后，有时间自己就去寺院，到他住的地方学。③

现在村子中，有的人已经成了石刻大师，当别人来拜师学艺的时候，他们的做法与师父的做法无异。

我现在收徒弟，有三四个徒弟，都是村里的人和自己的亲戚朋友。其实没有什么要拜师的吧，村子里都是亲戚朋友，他们想学就教着呗，他们没事儿了就到家里来，然后一起刻着，慢慢他们就学会了。我也是免费教的，但是没有教外村的人。我不收学费的原因是因为大家都是一个村的。④

从上述个案来看，村里不管是自己去学，还是教徒弟，对拜师这一环节并不是很在意，师父与徒弟之间的关系更为轻松自由，而且在访谈过程中，听角巴对"师父"一词的翻译，一般不

---

① 有的村民称贡保才旦为广才大师，后文类似叙述同此。
② 朋措，46岁，藏族，和日村人，2015年7月26日访谈。
③ 才多，46岁，藏族，和日村人，2016年7月26日访谈。
④ 周拉，28岁，藏族，和日村人，2016年8月8日访谈。

译作"师父",而是译成"老师"。师父与徒弟之间,师父是权威,徒弟是附庸,事实上存在着等级之差,这与藏族一直所喜好的朋友关系,相去甚远。例如,他们会将世俗中的狗、牛等动物当成朋友、家人一样看待,不做买卖,当迫于生计卖掉牛羊的时候,他们甚至会刻一部《智美歇儿经》来赎罪,以求卖掉的动物能够重新进入轮回,转世做人;他们也会将神圣的山神当作朋友。为了从更深层次了解和日村石刻文化,我们专门去了解和日镇的山神体系,当来到一座"拉则"(插箭台)时,本想跪下来磕拜"拉则"的时候,翻译角巴连忙制止并说道:"山神是我们的朋友,是平辈分的,是不需要磕头的,有什么心愿,在自己的心中默许就可以了,我高考的时候,就是到这个山神这里来许愿的,最后真考上了,只有佛才需要磕头跪拜的。"可见,村民内心对朋友的重视。而老师与学生之间,虽也有等级之差,但不似师父与徒弟那么严格,老师与学生之间的角色,发展到后期,甚至都可以转化,亦师亦友正是如此。

(二)学艺

拜师之后,正式进入学习阶段。但是学生们并不是每天都会去老师那儿学习,而是当他们有时间之后才会去学习的,因此等到学成雕刻,时间已经过去三到五年了。在此期间,老师会通过言传身教的方式教他们如何挑选石头,如何使用工具,如何在石头上绘画,以及最主要的"如何进行雕刻"。

在挑选石头的时候,老师会从家中拿出几块石头,并告之哪块适合刻经文、哪块适合刻图像;刻图像的石头,需要什么颜色的,厚度要达到多少,长宽需要多大;等等。在雕刻之前,老师都会告知学生们,而后让他们按自己给的标准找到合适的石头。按挑选方式的不同,用于刻图像的石头,其标准有如下两点:第一,用肉眼区分石头的颜色、厚度和表面是否光滑。首先要看石头的表面是否平滑，如果凹凸不平，则弃之；再看石头的颜色，一般深蓝带黑的石头是最好的；最后看厚度，厚度需要在 8 cm 以上。这三个条件缺一不可，只有都满足了，才能是一块上好的雕刻材料。第二，用工具敲石头以辨别石头的软硬程度。当用锤子（"坨"）敲击石头表面的时候，如果发出"叮叮"的声音，则说明石头较硬，不易雕刻，而且在刻的过程中，容易将整块石头刻碎，如果发出较为沉闷的声音，则说明石头的材质较软，易于雕刻。

老师在教如何刻之前，还会教一些基本的知识，诸如"如何使用工具，如何在石头上绘画"。因为大多数学生都是村子里的，他们自小都会刻石经，所以在学如何使用工具的时候，都相对简单，老师一般只会告诉他们哪种口子的凿子（"戎"）雕刻图像的哪一部分，如宽的"一字形"平凿用于初次打坯，刻出图像的基本轮廓，使之凸出石头的表面；梯形状的"一字形"平凿用于刻画图像的细节，如佛像僧衣的褶皱、面部表情等。所以凿子的拿法、转动方法，一般不用老师教，学生们看一看就知道如何刻了。但是对于从来没有接触过石刻的学生，就需要从头教起，通过示范的方式，让他们勤加练习。

在石头上绘画是教刻图像最难的一个步骤，因为这需要学生具有一定的美术基础，但是并不是每一个学生都有此基础。最初，老师教如何绘画图像的时候，一般都是依据自己的雕刻经验先在石头上画一遍，然后由学生模仿着画，长此以往，直至学会了绘画。随着时代的发展，老师教学生如何绘画时用到了教材参考书，学生自己在街上买一本，买回家后，自己按着教材上的步骤，一步一步地将所要雕刻的图像用铅笔画在石头上。现在，有的甚至用复印纸将图像印在石头上，再进行雕刻。以刻牦牛为例，完玛东芝演示了如何使用复印纸，他说："刻牦牛的步骤，首先找一张印有牦牛的纸，然后用复印纸垫在石头上，用铅笔划几下，牦牛的形象就到石头上了，再用口子大的（"戎"）勾画出牦牛的线条，这样就比自己在石头上画简单多了。"①

因此可以说，复印纸的出现，大大降低了雕刻图像的门槛，使绘画图像变得简单，从而使更多的人参与到雕刻图像的队伍之中，为和日村石刻文化的传承起到了很大的推动作用。

（三）模仿

待学生学会画图像之后，老师便会教他们如何刻，这并没有什么特殊的方法，与画图一样，首先，自己在石头上刻一遍，然后让学生模仿着刻，当学生遇到困难或不会刻的时候，老师再耐心指导，直到学生会刻为止。下面可以从他们的讲述中进一步了解和体会：

> 我是跟阿克丹曲学的。在阿克丹曲那儿待了两个月，然后就自己学的。从阿克丹曲那里学吉祥八宝，两个月后自己有事情，就没去了。也不是天天都去，就是自己有时间了就去学。主要是自己钻研的，一遍一遍地看图案，然后一遍一遍地刻出来，慢慢就有经验了。②

> 凿子的转法教着，自己刻着，阿克丹曲旁边看着，错的地方，老师改着。如果自己不会的地方，阿克丹曲刻着，我看着，然后再去模仿。③

> 我是跟广才大师学的。自己有空的话就去学，不是每天都

---

① 完玛东芝，43 岁，藏族，和日村人，2015 年 2 月 23 日访谈。
② 多杰东珠，31 岁，藏族，和日村人，2016 年 8 月 11 日访谈。
③ 拉果加，女，38 岁，藏族，和日村人，2016 年 8 月 9 日访谈。

去。学了半年多，就会了一点儿。广才大师教的时候，就是他刻我看着，有什么不懂的再问，回来后再拿一块石头模仿着刻。[①]

我2005年向大师学习刻图案，当时为了赚钱、为了生活，大师免费教，学了三年的时间，2008年学会的。学的时候特别难，第一次去学习，老师只有一个，学生特别多。老师一次就讲完了，不懂的地方，不好意思再问老师。因为人太多，回来后再琢磨着刻。[②]

可见，村里学会刻图像的人，都是从模仿开始的，老师只起了一个示范的作用，想要学会刻图像，还得靠学生自己的坚持和努力。正如多杰东珠所说："在一遍一遍的模仿中，积累了雕刻图像的经验，久而久之便也会刻了。"

老师在教授如何刻的时候，也会让学生注意以下几点：第一，要学会控制凿子的力度，力度太大容易敲坏石头，但没什么太大的技巧，主要是在实践中积累经验；第二，刻佛像的衣服、彩带的里和外，都要分清楚，衣服的褶皱部分需特别注意，衣服的里外和上下刻法不一样，下凿子的角度也就不一样；第三，刻的时候一定要仔细，特别是刻佛像的眼睛、鼻子、耳朵和手脚时不能出错，如果刻错，将会对刻者的下辈子产生不好的影响。

二 家人沿袭

家人间的相互学习，也是石刻文化传承发展的重要方式，还可以说是最古老和传统的方式。石刻文化在家人间的传承，主要发生

---

① 羊切布加，43岁，藏族，和日村人，2016年8月20日访谈。
② 朋措，46岁，藏族，和日村人，2015年7月26日访谈。

在不同辈分的父子、爷孙、叔侄，以及同辈分的兄弟、姐妹和朋友
之间，还有夫妻间相互学习。其中，又以父子、爷孙、夫妻、兄弟
间的传承最为广泛。下面仅以刻石经为例，说明石刻文化是如何在
家庭内部和亲戚朋友间传承的。

（一）认字母

在进行雕刻之前，首先必须学会认识藏文的 30 个辅音字母和
四个元音字母。因为藏文是由这 34 个字母构成的拼音文字，只有
认识并熟练掌握这 34 个字母之后，刻经的时候才能保证速度和质
量。也正基于此，和日村的文盲程度很低，村民基本上都认识和会
写藏文，只有几户妇女不会写藏文，但是她们也能刻石经，主要通
过"依葫芦画瓢"的方式进行刻经，刻好之后错误很多，后期校对
的时候比较麻烦，随着经验的积累，所刻经文的错误在逐渐减少。
学习认字母的主要方式是，家中会刻经文的长辈以每四个字母为一
组排列，首先在一块石头上将其刻出，然后让晚辈模仿着刻，直至
认识和会刻 34 个字母为止。受访者旦巴达吉在教自己的孩子们刻
字时就说："我刻一个字，然后叫自己的孩子刻很多遍，再学另一
个字，字是藏文的 30 个字母之中的。学完 30 个字母之后，再学四
个音符，最后学的比较复杂。经过前面两个步骤，将字母和音符结
合起来，加上其他的笔画，就形成不同的藏字。"[1] 为了学会这 34
个字母，角巴教了我们一首藏族儿歌，其中这样唱着："加尕茶母
珠珠珠，木戎茶母茹茹茹……"（藏语音译）这首儿歌基本上包含
了 34 个辅音和原音字母，虽然角巴在纸上用藏文和汉文写出了这
首儿歌，但是当我们用凿子刻在石板上的时候，还是很笨拙。村民
们在学习刻经的时候，第一步就是学会认识和刻 34 个字母，只有
在学会的基础上，长辈们才会讲授其他刻经方法。而且他们在教刻

---

① 旦巴达吉，76 岁，藏族，和日村人，阿克，2015 年 2 月 18 日访谈。

字母的时候，一般自己只刻一遍，刻的时候让孩子们看着，而后让孩子们一直模仿和练习，直到孩子们刻的字母达到长辈们心中的标准。

（二）转凿子

在学刻字母的同时，长辈们还会教怎么转凿子，这是学刻石经最重要的一环。村民东将本如是教自己的家人转凿子。

> 当时手里拿了一根筷子，刚学转不好（凿子），拿筷子转，习惯后刻的经文很好，筷子的一端要放在无名指的指甲上，放到指甲下面的话，不好转，也不好刻。刻的时候食指要跟石头平行，人不能直直坐在石头面前，需要向左稍微靠一点。手腕动一点，不能动太大，凿子动，手没有动，刻的时候，凿子动一下就可以了。①

从东将本的叙述中可以发现，村民们在学"转凿子"的时候，先通过"转筷子"不断加深雕刻者手指、手腕的身体记忆，以便能形成习惯，当养成习惯之后，雕刻经文就变得非常简单了。在访谈中，他还讲了凿子的拿法及刻经时的技术要领。

虽然教刻经文有"认字母"和"转凿子"两个步骤，但是许多村民表示，从小就看见长辈们刻石经，对凿子的拿法、转法，很小就会，有时还会拿一小块石头，用凿子在石头上刻一些简单的文字，长此以往，自然而然就学会了刻经，也没固定的人教怎么刻。后来长大了一点，都是自己的父母、朋友在刻的时候，旁边看着，回去后试着回忆他们雕刻的动作，自己慢慢领悟、试着刻。由此可以看出，石刻文化在家庭内部、亲戚朋友间的传承，

---

① 东将本，50 岁，藏族，和日村人，2016 年 8 月 5 日访谈。

基本上是以言传身教、耳濡目染、潜移默化的方式进行着，并不是刻意而为之。

三 婚嫁传输

通过婚嫁的方式，和日村的石刻文化走出了和日村。这里所说的婚嫁包含三种情况：一是嫁入，二是嫁出，三是入赘。

嫁到和日村的妇女，她们首先通过婚姻家庭内部家人间的学习，以及和日村朋友间的相互切磋，慢慢学会了石刻技术。她们学会之后，便将自己所学到的技术教给自己娘家的人。正如访谈对象南措耶所说："当时是自己的爱好，很容易就学会了，看自己的朋友怎么刻，自己就怎么刻，模仿着呗。后来教自己的女儿们，我的弟弟想学，我也会教他怎么刻，方式都是一样的。"甥舅之间其实也存在着石刻文化的传输，和日村的东将本说，他的妈妈是宁秀镇的，嫁到和日村后，妈妈没有学会刻石经，因为不认识藏文，但是我会刻，后来我的舅舅想学雕刻，便教会了他。东将本说："自己也教了二舅，妈妈是宁秀的，自己教了二舅，现在也在宁秀刻着，但宁秀刻的人数不多，刻的人少，因为他们捡石头不方便，二舅刻完后放到过石经墙上。"

村里有一个 28 岁名叫周拉的石刻艺人，为才让南杰的私人公司雕刻图像，但他并不是和日村人，而是由拉仓村入赘到和日村的外来者。据他说，他入赘和日村后，村里的人并没有戴着有色眼镜看他，他每次向村里的刻工们请教怎么雕刻图像的时候，他们都会非常乐意教怎么选石头、怎么在石头上绘画和怎么刻。他学会后，又将学到的雕刻知识教给了自己原来村子里的朋友。

由和日村嫁出去的妇女，也是和日村石刻文化向外传输的重要方式。2015 年夏季在村里走访时，正好碰见一个从外村回来省亲的妇女，当时我们正对她的妈妈进行访谈，她一走进院子，看我们拿着笔、纸，拍着照，还用录音笔录着音，满含戒心地打量了我们一番，最后用较为纯正的普通话问我们："你们是干什么的？"后来经过我们耐心的解释，她终于放下戒心，也参与到我们的问答之中。据她说："自己已出嫁好几年了，家里的收入主要靠丈夫打工赚到的钱，有时自己也会在家里刻一点石经，然后卖出去，贴补家用。雕刻经文需要的凿子（"戎"）、锤子（"坨"）、木支架（"朵车"）、经书，有的是久美（她的哥哥，大久美切杨）送的，有的是从镇上买的。丈夫打工不是天天有的嘛，不打工的时候，我和丈夫一起刻石头，（他会刻吗？）当然会刻，我教他的，他很快就学会了，就三四天吧，他认识藏文。"①

由于姻亲关系，现今和日村石刻文化向外传输的现象愈发清晰可见，但是在山上的时候，基于姻亲关系向外传输石刻文化的现象并不多见，一般都是以血缘或地缘关系为纽带，进行代际或村民内部传承。主要原因在于搬迁前后生计方式的转变，搬迁前，生计方式以放牧为主，雕刻只是副业，一般也是基于宗教信仰的要求才会雕刻的。而搬下来后，生计方式变得多种多样，放牧已满足不了人们的基本生活需求，雕刻、打工、做生意逐渐取代了放牧的主导地位，而和日村更是形成了以石刻为中心的生态移民的后续产业，使得村民逐渐摆脱贫困，走向了富裕之路，因此，吸引了很多外村的人争相学习雕刻，以期通过石刻买卖提高生活质量。

四 政府培训

和日村每年夏季七八月份，都会在泽库县扶贫办、三江源办公室和文化局的支持下，组织村民参加石刻培训，培训班设

---

① 赛毛加，女，27 岁，藏族，和日村外嫁妇女，2015 年 7 月 30 日访谈。

在村子里的活动中心，从2009年开始至今（2016年），已连续举办七届，每届培训一个月。所有参加培训的人员均可每天领到20元的补助，补助资金由泽库县扶贫办、三江源办公室和文化局共同承担。因此，村民们参加培训的积极性很高，但是培训班的补助资金和人数又是固定的，村委就以抽签轮流参加培训的方式，在村民中挑选出50个人参加培训，最近一届（2016年），参加培训有了年龄限制，要求必须是村中年满18岁到35岁之间的年轻人，男女均可。石刻培训的老师，最初是由青海同仁县画唐卡的画师和村中七个刻工中的某一位担任，画唐卡的画师教村民怎么画图像，刻工教村民怎么刻图像，二者相互配合，完成教学。但现在石刻老师基本上由和日村雕刻较好的人担任。参加培训所需的石头、工具，都是参训人员自己从家中拿的，培训班并不提供。

照片3-2 2016年度石刻培训班

　　石刻培训主要以开班授课的形式进行，有固定的上课时间，一天上两节课，10：00—12：00 为第一节课，14：00—16：00 为第二节课，两节课授课的内容基本相同，主要教怎么画图像和刻图像。阿更登是 2016 年石刻培训班的老师，据他介绍，上课时，"主要教他们刻的方法，先教画的，然后教凿子的转法，教抓法，是手握住凿子，也要转，刻的时候，自己先刻，他们看，然后他们刻的时候我指导"。从他的言语中可以发现，开班授课的教学方法，与之前所述村民单独找贡保才旦、阿克丹曲和那七个刻工学刻图像时的方法并无二致，这种教学方法，已经形成固定的教学模式，即从模仿开始，到自己领悟着刻，直到会刻为止。在这种教学模式中，老师起的只是示范、指导的作用，学员能否学会雕刻，完全看学员本身课后是否努力和坚持不懈地练习。

　　除了在村里举办的培训班，还有另一种形式的政府培训，即组织一批年轻人去外地学习雕刻技术，接受科学规范的学院教育。据原和日村村支书东珠加说，2014 年和日村就曾组织 10 个人去河北一所雕刻学校学习立体雕刻。

　　2014 年县文化局组织村上 10 个人去河北的一个学校参加培训，天津是黄南州的帮扶单位，这次去的钱是天津那边给的，村上去的人都是技术方面比较好的，有些刻图案好，有些刻石经好，去培训是镇上包村干部带着去的，几个村委把他们送过去就回来了。去河北学习，学刻图案的多，主要学凸出来的那种（立体的），10 个人都是村里的年轻人，文化局限定了名额。他们参加完培训回来，学的好坏也不一样，学得好的，回来教大家刻一些图案和经文，10 个人里面，关却多杰、完玛东芝、索南拉丹这几个学得最好，剩下的几个都差不多。①

2016 年 10 月 16 日，和日村 60 余名石刻传承人，还参加了由青海省文化新闻出版厅和青海民族大学联合承办的中国非物质文化遗产石刻培训班。在培训期间，通过课堂教学、互动交流、传承人讲坛、实践操作、观摩考察、作品展示和赴福建进行考察学习等方式，学习了基本的绘画知识，包括素描、构图等。② 此外，还通过相互交流，提高了各自的雕刻技艺。

由上所述，和日村的培训有两种模式，一种是村内的基础培训，二是外地的高等培训。二者的参训人员、培训内容，均有所不同。在村内举办的培训，既培训刻图像，也培训刻石经，主要以打基础为主，上课时传授凿子的基本拿法、转法，以及教一些简单的绘画原理、雕刻技巧，但是不够科学和规范，村民能否学会雕刻，更取决于学员本身是否努力。去外地参加培训，基本上学怎么绘画和雕刻，参训人员都是村中雕刻较好的那些人，他们具有一定的绘画、雕刻基础，因此去外地学习，能够在较短的时间内提高自己的绘画水平和雕刻技艺。最近几年，去外地学习的人回来后便成为村内培训班的老师，将他们在外地所学知识教给村民，并且在传统的教学中，慢慢引入了全新的教学方法。例如，开始编写教学日志，通过教学日志明确每一节课的教授内容，也可通过教学日志反映学员们的疑难困惑，使老师了解学员们的学习动态，以便调整自己的教学计划。两种培训模式的有效互动，推动着和日村石刻文化的传承和发展。

----

① 东珠加，50 岁，藏族，2015 年 8 月 6 日访谈。
② 赵静：《60 名中国非物质文化遗产和日石刻传承人接受培训》，《青海日报》2016 年 10 月 18 日。

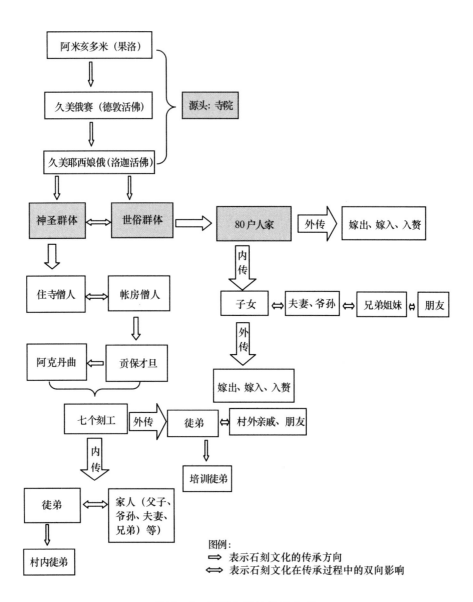

图 3 - 1　石刻文化的传承方式

第三节　石刻的现实功用

石头经过村民的雕刻之后，形成了石刻艺术品。它的流动方式主要有三种：一是作为买卖的商品；二是作为赠送的礼物；三是作为礼佛的贡献之物。其中作为买卖的商品，主要目的是为了赚钱，以解决生活之需，如今，将石刻产品卖出已成为当地村民新的生存之道；作为赠送的礼物，主要发生在亲密朋友之间，没有任何经济往来，表达的是对朋友之情的重视，所谓情比金坚；作为礼佛的贡献之物，与宗教信仰有关，不管是在宗教节日里把刻好的图像或经文送给活佛或寺院，还是将其放到石经墙上，都属于对佛的献物，以期信众获得佛的保佑和祝福。

一　生存之道

从村子组成之初到现在，因为石刻，和日村发生了天翻地覆的变化：村民由最初和日四大部落中最贫困的人，变成了现今十里八乡最为富裕的人；居所由最初的土墙土房，变成了搬迁后砖混结构的独家独院；出行由最初的骑牦牛、步行，到如今的骑摩托车、开私家车；以前的家庭生活用具只有简单的锅碗瓢盆，而现今家家基本上有电磁炉、电饭锅。和日村发生的变化，当然不止这些，但是不可否认，石刻对于村民的生存和发展，意义重大，是打工、放牧、半工（打工）半牧、做生意等生存方式所不能比拟的。

村子还叫"格村"的时候，即村子形成初期，定居到和日寺旁边的那 80 户人家，是和日地区四大部落中最为贫穷的那部分人。他们没有牛羊和草场，搬到寺院周围后，住的是黑帐篷或用土临时搭建的房子，吃的、穿的，多半仰赖洛迦活佛的接济。甚至每家每户都有一两个家庭成员出家为僧，而家中年幼的孩子为了帮助父母缓解家庭的经济困难，则帮牧主家放牛羊、捡牛羊粪。但村民学会石刻技术之后，他们的生活自此发生了改变。大人们可以将刻好的石头交给洛迦活佛，由活佛卖出去之后，再从活佛那里获得相应的食物、衣物等生活物资，就此不再担心吃不饱、穿不暖；小孩子们自此也不用去给牧主家放牛羊、捡牛羊粪了，闲暇时间，还能与大人们一起刻经，以赚取生活资料。因此，可以说，石刻在"格村"的普及和买卖，是"格村"度过那段苦难时期最为有力的保障。

在山上的时候，据村中老人回忆，那时候虽然国家分了牛羊和草场，但是村中还是有许多人雕刻石头，刻好之后卖出去，以贴补家用。时至今日，随着三江源生态移民保护政策的实行，草场上不再允许放牧和居住，于是村民卖掉牛羊，搬到了现在的和日村，也正是因为这次搬迁，使村民失去了他们最为熟悉的生计方式——放牧。加之近些年草场的不断沙化和肆意猖獗的鼠害，草场的畜牧能力已大打折扣，单纯以放牧为主的传统生计方式已满足不了人们日益增长的物质需求，所以自2008年起，和日村在泽库县相关部门的指导下，开始走上以石刻为文化产业的新型发展之路。自此，村民的收入及生计方式与在山上的时候相比形成了巨大反差，生活质量明显有所改善，其出行方式、休闲娱乐、体育活动等都发生了相应的变化。

（一）收入与生计

在村子里调查时，前任和日村村主任多杰才让说："以前我们住在山上的时候嘛，吃的、穿的，都是牛羊、草地给的，所以它们对我们有恩，我们要好好保护它们，政府说要保护，那我们就听政府的。搬下来，有些不愿意搬的，我就和书记、村委几个人给他们做工作，后来差不多都搬下来了。搬下来好呀，现在有公司，他们刻，我们找（买家），就像以前洛迦活佛做的那样，有了钱，全村一起平分。前年公司拉了一笔生意，是果洛那边的一个寺院需要刻《甘珠尔》《丹珠尔》，订金就有 70 多万（元），去年下来，只要刻经的都能赚到几万块钱，比在山上放牧好得多。现在全村有 200 多户人家，其中有 800 多人都会刻石头，大家都刻着，所以村里生活比山上的时候好多了。搬迁前家庭最主要的收入靠挖虫草、卖牲畜，2014 年全年收入，一个人 2500 多元，在山上时一个人 700 多元。和搬迁前相比，现在的收入好。怀念以前的生活，但现在过得幸福，如果有机会，也不愿意回去过游牧生活。"①

现任和日村村主任格日多杰也讲道："这儿的生活好，以前在山上的时候，只能放牧，搬到这儿后可以打工，还可以雕刻。以前在山上的时候，自己刻得比较少，山上刻的有，但比现在少。搬到这儿大多是为了雕刻而来，山上只能放牧。刻出来卖掉的话，一年的收入有好几万（元），要比在山上放牧好很多。"②

很多普通的村民也有同样的说法：

以前家庭收入靠卖牲畜和做酸奶，现在靠刻玛尼石，年收入最多 15000 元，外出打工也差不多 15000 元，打工 1 天 100元，现在收入比以前好。③

搬迁前，家里收入靠卖牲畜，在山上时不会刻石经，现在家里就一个人刻石经。女儿嫁出去了，夏天会过来帮忙刻石经。丈夫在镇上修摩托车，一年赚 10000 多元。刻石经一年也

① 多杰才让，50 岁，藏族，和日村人，2016 年 7 月 25 日访谈。
② 格日多杰，43 岁，藏族，和日村人，2016 年 8 月 18 日访谈。
③ 才让东珠，28 岁，藏族，和日村人，2015 年 8 月 1 日访谈。

就赚 2000—3000 元，因为只有一个人刻。[①]

> 家里现在没有牛羊，就是因为没牛羊才搬过来。家里有600 亩草场，每年租金15000 元左右。在山上时靠牛羊，那时有牦牛二三十头。现在刻玛尼石一年赚六七千元。自己也在镇上打小工，不出远门打工，因为语言方面沟通不了。自己去兴海县挖过虫草，和自己村还有别的村的人一起去，一般是老板找我去挖虫草，每年只去一个月，收入六七千元。[②]

其中以雕刻为业的公司刻工，收入更是惊人，据 RZDJ 讲，他一年下来能挣十几万元。从以上叙述中，可以很明显地感受到，村民搬下来后，因为石刻产业，较之在山上的时候，收入有了很大的提高，生计方式也由山上单一的放牧转为半工半牧、半工半雕刻、全雕刻等多种生计方式，生活质量有了质的提高，从而改变了人们的出行方式等。在山上的时候，人们出行主要以步行或骑牦牛、骑马为主，现在基本上以摩托车为代步工具，村里甚至还有十几户人家开上了小汽车，而且汽车的档次也在逐年变化，第一次去和日村做田野调查的时候，村民拥有的小汽车，多以解放牌最低档次的小汽车为主，而时隔一年，村民的小汽车，多半已换成性价比、安全性更高的比亚迪、大众等车型。

（二）财富与闲暇

在山上的时候，村里的宗教、娱乐、体育活动等较少，一年当中，有两项宗教活动是村民们必须参与的：一种是请阿克来家里念经，以求福荫；另一种是村民在每年的正月十五都会参加晒佛节，以表达对藏传佛教的信仰，但他们却很少参加法会。搬迁后，村民

---

① 赛毛加，女，41 岁，藏族，和日村人，2015 年 7 月 30 日访谈。
② 宽太加，37 岁，藏族，和日村人，2015 年 8 月 6 日访谈。

除了积极参与以上两项宗教活动之外，但凡周边的寺院正在举行法会，他们基本上都会带上自己的家人，搬上帐篷，拿着糌粑、馍馍等生活物资，去法会现场听活佛念经讲经，而这一去可能就是十几天，直至法会结束。当然除了参加法会次数的增加，有时候家里较为富裕的人家，还会请某个寺院的活佛来自己家里念经，以求佛祖保佑。

在山上的时候，娱乐活动基本上只有在晒佛节前三天表演的藏戏，而且村民之间的交流也比较少，基本上没有串门聊天的现象。正如村民卓玛所说："以前在山上，都住在不同的沟里，离得又远，就算在同一个沟里，也很少串门，要放牧，看着牛羊，怕狼吃牛羊。"但是搬下来后，因为石刻文化产业的兴起，村民的荷包鼓了起来，也有更多的精力去组织和参加相关娱乐、体育活动了，同时，因为住在同一个村子里，彼此间的交往交流变得更为频繁。现在，村民除了继续参与藏戏的表演之外，在每年藏历六月份村里都会举行"六月村欢会"，为期三天，其间村民们载歌载舞，以庆丰收。在村欢会期间，除了歌舞表演之外，还会举行篮球、拔河、扛沙袋等体育比赛。在这些体育赛事中，既有现代的体育项目，如篮球比赛，也有传统的体育项目，如以"两小孩角力"形式存在的拔河比赛，以及扛沙袋比赛。在平时，不管天气严寒酷暑，村中的老少爷们都会准时出现在活动中心的篮球场上，组队玩耍，甚至村子还成立了一支以村大中学生为主的篮球队，每年代表和日村参加县上的篮球比赛，在比赛当日，很多村民不辞辛苦，驱车近70公里到县上为本村的篮球队摇旗呐喊。如果其他村子有类似和日村的村欢会或其他村举行的赛马会，村民们多半也乐于去参与和观赏。总之，搬迁后，因为石刻文化产业的兴起，较之在山上的时候，村民的宗教、娱乐、体育活动有了巨大的改变，他们有钱也有闲暇时间来参加这些活动了。

从 2016 年 8 月 7 日向锦程的田野笔记可以进一步体会：

> 和日村的篮球氛围非常好，上到五六十岁的大叔，下到十一二岁的小孩，基本上每天吃完晚饭后，都会聚集在村活动中心的篮球场，有的在场上纵横捭阖，有的坐在场边，抽着烟，看着孩子们相互嬉戏追赶，借着落日余晖，笑容洋溢在每一个村民的脸上。泽库县在每年的 8 月上旬，均会组织全县范围内的篮球比赛，由和日村大学生组织的篮球队就是其中一支参赛队伍。2016 年 8 月 7 日是篮球比赛的半决赛，那一天，村子里很多人都到泽库县为和日村的篮球队加油，我也和我的同伴东宇轩在机缘巧合的情况下，来到泽库县为他们加油，但是在比赛的时候，出现了令人不愉快的事情，比赛过程中，由于对方的动作过大和裁判的判罚不公，和日村的篮球队当场罢赛，以示对裁判和对方的不满和愤怒！待和日村的篮球队退出体育馆后，前去为他们加油的村民，一直围绕在他们身边，以免双方球员发生肢体上的冲突。虽赛后经过赛事主办方的商量，判定和日村篮球队输了这场比赛，但是其中所体现出和日村篮球队敢于面对不公说"不"的精神和村民团结一致对外的精神，还是深深触动了我们，在我们看来，这场比赛他们赢了。

总之，因为石刻，和日村摆脱了贫困，获得了生存发展的新机，正如青海卫视在 2015 年 5 月 23 日报道的那样，"和日石刻让牧民点石成金"。也正因为石刻，村民的收入得以增加，生计、出行、娱乐等方式随之改变，石刻成为和日村名副其实的生存之道。

二 敬献的礼物

（一）悼念亡人

按佛教的理论，世界被划分为六界，分别是地狱界、饿鬼界、阿修罗界、畜生界、人界和天界。在六界之外，存在着"中阴界"，世间万物，在死后都会先进入"中阴界"。按阿克宗指的说法，处在"中阴界"里的人或物并不知道自己已经脱离六界，处在一个虚幻飘无的世界中，而且在"中阴界"待的时间也与他们生前所做的事和德行有关，如果生前广积德、常行善，则待的时间较短，一般去世三天之后便重新进入六界，开始轮回；如果生前不做善事、不积德，则需在"中阴界"待上七七四十九天，受尽"中阴界"的折磨。但去世之人的亲人，可以通过刻经文和放经文来消除他们之前所犯的错误，从而减少他们在"中阴界"的时间，帮助他们早日进入六界，重新轮回。这也是为什么藏族家庭中有人去世之后，需刻经文和放经文的原因。

村民多杰昂情说，他母亲去世的时候，就放过一部《智美歇尔经》和一部《檀多经》。

> 会去石经墙放石经、求平安，人死了就去放石经，以前我没去放过。我母亲去年去世，放过一部《檀多经》和一部《智美歇尔经》，是自家买的，是在咱们村里买的。《檀多经》是在德格本家买的，当时很急用，他们家有，就在他们家买了。《智美歇尔经》是从三知加那儿买的，当时很急，所以自家没刻，如果有时间自家会刻。买别人家的，跟自家刻的作用一样，在自己心里是一样的。放这两部经，人死了放《檀多经》和《智美歇尔经》，挺好。其他的经也挺好的，最好的是《智美歇尔经》。原因我不知道，宗教上的，人死了之后，天葬后还要看日子再放经。①

---

① 多杰昂情，68 岁，藏族，和日村人，2016 年 8 月 12 日访谈。

刻和放一部经文，除了有帮助死去的亲人早日脱离"中阴界"，重新进入六界，从而进行轮回的作用之外，时至今日，也往往寄托着对死去亲人的怀念和感恩。正如村民才南木所说："去放石经，放《檀多经》，一年放一次，为了怀念自己的妈妈，把我养大成人，很不容易，固定的时间，就是妈妈去世的那天去放——藏历十一月八号。"从阿克久美德金那里听说，当国家发生大的自然灾害，导致很多普通人去世之后，村民也会自发地刻上一部经文，放到石经墙上，以求那些去世的人，获得"加持"，重新轮回。

（二）敬献神灵

在青藏高原上，藏传佛教形成和传播之前，人们信奉万物有灵。而随着时间的推移，这种传统信仰被吸纳到原始本教中，由此构成了本教所说的宇宙三界——天界、中界、地界。天界有天神，中界有年神和赞神，地界有龙神（藏语音译为"鲁"）和土主。其中四大名山则分别对应着四大年神，分别是卫藏的雅拉香波，藏北的念青唐古拉，南方的库拉日杰和东方的沃德巩甲①，它们共同组成了藏族的山神体系。赞神则被认为是本教观念中阎王的化身，往往一身火焰，不在地下居住，"而是住在地上的'魂城堡'，'魂城堡'坐落在一块红铜平原上，周围的铜岩刺向天穹，红褐色的兀鹰在天空翱翔，赞魂在天空四处飘荡，毒蛇攀援，红色山岩中央是一座沸腾的血海"②，后来成为桑耶寺的护法神，保佑着善男信女。而藏族不吃鱼，也与信仰龙神有关，据说龙神拥有的财富中有珍贵的珊瑚、珍珠、松耳石等，涉藏地区的大部分富裕之家都供奉着龙神，认为如能勤于供养，则可发财致富，如有冒犯，就很可能倾家

---

① 丹珠昂奔：《藏族文化发展史〈上册〉》，甘肃教育出版社 2001 年版，第 369 页。
② 万代吉：《藏族民间祭祀文化研究》，中央民族大学，博士学位论文，2010 年，第 60—63 页。

荡产、家破人亡。①

在青藏高原上一直流传着"马年转山、羊年转湖、猴年转森林"的习俗，在藏历的羊年，很多村民在忙完村里的村欢会之后，便携妻带子，邀上几个亲朋好友，去青海湖转湖。翻译角巴一家也去青海湖，他们的行囊中，除了一些糌粑、馍馍等食物之外，还有几块刻有经文和"六字真言"的石刻，后来听角巴的阿爸多杰才让说，带上石经，是为了放到青海湖旁边，祈求龙神，以保平安。

在每年藏历的五月四日（约公历六月初），全村的老少爷们会在村委的统一组织下，祭祀和日村的山神。山神位于和日村正对面不足一公里的山坡上，其外形由一座拉则（藏语音译，汉语意为"插箭台"）和三处经幡组成，每一处经幡享受着村中每一小社的供奉，但在祭祀的时候不允许女性参加。至于为什么？DJCR 这样讲道："在我们的意识观念或日常生活中，女人一般是不出远门的，她们一般都在家里做家务，而男人经常要做一些大事或重要的事，祭祀山神对于我们来说就是重要的事，因为是为了祈求平安和顺利。当然，这里面也有一些传统社会重男轻女的想法，但是一直这么传下来了，大家就都照着做。"②

祭祀的时候，村民们首先会将事先准备好的经幡和插箭搬到山下，而后由村中的阿克念经，以告知山神他们前来祭祀。待阿克念完经后，村民们井然有序地将旧的经幡和插箭替换成新的，等换好经幡和插箭之后，便进行煨桑仪式，阿克们团坐一起，念着经文，以求山神保佑村子平安。后来我们在离插箭台和经幡不远的山的最高处，发现还有一堆石经，但是规模并不是很大，从石经表面的字体来看，有新刻的，也有以前遗留下来的。前文述及将石经放到山

---

① 魏强：《论藏族龙神崇拜的发展演变及特点》，《青海民族大学学报》（社会科学版）2010 年第 7 期。

② DJCR，50 岁，藏族，和日村人，2016 年 7 月 25 日访谈。

的最高处，是为了保证其纯净性，通过风吹日晒，诵读经文，以使众生获得"加持"。后来，听僧人阿克丹曲讲："那里的玛尼石堆，很早就有了，保佑我们村的山神在那里，村民放一些石经在上面，是对山神的敬仰"。由此看来，将石经堆放在神山上，也是人们奉献给山神的礼物，以表达人们对山神的尊崇和感激。

照片 3 - 3　堆放在神山上的石经

（三）敬奉佛祖

1. 祈求赎罪

在调查中发现，村民们刻石经和放石经的功能，不仅仅为了悼念死去的人和敬奉各种神灵，同时，还有一个功能是为了赎罪。30岁的拉旦加说："搬下去前，一次性卖了几十头牛，去泽库县卖的，是自己赶过去卖的，走路过去的，卖的时候很不开心，一头牛卖1500（元）左右，卖给了泽库县的冷库，那是专门杀牛羊的地方。

搬下去的时候很开心，国家给了房子，刻的石经也多，房子也好。卖完牛羊后，刻了《东旭尔经》《檀多经》《玛尼经》，为了赎罪。卖牛的话，跟杀生差不多，所以才刻石经放到石经墙上。"①

53 岁的哇多也有同样的说法："自己去放过石经，买家打电话让我去放，我就去帮忙放一下。自己主动去放的也有，这个没有什么固定的时间，一般都是愿意去放的时候就去放，比如说做了一点错事，自己杀了几头牛，就去放石经赎罪。"②

帐房僧人阿克久美德金也曾说："《东旭尔经》和《智美歇尔经》，诚心诚意地刻，以前犯的错误，放到上面可以解脱。《檀多经》，人死了之后，念啊、转啊、刻啊，就不用去地狱了，对人死了以后好。"③

后来从与村中老人的交谈中得知，不管是自己做了什么错事，还是自己的亲人做了什么错事，甚至是自家的小孩伤害到了河里的鱼、山中的小动物，只要被他们知道了，他们就会立马刻上一部《东旭尔经》，以求佛祖宽恕。

2. 祈求祝福

前文已述，刻和放《智美歇尔经》《尕藏经》，是为了祈福，人们希望通过刻和放这两部经文能够获得佛祖的保佑。在平时的生活中，他们也会将刻好的图像送给寺院的活佛。据村民拉旦加说，他们家每年去和日寺拜谒白格活佛④的时候，除了带上金黄的哈达和一些吃的之外，还会带上自己雕刻的图像，献给活佛，以求活佛的祝福。

---

① 拉旦加，30 岁，藏族，和日村人，2016 年 8 月 15 日访谈。
② 哇多，53 岁，藏族，和日村人，2016 年 8 月 8 日访谈。
③ 久美德金，26 岁，藏族，和日村人，2016 年 8 月 15 日访谈。
④ 寺院的主持活佛为德敦活佛，但还有其他几个活佛，白格活佛便是其中之一。现如今，德敦活佛，年纪尚小，寺内大小事务一般由白格活佛主持，因此人们常去拜谒白格活佛。

和日村有一个叫拉毛的 78 岁的老奶奶，据她讲，她曾经背部有疾，但是自从听了活佛的话，开始转石经墙之后，她背上的伤病就好了，而她认为这是佛祖对她的眷念和祝福，才使得她摆脱伤病的缠扰。拉毛老奶奶说："石经墙是信仰的地方，是去转的地方，活佛说要转 700 次，转完后，病什么的都可以治好了，我相信活佛说的，以前背部很疼，就去转了 700 次，后来就好了，所以很相信，转的时候抱着一种相信的心态或者念《度母经》，还有那些短一些的经文，这样转比较好。"①

3. 叩开佛门

藏传佛教中，密宗认为"人人都有佛性或有成佛的基因，这种佛性是本能的和天生的，而非后天的，但由于众生执着无明，使这种基因不能得以发挥"②。有研究者指出："如来藏，亦称'佛性'，本义是指众生与佛的体性是同一的，因由众生本具的自性清净性（心性真如）被无明烦恼、虚妄分别等覆蔽而显现出染污相，但只要摒除烦恼、虚妄等，众生即能开显本有、潜藏的佛性及佛之智慧和德相，故而，众生皆有佛性，每个人都有成佛的可能性。"③ 藏族学者尕藏加指出："六道之中，唯有人可以经过修行，得道成佛，摆脱轮回之苦。"④ 为了摒除烦恼、虚妄，便需要人们常年修行，修行的方式也有多种多样，"有的人可以从阅读经书，加强思想修养入手；有的可以静坐，修定，修慧，走开悟之路；有的可以专心诵经念咒；若要想迅速获得修证成就，就要按修密程序求密法，坚持修习"⑤。

---

① 拉毛，女，78 岁，藏族，和日村人，2016 年 8 月 14 日访谈。
② 诺布旺丹、巴桑卓玛：《藏传密教的女性观》，《佛学研究》1996 年 6 月 15 日。
③ 孟万鹏：《藏传佛教如来藏思想研究》，西藏民族学院，硕士学位论文，2013 年，第 1 页。
④ 尕藏加：《藏区宗教文化生态》，社会科学文献出版社 2015 年版，第 32 页。
⑤ 多识·洛桑图丹琼排：《藏传佛教疑问解答 120 题》，四川民族出版社 2000 年版，第 50 页。

村中的一些阿克也认为，雕刻经文和僧佛图像是一种修行的方式，正如阿克宗指所说："刻经是一个修行的方式，刻好一部《檀多经》有功德，天上或地上满是众生神通类的，我们闻不到、听不见，石经墙上放石经，风吹过来的话，经文遇到所有人感受不到的众生。雨也是一样的，风雨吹过经文，可以感受到，使众生获得加持（功德）。阳光照上石经墙的经文，众生同样也得到了加持。众生获得了加持，这样自己心里很高兴。"①

显然，石刻不仅可以用来卖钱，以换取生活所需，更是人们用以悼念、祝福逝去之人的媒介，希望他们能够获得加持，从而重新进入轮回。同时，也表达了他们对神灵、僧佛的尊崇和信仰。作为一种敬献的礼物，石刻的价值和功用，自在其中。

三 传承文化

（一）石经墙与村民的生态观

村民的生态观主要体现在对草场自然环境的爱护。下面的一篇田野笔记，记录了村子里的孩子们在支教老师的带领下，去草场捡垃圾的故事，从中或许可以探知村民们对自然环境的热爱和感恩。

今天下午，天气晴朗，补习班组织村上的学生去寺院那边捡垃圾，我（向锦程，作者之一）作为新晋的支教老师，也一同与他们前往。捡垃圾的时间定在13：30—17：00，将近四个小时，但期间，孩子们的表现着实让我惊讶！捡的时候，我发现孩子们根本不需要老师的任何鞭策，不管年龄大小，都会争先恐后地去捡，虽然有些垃圾深埋在臭水沟或者泥潭之中，但凡只要这些垃圾露出一角，孩子们就会想尽一切办法将其挖出。

---

① 宗指，25岁，藏族，和日村人，2016年7月29日访谈。

他们所到之处，垃圾丝毫不留，回头望去，原本有很多垃圾的草滩，只剩下悠悠青草，在风中摇曳。

返回途中我问曲洋嘉措①，"这是谁教你们的？难道不觉得脏？不觉得累吗？"他回答说："就是在家的时候，爸爸妈妈说要爱护环境，是草场养育了我们，没有草场，就没有吃的、穿的；有时候参加法会的时候，活佛也会给我们讲要爱护环境，因此并不会觉得累。我们大一些的孩子懂这些道理，小孩子们顽皮，得让他们知道草场的重要性。这其实也相当于行善积德，所以得让孩子们多做。"从曲洋嘉措的话语和孩子们的表现中，不难体悟藏族是如何教育孩子认识和爱护他们的自然环境的。②

村民的生态观与石刻究竟有何联系呢？正如前文所述，将石经墙建在山的高处，是为了防止人畜践踏，以保证其纯净性，而清理草场上的垃圾，也是保证其纯净性的一种方式。因此，反过来说，石经墙的存在，对人们形成热爱环境、保护生态的观念，也具有重大的作用，从而使村民这种朴素的生态观，通过言传身教、耳濡目染的方式传承至今。因此，每当翻译角巴他们打完篮球或在草地聚会结束之后，他们一定会将丢弃的垃圾捡起带走，看到有顽皮的孩子乱扔垃圾，一定会把他们叫过来，拍拍他们的头，指出他们的错误行为，虽然小孩子们面有不悦，但还是会乖乖地捡起刚扔掉的垃圾。其中发生的一件事对我的触动也颇深，因为笔者长期吸烟，因此患有轻微的慢性咽炎，加之高海拔缺氧，经常感觉喉咙有异物，总想将其吐掉，而有一次正当想吐痰的时候，被另一名翻译兼伙伴斗格杰布制止了，他说："我们这儿不能随便吐痰的，因为有神，

---

① 曲洋嘉措，和日村中办补习班的领头人，补习班的校长，今年24岁。
② 据2016年7月27日田野笔记整理所得。

也是爱护环境嘛。"说完便从他的作业本上撕下一张作业纸，让吐在纸上，然后带走扔掉。当时如果地上有裂缝我真想钻进去，可回来后一想，他的直言不讳，让我们深刻认识到了扎根于他们心中的生态观和宗教观。

（二）石刻与藏传佛教的延续

村民将刻好的经文或图像卖出去，其实也是对佛教最好的宣传，也正是在交易的过程中，使藏传佛教文化得到广泛的传播。据许多村民讲，以前住在山上的时候，买家基本上以和日地区的藏族群体为主。但是搬下来后，买家中不仅有本地的藏族，还有外地慕名而来的藏族和其他人群。这一部分买家想买石经或者图像的时候，村民会告诉他们不同经文或图像的作用，渐渐地便将藏传佛教的一些基本义理传播开来。正如63岁的村民多杰所说："现在来这边买石经的人多了，有本地的也有外地的，外地的来了，一般是来买图像的，但是有的也会买一些短的经文，像刻着六字真言的玛尼《东旭尔经》，他们觉得好看呀，也小，可以带走，就买了去，《东旭尔经》买了就放到石经墙上了。"

雕刻时的一些注意事项，从某种层面上来说，也是对藏传佛教文化的传播。在学刻经的时候，其中一个重要的步骤就是刻好后需要请阿克对照经书校对，因为他们认为，如果将字刻错或遗漏了的话，将会对自己的下辈子或后代造成缺胳膊少腿等不良的后果。而且他们在刻图像的时候，非常注重佛像的尺寸、比例，力求准确。在他们看来，如果尺寸、比例不正确，那么所刻佛像将不具有神性，同时也会影响到他们的善业功德。正如扎雅·诺丹西绕所说："只有将这些作为崇拜对象的宗教雕塑和绘画按照规定的尺寸、比例准确地制作出来才合乎要求，也是宗教艺术品制作过程中最重要的注意事项。如果宗教艺术品没有按照规定的尺寸比例制作，那么艺术家以制作艺术品而获得的善业功德可能因为艺术家错误的制作尺度而损失殆尽。"① 总的来说，刻错经文而不改正，或者错误地使用尺寸和比例，被认为是对"佛""法""僧"三宝的不忠诚，从而就得不到佛法、神灵的庇佑。因为，按藏传佛教的理论来说，藏传佛教神灵对崇拜者的佑护与崇拜者对"佛""法""僧"的忠诚相对应。也正是因为诸如此类的规则或限制，使得藏传佛教的义理深入人心，并将其代代相传。

综上所述，石刻具有神圣和世俗的双重作用。从世俗的角度来看，它是人们用来创收的一种生计方式，改变了和日村生态移民原来贫穷困苦的境况，使和日村发展成为远近闻名的富裕之村。从神圣的角度看，它仿佛一架桥梁，连接着生者与亡人，成为活着的人哀思亡人的媒介，同时也连接着人与神、人与佛，表达着信众对佛的尊崇和信仰，以及修行成佛的最高理想。可以说当地传统的生态文化和藏传佛教文化，借助石刻这个媒介之物而得到广泛的传播。

---

① 扎雅·诺丹西绕：《西藏宗教艺术》，谢继胜译，西藏人民出版社 1997 年版，第 53 页。

第四章
石刻传承人的遴选认定

2019 年 6 月，我们又赴和日村进行田野调查，历时 45 天，这已是研究团队总计第八次前往和日村，每次都有不一样的体验和新的发现。这次田野调查，是在对和日石刻持续关注的基础上，专门就石刻传承人及其关联问题进行全面、立体的考察，现逐节予以呈现。

第一节　石刻传承人的产生

现在的和日村里，除了非遗传承人以外，虽然家家户户都有人在刻石经，但目前村中会刻图案、佛像的人数已经大不如从前。基本上能够独立雕刻图案、佛像的人就只有非遗传承人了。据说，现在这个村里真正会刻图像，也即能够独立绘制图案、佛像并进行创作、雕刻高水平作品的人还不到 20 人。有一位 83 岁的老人告诉笔者：

> 当年村子里会刻佛像和图案的人多一些，几乎每家每户都
> 有会刻的，当年这个村子里有些人一无所有，没有牛羊，只能

靠这门手艺讨口饭吃，养活自己的家庭。现在这些人（传承人）技术更厉害了，更登、朋措技术非常好，老一辈的人都没有证书，但是他们的技术都很强。现在生活越来越好了，不一定需要这个（刻石头）才能活下去，很多人出去打工就能养活自己。①

村里的书记格日多杰在交谈中也同样提起过有关和日村石刻的历史：

和日石刻的传入大概在 19 世纪吧，就一八几几年，传过来两百年了，从外面传过来的。这个和日村其实是一种混居村，也可以叫移民村，因为当年它这个村子不是一开始就有的，不是自然形成的那种村子。当时村里的人都是比较穷的那种，没有多少牛羊，没有多少草地，当时他们在这地方有冬季草场、夏季草场，他们就是去不了那种地方的人，就形成了穷人，围绕着寺院，居住在寺院周边，叫"塔哇"（藏语音译，此处意为寺庙附近的居民，下同）。因为他们如果没有那种啥（生活物资）的话，寺院会给他们一点施舍，一点吃的。穷人们就围到那地方，然后就形成了这样的一个村，后来慢慢的，国家当时分地认定村子的时候，就把他们那一片人给划了个和日乡和日村。

其实这个村子里边现在这些人，他们的来源可能就是之前有五六个村混合居住的。比如说像这一辈人，他们的父亲可能是这个村的，他们的母亲可能是那个村的，但是最后他们汇聚到那（和日寺附近）以后，自发形成了和日村。刚才说到技

---

① 让兄，83 岁，藏族，和日村人，2019 年 6 月 30 日访谈。

术，石刻的技术是当时寺院里面的活佛，可能就是从果洛和四川那边学来的这门技术，技术的源头是在那边。

那会儿他们当"塔哇"的时候，在寺院附近居住的日子，男性是没有什么活可干的，所以男性都出去上学去了，所以现在村子里为国家做事的公务员有一百多个人，是附近所有村子里最多的。

搬迁后之所以会大力发展石刻，一方面，这是村子一直以来的传统——大环境，所以过来以后（搬迁后）就一直保持了这个传统。第二个是过来以后，我们主要的收入方式和经济来源也是通过刻石来获得的。①

过去的人们迫于生计，那时没有牛羊、草场、田地，他们只能靠刻石来养活全家，除此之外，也没有太多别的办法能够挣到钱，所以在刻石上投入的时间和精力要比现在更多，这也是他们技艺精湛的原因。但是随着现在生活水平的提高、国家政策的扶持、收入方式的增加，送孩子上学成了大多村民的首选，这个村子100%的入学率，也说明村里人对于上学的重视。此外，年轻人大多选择外出打工，找一些合适的工作，或者去当公务员之类的，对于部分年轻人来说，打工就可以挣到与辛辛苦苦刻石赚到的钱一样多，选择打工也就变得理所应当，这也造成了选择以石刻为生的人们越来越少，造成了现在村里会刻佛像、图案的年轻人不断减少。而关于这个有不少人都说道：

原来这个村子里面像我们那一辈的时候，每家每户最少有两到三个人会刻经文、刻图像。但是现在那些年轻人都出去上

---

① 格日多杰，藏族，和日村书记，2019年7月16日访谈。

学去了，几乎都去了。放假他们回来以后也就学学那种刻经文，这种也很少。刻图案就更不用说了，全村年轻人里面还在学图案的，可能就一两个人。[①]

现在这个村子里年轻人学刻这个的越来越少了。可能这个村子里面正儿八经刻石的人，包括那些会刻图案和佛像的人，我应该是里面最小（最年轻）的了。因为刻字就不需要什么基础，主要是图案和佛像，只有会刻图案和佛像才算真正会刻的，才算真正入门了。[②]

听到这些话时，笔者第一反应是学习这门技艺的年轻人越来越少的话，这门技艺会不会遗失。而和日村书记的一番肺腑之言也呼应了笔者的想法：

我们这个村子一直以来是属于比较贫困的村子，牛羊少，草场小，牛羊不到1000头/只。后来大家都学会了雕刻，靠石刻养活了自己、养活了家庭。但是现在这个村子里因为国家的政策越来越好，大家的生活情况也越来越好以后，大家刻石的人数与以往相比反而变少了。现在很奇怪的现象就是经济条件越来越好，从事石刻的人却越来越少。大家觉得出去打工挣钱会更轻松，吃不了（刻石）那个苦。这也是我们村委现在最担心的问题，我们一直在给村民传达不能放下石刻。[③]

---

① 本措友，女，44岁，藏族、藏医主任、妇联主任、省级人大代表，2019年6月28日访谈。

② 肉增多杰，31岁，藏族，州级传承人，2019年6月26日访谈。

③ 格日多杰，藏族，和日村书记，2019年7月16日访谈。

当问及那些依然以刻石为生的人们选择这条路的理由时，结果发现，对于他们来说，学习刻石不仅是自身的爱好以及维持生计，而且也是承载了老一辈人的意志和对传统的沿袭。所以，这里的人们对石刻有着一种特殊的感情。在访谈中，很多人都谈到他们学习石刻的理由：

> 刻石，既是喜欢也是一种工作，村子里的人都在刻，有这个大传统，也是一种文化传承。①

> 学这个主要是大环境，村子里的人都在刻，以前是寺院一个活佛告诉我们这个手艺可以振兴我们村子。老一辈人的手艺都很好，想让这个手艺传下去。洛迦活佛以前主持建造石经墙，让大家也来建。②

> 当时环境就是这样，所有人都在刻，这也是一个好事情，也能让我挣点钱。以前好多老人都在刻，两三户人家都会在一起刻（石经或图像）。③

83 岁的老人让兄也提及他当年雕刻时的情形：

> 20 岁左右刻的石头，村子里的人大多都会刻，没有特定的老师，主要是这个大环境，大家都会刻。家里人都支持我去学，这个村子就是因为刻石大家才能吃上饭的，刻石是大家的

---

① 久美切日多，40 岁，藏族，和日寺僧人，2019 年 6 月 22 日访谈。
② 南拉加，28 岁，藏族，县级传承人，2019 年 7 月 3 日访谈。
③ 才旦加，49 岁，藏族，省级传承人，2019 年 7 月 6 日访谈。

主要谋生方式，这个村子里面男女都会刻。①

　　这说明 60 多年前和日村就有了全村刻石的风气，并且在老人让兄之前的一辈人就已经形成了这种风气。简单地推算，可以说，这种风气已经持续了百年以上，已然形成了一种传统。

　　此外，随着和日石刻于 2008 年入选第二批国家级非物质文化遗产代表性名录项目，非遗传承人也开始产生。国家政策的扶持和补贴以及各类项目的相继开展，对于传承人的遴选和传承人的补贴、培训办班、各类活动的开展、公司的创办等，都提供了极大的帮助，使得和日村的公家、私人石刻公司逐渐崭露头角。不少人都提到了这些措施给他们带来的帮助：

　　　　村里的石刻培训班是国家项目，一直有。②

　　　　国家一直在帮这个村子，从刻到卖都在帮。这些就促进经济发展，对和日村的家庭都是很有帮助的。当年石刻业刚开始兴盛的时候，国家也在帮忙，村子里的石刻也蒸蒸日上③。

　　　　村里培训、去青海民大培训，还有去厦门那些地方，这些都是国家政策支持的。④

　　当村书记提及村里公家公司的情况时，也曾说道：

---

① 让兄，83 岁，藏族，2019 年 6 月 30 日访谈。
② 才让东周，55 岁，藏族，2019 年 6 月 26 日访谈。
③ 久美旦培，48 岁，藏族，州级传承人，2019 年 7 月 7 日访谈。
④ 久美切杨（大），37 岁，藏族，县级传承人，2019 年 7 月 13 日访谈。

　　这个公家公司是 2009 年成立的，在政府支持和村干部带领下，和日村成立了和日石雕艺术有限公司，村里的人习惯称为公家公司或集体公司，当时国家也是有一定帮助的。

　　虽然有着各种扶持、补贴以及各类项目、培训、办班，这些措施使得村内学习石刻的风气没有断掉，但是学习石刻的人数不断地在减少却是一个不争的事实。不过好的一点是石刻非遗传承人的产生，意味着和日石刻的保护和传承走上了正规化、体系化的道路，国家的扶持和补贴及各类项目的开展也反映出对非遗传承人进行保护的重要性。在强调活态保护的今天，人是传承的中心，对非遗传承人的重视必不可少，非遗传承人的遴选严格与否，决定了和日石刻的传承与发展。对当地人来说，如果作为非遗传承人，其手艺不合格，所雕刻的作品水平不够高，那么他们所雕刻出来的作品也就不能称之为"和日石刻"。和日石刻是由老一辈人倾尽一生通过一锤一凿刻画在石头之上的东西，是将每一个步骤、细节、手中的起承转合亲手教授给每一个前来学习的徒弟们的东西，在几百年的发展中已经具有极其完整的体系和类别，充满了丰富的技巧、讲究，甚至每一笔每一画都有着严格的要求，不能刻错，只有严格地要求自身并全身心投入其中，将雕刻的技艺挥洒到极致的石刻，才能真正称之为和日石刻。当这些传承人告诉我们有关和日石刻的种种细节时，了解到其中深厚的底蕴，犹如在窥探一门高深学问的冰山一角：

　　　　藏传佛教中对佛像的尺度、比例等都有严格的要求，必须遵循《佛教度量经》，不仅要求系统性，还要求完整性。①

---

　　① 2019 年 6 月到和日村调研时，贡保才旦，83 岁，藏族，唯一的国家级非物质文化遗产项目石刻传承人，和日寺住寺僧人。由其弟哇托加讲述他的信息。哇托加，69 岁，藏族。

藏传佛教中最重要、最精华的就是佛像。佛像的线条比例都有严格的规定，和汉传佛教的区别就是藏传佛教有更加严谨的规定。汉传佛教没有特别的规定，不用非常严格地去遵守。比如说汉传佛教为了把佛像画得威武，有时候就会把佛像的鼻子放大，来凸显它的威武。例如，观世音菩萨代表着慈悲心，藏传佛教中规定了他的眼神神态，而且在比例中会体现出这种神态。如果说你把它的眼睛放大了，虽然会显得威武，但内在的本质的慈悲心就会不见了。现在一定要先学好绘画，有些人直接把画好的东西拓印到石板上去，还有人在电脑上把佛像的图像拉大拉宽，这样就会破坏佛像整体的比例，因为一点点的细节当中会有很多的不同。这个无论是浮雕、圆雕，还是唐卡，比例都是最重要的，不能为了美丽而破坏整体的感觉。①

刻的时候有很多细节问题，技术的好坏其实就在细节中。凿子的拿法、敲锤子的轻重，如果敲得稍微重了些，线条太深或是太浅，甚至有可能会破坏整个石刻；如果凿子角度没拿好，比如衣服上的褶子，本来是向左翻，你给弄成向右翻的话那就错了。因为佛像都有严格的规定，那些都不行。我学的这些细节都在这个里面。②

在石刻作品上不能打颜料。如果你在上面打了颜料，颜料就会腐蚀石材，时间久了，就会破坏石刻的整体性。涂金粉的话可以，金粉不会腐蚀。石刻上一些像海螺的图案叫"诺日"（藏语音译，汉语意为宝贝），很多都涂了金粉。③

---

① 久美旦培，48 岁，藏族，州级传承人，2019 年 7 月 7 日访谈。
② 阿卡切杨（小），33 岁，藏族，2019 年 7 月 13 日访谈。
③ 才旦加，49 岁，藏族，省级传承人，2019 年 7 月 6 日访谈。

> 我们藏传佛教刻的花纹和汉传佛教不一样。汉传佛教有汉传佛教的样式，藏传佛教有藏传佛教的样式。他们的比较粗放；我们的细致一点，要求也高一点、难一点，主要是佛像脸上的神态。汉族人刻的时候没有佛像等身比例，是按照人的样子来刻的，但我们藏传佛教刻佛像是按照等身比例来刻的，有专门的要求。汉族人是把佛像当人刻，在藏族人眼里"人"和"佛"是不一样的，心里带着距离感和崇敬去刻的。[1]

> 和日石刻是一个完整学习的过程，是一个完整的体系，不是说你来和日这里刻了个石刻，这就是"和日石刻"，并不是这个样子的。和日石刻是贡保才旦大师他们这样一点一点积累出来的，一生积累出来的。[2]

在与这些非遗传承人对话的过程中，我也逐渐对和日石刻有了一定的了解，但和日石刻的高深之处远远不止他们所讲的这些，使人为之惊叹。正是有了这些非遗传承人的付出，才将这堪称精品的和日石刻的雕刻技艺传承下来，百年来与和日石刻相呼应的老一辈石刻艺人的记忆也一同流传至今，若不然，便不会诞生和日石刻这个响当当的名号，可能就只是普通藏族石刻了。

第二节　石刻传承人的遴选

一　自上而下的考察

在当今的和日村，想要获得传承人的称号，需要通过层层严格

---

[1]　更登，51 岁，藏族，州级传承人，州级工艺大师，2019 年 6 月 29 日访谈。
[2]　色得嘉措，43 岁，藏族，县级传承人，2019 年 7 月 20 日访谈。

的审核与考试，石刻传承人的遴选和存在使得现在出现了一批技艺
高超不输从前的朵果（刻工或石刻艺人）。不过在不同时期传承人
的遴选机制也有所不同，和日村并不是从一开始就有着较为完善的
遴选机制的。有几位在不同年份拿到传承人称号的朵果讲了他们当
时获得称号的过程：

> 我就一直刻，知道我在刻，政府就给我发证书了，然后有
> 人专门过来考察。我是 2012 年评上的这个县级传承人称号的。
> 当时村里有十来个人被考察，给了他们县级传承人称号，还带
> 我们去北京、上海考察。①

最早的和日村传承人遴选机制是从上面派专人到村内进行考
察，以他们的标准来对村内石刻手艺比较好的人进行面对面的评
价、分级和审核，然后再将审核结果上报，最后下发传承人证书。
早期这种单向的审核遴选漏洞较大，并且有可能在村内考察的过程
中有些技术比较好的村民外出有事，很大概率会错过考察，丢失评
上称号的机会。有不少人都讲过他们错过评审机会的事情：

> 我自己的学生都评上了省级传承人，而我还是县级传承
> 人，评的时候我不在这里，我在西宁。②

> 想要评那些称号，去年我上报了一次。去年报的时候我不
> 在家，就没赶上。回来后问了一下，还有一次机会，我就报了
> 一下。虽然我的技术不是很好，但是我也想抓住这个机会。③

---

① 才让东周，55 岁，藏族，县级传承人，2019 年 6 月 26 日访谈。
② 更登，51 岁，藏族，州级传承人，2019 年 6 月 29 日访谈。
③ 格日多杰，46 岁，藏族，县级传承人，2019 年 7 月 9 日访谈。

可见，这种专人考察机制确实存在漏洞，有待完善。此外，"专人考察"容易受到人情关系的影响，其中有几位传承人就这样抱怨过：

> 这个评称号得看看你是不是愿意多跑、多运作，就是多接活。我自己也不愿意多跑，就这样了，（称号）给了就是给了，没给再过去要，也没啥意思。①

不过在众多的受访者当中，这种抱怨只是很少一部分，或许这只是个人的一些过激、发泄怨气的想法。但不可否认的是，既然会出现这样的评论，那就说明评选传承人背后多多少少会存在着不公平的地方，遴选机制的逐渐正规化也说明了以往的机制确实存在不足。

二　自下而上的申请

没过多久，专人考察遴选机制就变成了由村民自己上交作品以及申请，由上面来对作品进行审核。遴选机制由"自上而下"转为"自下而上"，一方面调动了村民的积极性，另一方面也避免了上层人员与受审核村民面对面的接触，减少了贿赂、人情面子等不良行为的发生，更多注重了作品的水平高低和精致程度是否能够符合传承人的评选标准，因而增加了遴选的公正性。当时问到的不少传承人都有他们自己特别擅长雕刻的图案或佛像，他们大多都是靠着自己擅长的作品去申请传承人资格的。

> 当时是去县里领证书的，去县上交了一次作品，就等消

---

① JMDZ，31 岁，藏族，县级传承人，2019 年 6 月 23 日访谈。

息。后来就让我们去县里领传承人证书。那是 2016 年，当时给我们下达了一个任务，要求我们必须刻一个代表作，放在家里，这样无论是谁来看都有一个能拿得出手的作品。①

称号是 2016 年获得的，刻的"十相自在"，用这个参加评上的称号。②

称号是 2016 年获得的，交的作品是一个"龙"，就是藏族的那种传统的龙，还有一个"吉祥八宝"。③

虽然由一开始的专人考察逐渐转变为提交作品进行考核评审，遴选机制逐渐体系化并趋于正规。但是，一方面，来进行审核的上层人员并不是专家，一定程度上，限于他们对和日石刻技艺、内容及意义等方面的了解，因之也难免会出现理解上的误差。此外，上、下层人员也避免不了亲戚关系、人情面子等背后运作事情的发生。

三 公开进行的考试

这也是传承人遴选机制转变为今天现场考试审核制的原因之一。参加过这种考试并获得称号的一位传承人这样说：

我是 2018 年获得的县级传承人。当时评证书必须得考试，在泽库（县城）考试，考过了才会给发证书。考试是在现场比赛刻石刻，还邀请了一些高手来当评委，看谁刻得好就给通过，就给发了证书，没有过的就得等三年才能再考。主要是老

① 格日多杰，46 岁，藏族，县级传承人，2019 年 7 月 9 日访谈。
② 三知布加，37 岁，藏族，县级传承人，2019 年 7 月 19 日访谈。
③ 更登齐配，35 岁，藏族，县级传承人，2019 年 7 月 20 日访谈。

一辈的那些手艺人，还有那些年轻人里面手艺最好、最顶尖的那拨人，他们一块来看、来评选。①

传承人的评定由最初的上层审核作品转变为现场考试并进行审核，审核人员均为手艺最好的人，老人和年轻人都有，保证了评审的专业性和公正性。而没通过考试者"三年禁考"的规定也给了参加考试的人们极大的压力，若非是对自己的手艺水平有足够的自信，很难想象会有来参加这种考试浑水摸鱼的考生，某种程度上就已经在参加考试、审核评定之前就进行了一次遴选。然后再通过各个专家现场对作品进行评定，进行二次遴选，最后由上层颁发证书，避免了有人通过人情、亲戚进行操作的情况。

可见，和日村石刻传承人的遴选机制经历了多年的改变和尝试才最终形成一个较为正规、公正、体系化的规则，其间难免会有与传承人称号不符的朵果的出现，但不可否认的是当今的和日村之所以远近闻名，也少不了那些真正技艺精湛的传承人的付出，他们将和日石刻的名号通过自己的双手，一锤一凿地打通了出去，让世人知晓，并慕名而来。

第三节　石刻传承人的根脉

在和日村访谈过众多传承人之后，可以发现，众多获得非遗石刻技艺传承人称号的传承人都提到过他们曾在贡保才旦门下学习过石刻和绘画技艺的事情。另外，也有不少普通村民多多少少提起贡保才旦这一名号，还尊称其为"大师"。在梳理了与传承人的大量

---

① 顿知措，青海共和县人，女，28岁，藏族，县级传承人，2019年7月21日访谈。

访谈记录后，下面通过借由众多传承人的口述资料，来捋清这位名为贡保才旦的人物与众多传承人之间的一个传承脉络。这次田野调查的主要访谈对象如表4-1。

表4-1　　　　　　　　和日村获得证书的主要传承人

姓　名	性别	民族	年龄	称号	获得时间	访谈日期	身份
贡保才旦	男	藏族	83岁	国家级传承人	2008年	2019.7.20	住寺僧人
才旦加	男	藏族	49岁	省级传承人	2014年	2019.7.6	村民
久美旦培	男	藏族	48岁	州级传承人	不详	2019.7.7	住寺僧人
肉增多杰	男	藏族	31岁	州级传承人	2014年	2019.6.26	村民
久美切杨（大）	男	藏族	37岁	县级传承人	2012年	2019.7.13	住家僧人
久美切杨（小）	男	藏族	33岁	县级传承人	2012年	2019.7.13	住家僧人
才让东周	男	藏族	55岁	县级传承人	2012年	2019.6.26	村民
羊切加	男	藏族	47岁	县级传承人	2012年	2019.7.14	村民
索南拉夫旦	男	藏族	42岁	县级传承人	2012年	2019.7.18	村民
久美东智	男	藏族	31岁	县级传承人	2014年	2019.6.23	村民
三知布加	男	藏族	37岁	县级传承人	2016年	2019.7.19	村民
格日多杰	男	藏族	46岁	县级传承人	2016年	2019.7.9	村主任
肉增才让	男	藏族	53岁	县级传承人	2016年	2019.7.17	村民
索南冷正布	男	藏族	30岁	县级传承人	2016年	2019.7.17	团支部书记
更登齐配	男	藏族	35岁	县级传承人	2016年	2019.7.20	村民
拉果加	女	藏族	39岁	县级传承人	2016年	2019.6.28	村民
更登	男	藏族	51岁	县级传承人	2016年	2019.6.29	村民
南拉加	男	藏族	28岁	县级传承人	2016年	2019.7.3	村民
色德嘉措	男	藏族	43岁	县级传承人	2017年	2019.7.20	村民

非常幸运的是，最早访问到的一位传承人正好是贡保才旦的一个徒弟，名叫久美东智，他讲了有关他同期师兄弟的一些事情，为我们的调查提供了莫大的帮助。正是得助于这位传承人，几个非常

重要的传承人从一开始就崭露头角，并且随着调查的深入，他们与贡保才旦之间的脉络也逐渐清晰。

31 岁的县级传承人久美东智：

> 我原本在山上放牧，九岁、十岁的时候我阿爸领着我去寺院找贡保才旦大师学习雕刻，我是第一批徒弟，我们一起有六个人，还有才旦加、更登齐配、阿克丹曲、阿克久美旦培、色德嘉措①。现在，才旦加、色德嘉措、丹曲是省级传承人，更登齐配是州级传承人，我和久美旦培是县级传承人。我的技术是最差的，久美旦培虽然是县级传承人，但是他的技术是最好的，我认为他是唯一可以作为贡保才旦大师接班人的人，丹曲、久美旦培和色德嘉措在寺院当僧人。从 2008 年还是 2009 年开始，色德嘉措一直留在寺院照顾贡保才旦大师。当时我和他们一共六个人在贡保才旦大师的僧舍里学习雕刻，每天 9：00 或 10：00 到那儿，19：00 回家。

根据久美东智的回忆，他当时去贡保才旦那里学习石刻的时候，同期一共有六个人，即他自己、才旦加、更登齐配、丹曲、久美旦培、色德嘉措，这几个人目前都是村里比较出名的传承人。不过随着后续调查的跟进，发现久美东智关于这几人传承人称号的说法有一些偏差，在这里进行更正。目前，才旦加、丹曲两人是省级传承人，久美旦培是州级传承人，更登齐配、色德嘉措是县级传承人。在这之后，根据久美东智给出的线索，我们开始在村里寻找这几个人并进行访谈，最先联系到的是更登齐配，他有关学徒时期的说辞又给了我们新的信息。

---

① 访谈时，村里人习惯于叫更登齐配为更登。提到色德嘉措的时候，村里的人都叫他"老才"。为了尊重村里人的习惯表达，后文根据具体语境来使用这个人名。

51 岁的县级传承人、州级工艺大师更登：

　　师父是贡保才旦大师，我在那儿学了三年，当时自己二十四五岁，跟我一块学的就一个人——久美旦培，他比我早一点，是和我同一期的，第二个学生就是我。久美旦培是贡保才旦大师身边的小沙弥①，从小就跟着贡保才旦大师，我们在一起学习没多长时间他就去四川色达寺了，后来就我一个人在学习。我刻的时候久美东智还不会刻，有时候我也教他，他不是最早的一批，最早的一批就是我和久美旦培。久美旦培现在闭关了，谁都见不着。

可以发现，虽然久美东智说他们第一批是六个人，但这中间存在进入师门先后的时间差，久美东智去的稍晚一些，他去学习时更登已经在大师门下学习了一段时间，所以久美东智才会认为他们是一批的。根据更登的说法，最早的学生应该就是他和阿克久美旦培两人，之后才有后面的几个人前来拜师学艺，而才旦加的说法也证实了这一点。

49 岁的省级传承人才旦加：

　　30 年前，也就是我十七八岁的时候开始刻字，大概是1989 年。25 岁的时候去学习石刻，贡保才旦大师一直在寺里，他没有不在寺里的情况。刚去的时候就只有丹曲和久美旦培，这两人是贡保才旦跟前的沙弥，更登在我之前去的，更登去得非常早。老才（色德嘉措）跟我是同一批的，同一批的还有切杨、俄赛，后来一起学的有肉增多杰、关却多杰。

----

① 小沙弥，受过戒的小僧人。

还有其他几位传承人提到了他们去学习石刻的确切年份，这为梳理他们的脉络提供了不少信息。

48 岁的州级传承人久美旦培：

> 16 岁的时候，因为我天天在贡保才旦大师跟前耳濡目染，我自然而然就会雕刻了。

43 岁的县级传承人色德嘉措：

> 我当年 25 岁，什么都不会，来找的大师学石刻，学了六七年，现在的传承人那时都去学了。

31 岁的州级传承人肉增多杰：

> 2005 年的时候我 17 岁，这个村子里开了一个石刻培训班，我刻石的生涯就是从那时候开始的，后来去那边学——贡保才旦大师那儿的时候，就是带着基础去学的。

39 岁的县级传承人久美俄赛：

> 2001 年在贡保才旦大师那里学的石刻，我是第一批获得称号的。

37 岁的县级传承人阿克久美切杨（大）①：

---

① 因村内有两人同名，同为久美切杨，但笔者发现他们的证书上写有后缀（大）、（小），于是依照他们的情况以（大）、（小）进行区分，下同。

石刻学了十几年，当僧人之前就会刻（字）了，到寺院是专门学刻图案，19 到 20 岁左右开始学图案。

39 岁的县级传承人拉果加（女）：

刻这个图案是 2005 还是 2006 年？这个村子里第一次办那种专门的培训班的时候，去那个地方开始学的，我们当时的老师是贡保才旦大师。

根据传承人的年龄以及他们去拜师学艺时的年龄，可以推算出他们进入师门的先后顺序。其中，阿克丹曲信息缺失，调查期间，由于他一直在西宁那边的医院治病，通过电话后被告知大概要持续治疗一个月，所以没有访谈到他本人。另外，关却多杰不在村里住了，举行村欢会时也没回来，信息不详。但是现在可以确定的是贡保才旦门下最早的徒弟是久美旦培，按照年份和之前的线索往后推算，依次是更登、丹曲、才旦加、久美东智、色德嘉措、久美俄赛、久美切杨（大）、久美切杨（小）、肉增多杰、关却多杰等。

此外，还有许多传承人都在贡保才旦大师门下学过石刻，不过学习的时间并不集中，比较零散，他们所说的几年，基本是在断断续续地学习。

在访谈中得知，阿克久美旦培、阿克丹曲和色德嘉措三人是在贡保才旦门下学的时间最久、技艺最为精湛的学生，在与其他传承人的对话中发现，这三个人从很久以前就开始崭露头角，担任起老师的角色。

28 岁的县级传承人南拉加：

我是 11、12 岁从阿克久美旦培那里学的刻字，图案是从色德嘉措、贡保才旦、阿克丹曲那里学的，那个时候我 18 岁左右。跟才旦加也学过，跟我一块学的都是自己的一些邻居，除了我之外，大部分都没有继续学下去。

46 岁的县级传承人格日多杰：

教我刻图案的是阿克丹曲，图案是五六年前学的。

33 岁的县级传承人阿克久美切杨（小）：

我十四五岁的时候跟贡保才旦大师学过刻图案，当时在寺院里有自己的阿克专门带我，就是色德嘉措，他的技术非常好。当时一起学习的有一大批人，是一批一批去学的，今天在阿克丹曲那里学，过一段时间在阿克久美旦培那里学，没有固定的老师。

47 岁的县级传承人羊切加：

字和图案都是跟阿克丹曲学的。

42 岁的县级传承人索南拉夫旦：

在贡保才旦大师那里断断续续地学了很多年，包括在老才（色德嘉措）、久美旦培、丹曲那儿也学。

37 岁的县级传承人三知布加：

> 从 20 岁一直学到现在，之前是跟着贡保才旦大师学石刻，后来跟着阿克丹曲、久美旦培学习。

35 岁的县级传承人更登齐配：

> 14 岁在寺院跟着贡保才旦大师和阿克丹曲学的，贡保才旦、阿克丹曲就教线条轮廓，学了八九年，待在那里学，有时往返去学。

根据传承人的访谈信息，在非遗石刻传承人中，久美旦培可以说是贡保才旦较早的徒弟，因为久美旦培从小就在贡保才旦身边当小沙弥。后面也有众多学徒曾跟随贡保才旦大师学艺，按照他们一起学习的时间长短大致可以分为三批，具体如下：

第一批：久美旦培、更登、丹曲、才旦加、久美东智、色德嘉措。

第二批：久美俄赛、久美切杨（大）、久美切杨（小）、肉增多杰、关却多杰等人。

第三批：南拉加、格日多杰、拉果加等。

值得一提的是，从大师门下出来的最早一批学徒，除了住家僧人，其他学徒也像他们的师父曾经那样，经常在本村所办的石刻培训班给前来学习的人上课，也会周期性地前往外村进行石刻教学。

> 我的学生很多，我年年就出去上课干什么的，一年去四五个地方办班。一个班有 50 个人，办一次班就 200 多人。但是

像这种正儿八经的徒弟，在这边只有七个人。我就很认真地去指导他们怎么刻佛像，亲传徒弟的那种感觉。①

村里会搞培训班，两个多月，去那里上课，有 60 多个学生。②

我现在主要是当老师，是石刻培训班的老师，这个培训班每年 100 天，培训时间，一次是三个月零十天。③

有时候去培训班当老师，几年前村里人来找过我学石刻，最近完全没有了，因为该上学的都上学去了，村里几乎没有不会刻经文的人了，外面的人想学石刻，也不多了，去年、前年我都去别的村里办的培训班当老师，有 20 个学生，图像和刻字我都教。④

其中，色德嘉措自己还在山下开办了一个石刻培训班，班里出了不少获得传承人称号的学生，一位从共和县来的 28 岁的女学生——县级传承人顿知措就向我们讲述了她来这里学艺的经过。

我朋友跟我说贡保才旦大师是最厉害的，听说人品好、技术又好，像我这种情况的话，大师会特别关注，然后我就过来，其实我刚开始来找贡保才旦大师，然后就认识了老才。

---

① 肉增多杰，31 岁，藏族，州级传承人，2019 年 6 月 26 日访谈。
② 更登，51 岁，藏族，县级传承人，州级工艺大师，2019 年 6 月 29 日访谈。
③ 才旦加，49 岁，藏族，省级传承人，2019 年 7 月 6 日访谈。
④ 才让东周，55 岁，藏族，2019 年 6 月 26 日访谈。

　　可以发现，以贡保才旦大师为源头，培养出了众多优秀的传承人，并且和日村所出现的非遗传承人的石刻传承主要以师徒相承为主，传承脉络以贡保才旦为源头，而学生也沿袭了师徒相承，继续传习技艺。和日村的传承宛如一棵生生不息的大树，每一个学生都是一片树叶，而那些成为非遗传承人的学生则是承载树叶的枝干，贡保才旦则是这棵树的根，为这棵大树的生长不断贡献着自己的力量。

第五章
石刻传承人的生命历程

第一节　贡保才旦：桃之夭夭

　　贡保才旦，藏族，83 岁，唯一的非物质文化遗产项目国家级和日石刻传承人，和日寺僧人。贡保才旦的一生，可以说是"桃之夭夭，灼灼其华"。1934 年，贡保才旦出生于青海省泽库县西部巴滩南端的隆务阿尼格尔地区（现泽库县宁秀镇境内）。2008 年 7 月，他入选第二批非物质文化遗产项目（泽库和日寺石刻）代表性传承人。14 岁时拜藏传佛教宁玛派寺院和日德敦寺（今和日寺）石刻艺人宁龙仓、哇布旦等为师，初步掌握了石雕、唐卡、绘画、堆绣、壁画、泥塑、刺绣等艺术的基本技能，并逐步学习石刻造像和石刻经文的各种技艺。

　　自从我们来到和日村，在调查访谈之中，关于贡保才旦的故事便不绝于耳，包含了大大小小的故事，甚至还有传说故事。而在提及他的名号时，听到的最多的词就是"大师"。为何如此多的人都称他为大师，这也不断引起我们的兴趣，而在与传承人以及村民的交谈过程中，便慢慢找到了答案。

贡保才旦是我们当中凸出来的那个人，现在他年龄那么大了，没有人像我一样跟他一样大，都不知道我跟他同龄。①

贡保才旦，不能说他是第一代——开宗立派的那一代，但他是第二代里最顶尖的，无论是技术还是画图像，都无人能及。②

贡保才旦大师技术非常好，他刻一尊佛像只要一个"戎"（藏语音译，汉语意为"凿子"），我们自己刻的话要用十几个工具才能刻出来，这样就立见高下了。贡保才旦大师外出，无论去哪里都只带三样工具，一个"坨"（藏语音译，汉语意为"锤子"）、两个"戎"（藏语音译，汉语意为"凿子"），就能刻所有的东西了。③

贡保才旦是非常神奇的人，无论谁过来学，他一定都会教你，他也都愿意教，他雕刻的时候心里是有图案、有线条的，直接就能够在石头上画出来、刻出来。④

首先，在访谈中，我们得知贡保才旦大师是第二代石刻艺人中石刻技术和绘画最好的一个，并且他忠于授艺，并不求任何回报，每一位拜师的学生他都未曾收过任何费用。此外，他还敢于探索创新，发明了很多东西。他熟读经书，有着丰富的知识和经验，并且可以做到刻石无须绘画拓印而可以直接进行雕刻，仿佛图案了然于胸。种种不同于常人的非凡技艺以及他自身的谦逊宏达，使得村里

---

① 让兄，83 岁，藏族，2019 年 6 月 30 日访谈。
② 旦智多杰，46 岁，藏族，2019 年 6 月 23 日访谈。
③ 久美东智，31 岁，藏族，县级传承人，2019 年 6 月 23 日访谈。
④ 久美切杨（小），33 岁，藏族，2019 年 7 月 13 日访谈。

的人都十分尊敬他，并且众多的石刻艺人都在他的门下学习过，都
称其为老师。由于贡保才旦是和日石刻中技术最好的人，所以大家
也都尊称其为"大师"。这使得我们对贡保才旦大师产生了非常浓
厚的兴趣，一直希望有一天能够见上一面。但是，在之前与传承人
的访谈中，我们多次听说大师重病在身，不见客人，现在住在山
上，原本是没有机会见到大师一面的，也无从切身得知关于大师的
种种事迹。但是非常幸运的是，在举行村欢会的时候，我们在参加
村欢会活动中认识了一位僧人阿克久美俄赛，这位僧人的出现让我
们获得了非常珍贵的信息。

当时参加村欢会时，在与村民聊天时得知了一位传承人久美俄
赛，并且他本人当天也正好来参加了村欢会。我们很快就找到了
他，并对他做了简单的访谈，途中问道："听说贡保才旦大师身体
不太好，住在山上，亲戚在照顾他，您知不知道这件事？"令人意
外的是，久美俄赛非常主动地邀请我们跟他一起去拜访大师，他说
他就住在大师家附近，平时总去找大师聊天。

这意外的收获令我们喜出望外，于是准备请久美俄赛带我们去看
望大师，路上顺便还买了两块砖茶和一箱牛奶，一并带上。久美俄赛
带着我们步行前往住在山上的大师家里，走了大约半小时，一路上他
都在说大师的事情，能听到关于大师的种种事迹，令我们非常兴奋。
但是没想到的是，大师重病不见客并不是那么简单的情况。当到了大
师家门前，看起来是一个很大的院子，但进入大院后才发现，只有一
个很小的禅房和一间不太大的住房。而大师住的则是角落那个非常小
的禅房，整间屋子只有一个单间，有着两层玻璃隔开室外，屋子中间
是一个铁炉子，紧靠着炉子的旁边就是一张床，是那种很低的床，就
像是在地上放了一个床垫，然后铺上被褥一样。另外沿着墙边放着坐
垫一般的长条地毯，总共不过十平方米的小房间，十分简陋，甚至有
种家徒四壁的感觉，让我们感到非常惊讶！心中想到为何一位国家级

传承人会住在这么简陋的地方。当我们进入大师休息的房子里时，大师正躺在床上，身上盖着半拉被子，露出了上半身，看上去已经瘦骨嶙峋，并且呼吸十分急促，说不出话。他的一个亲戚正在照顾他，我们简单地打过招呼后，久美俄赛向这位亲戚说明了我们的来意，那位亲戚稍微斟酌后便把耳朵凑到大师的嘴跟前，过了一会儿，他告诉我们说："大师说他现在这副模样没办法说什么，很抱歉。"看着大师这副卧病在床的模样，我们立马打消了访谈的念头，也更加明白了大师不见客的理由，已经不仅仅是有恙在身的程度了。于是我们只是问了声好，并向大师行过礼后就很快离开了大师的禅房，我们一行三人的心情都非常沉重，没承想大师的病已经到了这个地步。

照片 5 – 1　左为贡保才旦大师，右为久美俄赛
资料来源：照片是久美俄赛提供的，贡保才旦大师健康时为久美俄赛讲授雕刻技艺时的照片。那时，大师还能正常交谈，不像现在这样已经不能生活自理了。

随后，大师的亲戚招呼我们到院子里另一边稍微大一点的房子里做客。当我们说明来意后，他告诉我们还有一位大师的亲戚比较清楚大师的所有事情，让我们找他问问。他平时会回来在家中照顾大师，但今天不在，我们谢过并留下了电话号码后，一行人便匆匆离开了。一路上大家都默默不语，一个是为大师的病重感到非常心痛，另一个是为此行的一无所获感到可惜，好不容易见到了大师，但这种情况让我们没办法进行任何工作。这之后，久美俄赛招呼我们到他家中，看了他的证书和作品，简单聊过之后我们便回到了镇上。

　　本想着虽然没办法对贡保才旦大师进行访谈，十分遗憾，不过能见到大师本人已经是非常大的收获了。但天无绝人之路，他的那位亲戚在隔天听说了我们的到来，主动联系了我们，并邀请我们到贡保才旦大师家中，这也使得事情开始发生了转机。第二天下午，也就是 2019 年 7 月 20 日，我们来到贡保才旦大师家中后，一位老人——贡保才旦大师的弟弟哇托加招待了我们①。他穿着白色衬衫、西装裤，踏着沾染了些许尘土的皮鞋亲切地迎上前来向我们问好，看起来像是一位刚从图书馆退休的老大爷。坐下后，他拿出了一副金边折叠老花镜戴上，并招待我们喝茶。简单说明来意后，他思索了一小会儿，告诉我们不要开录音笔，他心中有数，会慢慢地给我们讲。于是老人就开始有条不紊地给我们讲起贡保才旦大师的故事，汉、藏语夹杂着，从大师的生平、故事、传说，一直到他做的很多善事、为人、能力、学识，等等，就像是在给我们读着一本大师的个人传记一般。中间还会停下来等我们记录完毕，当讲到一些不太常见的词时，他还翻出几本藏汉大辞典，找到其中的释义给我们看，并简单地解释了他所讲的东西，像一位老师一般。在这期间，我手中的笔从未停下过，不知不觉就写了好几页的笔记，一边感慨大师人生的同时，一边也在感叹着这位老人——哇托加丰厚的学识以及不同于常人的素养。关于贡保才旦大师的事情，他的弟弟

---

　　① 哇托加，69 岁，藏族，会汉语，原泽库县政协副主席，中国翻译家协会资深翻译家，黄南州民间文化艺术协会名誉主席，著有《藏传汉历推算要诀》一书，青海民族出版社 1996 年版。

照片 5 – 2　贡保才旦大师的弟弟哇托加

哇托加都耐心、细致地给我们一一讲述。

一　技艺精湛，不求名利

贡保才旦大师酷爱石刻这门技艺，并且还会画唐卡、雕刻泥塑等，可以说，贡保才旦大师精通各种技艺。此外，贡保才旦大师精通显宗、密宗的很多东西，这些全部都是他自学的，他一直按照藏传佛教里经文所阐释的精神来练习各种技艺，这使得作品能够体现出经文的内容，更有深度和意义，而他的神性则通过石刻表现了出来，这种神性表现出来后内心的智慧也就随之放大了。

藏传佛教中对佛像的尺度、比例等都有严格的要求，虽然很多人能将佛像刻出来。但是有这么一个现象：通常来说，会画图像的人大多不知道经文的内容，他们在学刻图像时并没有学习有关经文

的知识，而熟知经文的人却不会画图像，专攻经文的人有时又不一
定去学习石刻。此外，人能够在多种事情上分配的精力是有限的，
并不是每个人都能够面面俱到。而贡保才旦大师不仅能够将佛像按
照严格的比例、尺度要求画出来，而且他也知道经文的内容，能够
将经文中的精神通过佛像表现出来。他除了精通关于佛像比例的要
求之外，还熟知有关藏式建筑设计的相关知识，比如说和日寺院的
经堂、坛城都是他设计的。随之大师也就成为当地唯一的权威，有
很多学者和僧人都曾请教过贡保才旦大师有关这些尺度和比例标准
的问题。

　　贡保才旦大师不仅智识过人，他也拥有相当的胆识。过去旧的
石经墙曾被人为地破坏掉了，放在石经墙上的石经都被拿去铺桥垫
路。在那个期间所有的石刻活动也都暂时停止了，僧人都去参加劳
动了。而那个时候，贡保才旦大师就在空闲之余悄悄地雕刻。他刻
的时候我就在门口给他看着，如果来人了就给他说一下。在那种石
刻活动都停止了的特殊时期，贡保才旦大师依然把石刻作为他生活
的一部分，全身心都扑在这个上面，他的坚持和胆量不是一般人所
能做到的，虽然生活艰苦，但他从来没有放弃过刻石。

　　在石刻技艺方面，贡保才旦大师也没有故步自封，反而不断
地进行着试验和创新。大师最开始学的是最传统的平雕（传统技
艺，也称平刻），到他这一代后，他不仅传承了传统的技艺，还
自己制造雕刻工具，发明新的东西。后来，他不满于原有的技
术，就开始悄悄试验新的技术。第一次的试验——雕刻了"勇猛
上师"①，形状类似金刚杵②，上面是使用浮雕技术雕刻的莲花生
大师的脸，下面是使用圆雕技术雕刻的杵，是一个法器。这是第

---

　　①　勇猛上师，即莲花生幻化的威猛身像。
　　②　金刚杵，藏语称"多吉"，原为古代印度之武器。由于质地坚固，能击破各种物
质，故称金刚杵。

一次在同一件石刻作品里使用多种雕刻技术的试验，当时在石头上使用圆雕这种技术在青海是比较少见的，从那之后他陆陆续续刻了不少圆雕作品。

改革开放后，贡保才旦大师才开始公开雕刻，那个时候刻了不少精品，也因此引起了县上和州上的注意，电视台还报道了贡保才旦大师的作品。除了引起当地的注意，大师作品的公布于世也引起了外界的关注。有一次，一位香港专门研究藏传佛教石雕艺术的女士（在桑耶寺研究过很多石雕）得知贡保才旦大师的事情后，她当时为了找到这个地方就通过各种手段不断地定位，先定位到青海，然后定位到黄南州泽库县和日寺，最后找到了这里。她看过大师的作品后感慨道，贡保才旦大师的作品是她见过的美术史上最美观的、以前没见过的、独一无二的，在藏族文化中佛像大多都凸显其宗教、文化方面的价值，但这是她第一次看出来有艺术价值的作品。

随后，贡保才旦大师的作品被拿到县上去展览，那个时候中央美术学院的教授朱乃正[1]看到了贡保才旦的作品，就说他的作品不仅有藏族传统文化的风格，也有汉族文化的风格。2006年青海省艺术博物馆办展览的时候，举办者认为贡保才旦是民间艺术大师，就给他的作品专门安排了一个展厅，把他所有的作品都展示出来，当年领导们都来看了，看后表示非常高兴，省上文化厅厅长就安排人说"这些作品要保护起来"。格桑多杰（当年的省人大常委会副主任）也曾说过他从来没见过这么好的作品。后来，贡保才旦大师拿两个作品去参加比赛，都获得了国家级的金奖。还有内地的作家和

----

① 朱乃正（1935年11月—2013年7月25日），浙江省海盐县人。1958年毕业于中央美术学院，受吴作人、艾中信、王式廓等先生指导。1959年春分配到青海省工作，在青藏高原工作21年。历任青海省美术家协会副主席、青海省人大常委。1980年春调回中央美术学院任教。曾任中央美术学院副院长，中央美术学院学术委员会副主任、教授、博士研究生导师，中国美术家协会理事，油画艺术委员会主任，中国油画学会副主席，全国政协委员等。

学者专门给贡保才旦大师寄信说，"感谢您为藏族文化作出的卓越贡献，我们非常想去见您"。除此之外，一个叫张超音的人，还在他的《中国藏族石刻艺术》（中国藏学出版社 1995 年版）一书中收录了贡保才旦大师的作品。贡保才旦大师一举成名，被众多的人认识，他的作品也受到了重视，这也是他后来成为国家级代表性传承人的契机。

　　1982 年考古队来到和日村时，他们发现了毁坏的石经墙。石经墙上原本有 400 多卷《大藏经》都刻在石头上，是完整的《大藏经》，从头到尾是所有玛尼石堆中唯一完整刻下的《丹珠尔》和《甘珠尔》。他们发现石经墙具有极高的文化价值后就向上面反映。1984 年和日石经墙被列为省级第四批文物保护单位。直到 2004 年，前瑞士驻华大使舒爱文先生捐资开始对石经墙进行维修复原工作，那个时候县政府也进行了实地调研，随后当地就决定让贡保才旦大师主持重建石经墙。石经墙的修建是用红泥土和石头修建的，将"阳石"和"阴石"（阳石是凸的石头，阴石是凹的石头）卡在一起后，浇筑红泥，这样自然的石头与自然的泥土混在一起搭建出来的石经墙十分牢固。墙里面是空心的，摆放有雕刻好的佛像，两边则摆放经文。墙外围原本是需要将柽柳捆紧，在滚烫的油里过一下，这样烧一下后会变得十分坚固，然后就可以作为石经墙的围墙，也叫作柽柳女墙。① 本来一定要用传统的手法修建的，但是那时候条件十分有限，就以泥代木来进行修建了。重建石经墙的时候没有运石头的车，也没有像样的路，石头都是靠人背的，那时候人们受了多么大的苦，可想而知！如今的石经墙都是这里的群众用汗水换来的。而大师当时作为修缮石经墙的总指挥，一分钱也没要，他把一生都贡献给了众生和佛祖，从来都不求名利。

---

　　① 柽柳女墙，藏式建筑的正房屋顶边缘用柽柳树枝叠累造成的矮围墙。

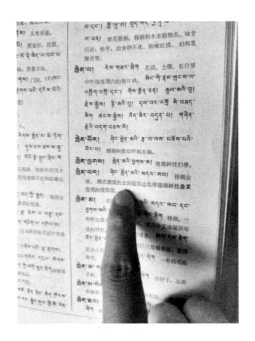

照片 5－3　"柽柳女墙"的汉藏对应解释

　　贡保才旦大师不仅有着过人的成就，同时也有不少有趣的故事和传说。其中，有一个故事讲，当时活佛要找人画一套画片①。小画片有一套完整的 100 片，那时候谁也画不出来。贡保才旦的绘画技术算是比较好的，活佛就专门请他画。但那个时候想要画这个画片是没有任何可以参照的东西的。贡保才旦当时画的时候刚好是夏天，天特别热，他就一直想该怎么画，想了很久也弄不清楚，想着想着他就打了个盹睡着了，结果在梦中梦见了所有的佛，醒来后就把梦中梦到的佛的样子都画在了画片上。那个活佛后来也见证了贡保才旦大师所画的画稿的开光，说这些画出来的东西是有神性的，是天授神启。

　　还有一个故事是关于石刻的。有一次，贡保才旦刻了一个"空

————————

　　①　画片，绘有象征天神、坛场、八祥瑞等图案的小画片。

行母"① 拿到四川。德智活佛在给石刻佛像开光后发现空行母身上出现了甘露，就如同佛像流泪了一般，他认为这是具有神性的象征。当时开光仪式后所有人亲眼看见了佛像流泪的场景，都十分震惊！

除此之外，民间也有很多关于他的各种各样的故事。可以看出，大家对贡保才旦大师很有感情，这也因为平日里大师从来没摆过架子，他是一个平易近人的人，对谁都同等对待。基于大师过人的成就和名声，他本来可以享受上很豪华的生活，但是却一直过着很艰苦的生活，不求名利。这个房子盖了以后，大师的弟弟哇托加本想在边上房子里加个毯子和床，但他不愿意。作为佛教徒，艰苦的生活是修炼内心的一环，这是他的坚持，他一心一意想要为人们做一些事情。

 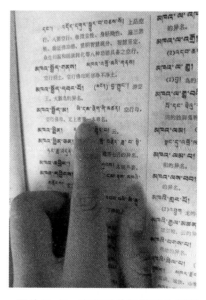

照片 5－4 画片的汉藏对应解释　　　照片 5－5 空行母的汉藏对应解释

---

① 空行母（亦译作明妃）是密乘之护法、行者伴侣及指导者，代表空性及慈悲，以女性之姿态而出现，大概指化身所出之天女相，行于天空，故名空行。男性之空行则称为勇父，因此空行母亦称为勇母。

贡保才旦大师最厉害的是虽然他一生遭受过无数的苦难，但他仍然保持纯正，对佛虔诚。他付出了很多，却不为一己之私，不为享受。贡保才旦大师认为纯净的思想就是佛，一心一意为他人就是佛，众生共享。

在哇托加漫长的讲述过后，我们都陷入了沉默，心中不禁感叹，贡保才旦是真正可以称之为"大师"的人，其成就不仅仅是在技艺方面，更多的是在他的思想和精神上。当问到"为什么大师会住在这样一个破旧的禅房"时，哇托加很平静地回答道："那是大师自己要求的，他不愿意享受，全把这些都当作了修行，或许正是一生对自己的要求如此严格，并经历无数磨难才能成就这样一位大师吧！"贡保才旦大师的事迹让我们从中窥探到了他宽广的胸怀，也多多少少明白了为何在和日能够出现众多优秀的非遗传承人。

二 传艺为师，授渔为施

贡保才旦大师收了很多徒弟，遍布于四川、青海、甘肃，只要有人找他学雕刻，他就教，而且一分钱也不收。在这里，学习石刻有着一套完整的体系。只是在师徒相承的体系中，学艺出师并没有严格要求要持续多久，更多的是看个人的天赋和努力。当能够雕刻出令自己十分满意的作品时，也差不多就是开始自己的石刻之路之时。

（一）来者不拒

前文已述，拜师是每一个新手开始学习某项技术之前必先经历的一个仪式过程，通过这一环节确立师父与徒弟的关系。对于贡保才旦大师来说，收徒、传艺则是他基于佛法的一种法施（佛经中的说法，讲授佛法译为法施）。他将传授石刻技艺、绘画、教诲等视为他法施的一种，也算是修行，并不为钱财，所以一直都是免费教别人，也不求任何回报。

在和日村，师徒关系之中所谓的"师父"扮演的角色更倾向于"解惑者"，师父与徒弟或学生之间并没有太多的上下关系，他们之间只要有相互请教问题的情况出现，都可以说自己是对方的老师，关系非常自由，正所谓"三人行必有我师焉"。在没搞清楚之前，我们曾一直纳闷为什么有好几个人都说自己是对方的老师，一时间还造成了误解。贡保才旦大师收徒弟从来不收任何学费，只要有人来学习雕刻，他就会倾囊相授，绝不会有任何保留。在以前还会去村上的培训班里专门教石刻，甚至有的时候他会喊人来学习，并且非常关心徒弟，时常语重心长地教导他们一些道理。大师在村中可以说是大家的师父！一个是他拥有高超的技艺，却又不靠收徒来赚取学费；再一个是他待人豁达，总是倾囊相授，并且还经常教授一些人生的道理，传艺解惑。也正是大师多年以来的这种不求回报，一心一意传授石刻技艺的做法，使得和日村的人们能够不会顾忌太多事情而行动起来。他们有问题就会来请教大师，想学石刻了就会来向大师拜师，越来越多的人前来学艺，逐渐形成了良好的拜师求学、互帮互助的风气。而关于有关拜师仪式的过程，很多去大师门下学过石刻技艺的村民和传承人，他们的回答都大同小异，也反映出在和日村已经形成了一种共识。

> 没有拜师仪式，当时我的阿爸带着糌粑和馍馍就把我托付给贡保才旦大师了。现在在那儿学的主要是藏族，也有汉族的人来学，民族之间没有区别。唯一的区别就是有时候寺院里冬天有法会，在法会期间，只有男人才能进去，女人不能进去。①

---

① 久美东智，31岁，藏族，县级传承人，2019年6月23日访谈。

　　没有所谓的拜师仪式，不管是本地人，还是外地人。就算是外地人，贡保才旦大师也会全心全意地教你，只要说一下就行，而且也不需要任何学费。阿克丹曲和贡保才旦一样，不仅是本地人，就算你外地人过来学，也不会收任何东西，会全心全意地教你，把技术都教给你。①

　　没有任何拜师仪式，我当时是自己去的，没有家人送的，自己过去说"我想学"。贡保才旦大师，这个村子里的人都认识他，只要是刻石的，多多少少都去贡保才旦大师那里学过，只是待的时间长短不一样。②

　　拜师仪式没有，当时也不用给老师带什么，到贡保才旦大师跟前去说明想学石刻，贡保才旦大师就答应了。学的时候就住在寺院里，没有专门的场所，我们学的时候就在他家里学。③

　　这种良好拜师风气的形成延续了和日村一直以来的石刻传统。另外，贡保才旦大师的付出也算是呼应了当年活佛无偿将石刻技艺传授给穷人，给予他们谋生手段的初衷。大师的做法不仅遵循了佛法的教导，还使得和日村形成了良好的学习风气，也推广了以师徒相承方式为主的石刻教学方法，使得和日村出现了一批有着较高水平的"朵果"，为后来和日村非遗传承人的产生打下了基础。这无疑为和日村石刻技艺的传承和发展提供了莫大的助力，而对于那些找不到太好工作的村民来说，这为他们提供了赚钱养活自己甚至是

---

① 才让东周，55 岁，藏族，县级传承人，2019 年 6 月 26 日访谈。
② 肉增多杰，31 岁，藏族，州级传承人，2019 年 6 月 26 日访谈。
③ 更登，51 岁，藏族，县级传承人，县级工艺大师，2019 年 6 月 29 日访谈。

全家的手段，也从侧面改善了和日村部分村民的生活水平。

（二）一视同仁

在大师还未生病之前，基本上只要有人来请教，他就一定会手把手地教他们如何雕刻。但并不是每个人都能在大师门下持续学习很久，大多村民基本上只能来学几个月，而那些后来能够获得传承人称号的村民则基本上都在大师门下学习了数年之久。村民们能够投入到学习中的时间长短受多种因素的影响：一是兴趣决定了他们愿意投入时间的多少，二是自身家庭条件的好坏决定了他们能够投入时间的长短。

能够学习很久的人，家里一般都非常支持他们的学习，并且家庭条件并不会太差，不急需他为家里贡献劳动力。因为学习石刻是一个漫长的过程，在能够取得收益之前，都不得不面对一段很长的个人经济收入的"空白期"，所以家庭条件较好的情况下，个人则能够比较放心地投入更多的时间，而不是急于求成，急着刻出成品去赚钱。在家庭条件不好的情况下，人们急需一种能够维持生活的手段，除了外出打工、挖虫草等选择以外，也会选择学习石刻。但为了改善生活，缩短经济的空白期是不可避免的，也就出现了很多只学三五个月就开始卖作品的人。虽然作品的完成度以及精美程度与学了多年之人的作品相比有着天壤之别，但是还是能够以较低的价格卖出，也足以维持生活。

55岁的县级传承人才让东周就说过：

> 学这个主要还是为了能有一技之长，改善生活，加上我以前也喜欢绘画，但这不是学习石刻的原因，主要还是为了生活。原来在山上的时候跟着丹曲、贡保才旦大师都学过，因为学的时间不够长久，所以学得不好，（我）技术最差，每天只能过去待个大概一小时左右。我就是在放牧的间隙过

去，只断断续续地学了一两个月。其他学的时间久的人，技术非常好。①

除了他，还有不少人都是因为生活所迫，选择了踏上从事石刻这条路。

> 我以前家在山上，牛羊不多，草场很少，家庭经济情况不怎么样。之所以学图案，是觉得刻图案有前途，学习石刻五六年就可以卖石刻作品了。开始卖之后，家里经济情况稍微变好了一点。②

> 父亲觉得石刻比较好，就让我去学了。一个是父亲的鼓励，再一个是当时没什么收入。去学的时候住在大师那里，大师、老才一直照顾我吃喝。③

他们选择学习石刻都是为了寻求一个生存的手段，而这种选择的理由自百年以前就已存在。在那个村民们一无所有的年代，为了生活，石刻成了他们的唯一选择。从那个时代走过来的老人们都认为能够学习石刻，并将这门技艺传下去是一件非常好的事情。

除此之外，很大程度上，兴趣决定了他们学习石刻时间长短的上限。由自身而发的想要学习石刻的最真挚的想法，是那些能够一直坚持多年且艰苦训练和学习的人最强大的动力。就如同运动员一样，想要在他们专攻的领域追求极限，挑战自我，只有这种精神才能够打败各种阻碍，最后取得成功。

---

① 才让东周，55 岁，藏族，县级传承人，2019 年 6 月 26 日访谈。
② 羊切加，47 岁，藏族，县级传承人，2019 年 7 月 14 日访谈。
③ 久美奥赛，39 岁，藏族，县级传承人，2019 年 7 月 19 日访谈。

在众多石刻非遗传承人中，有不少人都表示他们曾经想要学习
石刻的理由基本都与自己的兴趣息息相关。

当时我和他们一共六个人在贡保才旦大师的僧舍里一起学
习石刻。每天9：00—10：00点钟到那儿，19：00点回家。当
时学习石刻，100%是为了糊口，找一份能养活自己的手艺。
后来自己对这个东西（石刻）特别感兴趣。阿爸带我去找贡保
才旦大师拜师的时候，贡保才旦大师正在雕刻。当时地上有六
个度母（度母的石刻图像），我第一次看到这个东西时就觉得
特别神奇、特别美、特别漂亮，让我特别震惊！所以我就跟我
阿爸说，我想留在这里学这个东西。①

我当时是自己去的，没有家人送的，自己过去说我想学。贡
保才旦大师，这个村子里的人都认识他。家里的人一直很支持
我，哪怕中间挣不了钱，没有收入的时候，家里还是觉得这是件
好事情，就希望我坚持下去。兴趣就在这儿，我爱好、喜欢的就
是雕刻，其次就是我也想去继承这个石刻、这门手艺，想当传承
人，而且还可以作为以后谋生的一种手段，养活自己。②

之前家里没有会刻图像的，刻字的话，家里人都会刻。我
去学习石刻技术，家里人都支持，他们也非常喜欢石刻。我感
兴趣的就是图案、佛像。因为从小就喜欢绘画，到这个地方来
没什么可以挣钱的，当时就自己去学了，在贡保才旦大师那里
学了三年。③

---

① 久美东智，31岁，藏族，县级传承人，2019年6月23日访谈。
② 肉增多杰，31岁，藏族，州级传承人，2019年6月26日访谈。
③ 更登，51岁，藏族，县级传承人，县级工艺大师，2019年6月29日访谈。

这些传承人对于石刻的兴趣，是他们能够坚持刻石的一个非常重要的原因。在前期的文献整理以及实地调查中，我就得知刻石是一件非常艰苦的事情：他们在刻石的时候要一直坐着，身体不能乱动，以避免刻歪或是造成深浅不一。另外，长时间地握凿、敲锤和打磨石头，非常容易把手磨烂，基本上每一个刻过石的人手上都有着很厚的老茧，更有年老的村民因常年雕刻而出现手部变形。除此之外，雕刻时产生的飞屑有可能会弹起伤到眼睛，对视力造成极大的影响。有不少人都是因为刻石后视力下降的，最后不得不选择放弃雕刻而从事其他行业。在雕刻过程中，打磨等产生的大量石头粉尘多多少少会被吸入肺中，引发一些肺部疾病。学习石刻是一个非常艰苦的过程，这当中要吃的苦不是一天两天就能够克服的，而兴趣则成为坚持这件事情的精神支柱，对于学习石刻的人来说非常重要。

三　授艺解惑，学艺出师

（一）始于足下

当时大师主要在寺上进行教学。但是寺院并没有专门教石刻的地方，大师就把他自己住的地方当成了类似教室一样的场所。加上他自身十分热衷于传授石刻技艺，并且来者不拒，有不少学生都前来求学。其中也有家境不太好的学生，而大师有时就会照顾这些学生，提供他们的吃喝。

前来学习的学生大致可以分为两类：一种是走读，一般早上从家中出发到寺院学习，到了下午或晚上就回到自己家中；但也存在偶尔在寺院停留一两天的情况。有的非遗传承人这样说：

> 我在里面住也住过，然后走读也走读着，因为寺院离家挺

近的，家里可能需要我的时候我就在家里待一下。然后家里没
啥活的时候我就直接住在那里面（寺院），这样持续了七年，
学了七年。①

　　25 岁的时候去学习石刻，当时是走读，在寺院待一两天就
回家。29 岁就搬过来了（搬迁后的和日村），在这期间一直去
学。直到去年（2018 年）、前年，贡保才旦大师眼睛看不见
了，我才不去学了。②

　　学的时候是走读，偶尔在寺院住两天。③

而另一种则是住在寺上，直接在寺院里进行学习。住在寺里的
人，有一些是住家僧人。相对于其他学生而言，住家僧人的学习时
间要少得多。因为他们会遵从寺院的安排进行经文的学习，并且还
要参加各种法会，需要念经之类的，所以能够投入到石刻上的时间
也就少了很多。其中就有几位拥有非遗传承人称号的僧人这样说：

　　我是住家僧人，十七八岁的时候去了寺院，当时是家里让
我去的，我家就在寺院边上，我跟着贡保才旦学过几年石刻。
当时家里的牛羊不是很多，经济情况不是太好，仅有的几头牛
羊全部都卖了。④

　　我不能像俗人一样一直刻。有时候寺里会安排住家僧人回

---

① 肉增多杰，31 岁，藏族，州级传承人，2019 年 6 月 26 日访谈。
② 才旦加，49 岁，藏族，省级传承人，2019 年 7 月 6 日访谈。
③ 羊切加，47 岁，藏族，县级传承人，2019 年 7 月 14 日访谈。
④ 阿卡切杨（大），37 岁，藏族，县级传承人，2019 年 7 月 13 日访谈。

到寺里去念经，有时候一去就是整整一个月。这样一个月就刻不成了。①

在贡保才旦大师门下学过石刻的学生，他们所经历的学习过程大同小异。首先，入门第一个要学的是如何绘画，跟上学一样，都是由简入繁，从画简单的图案开始，到后期佛像的绘制。如果是没有基础的学生，也会先从刻字开始教起，当他们掌握了基本的阴刻、阳刻后，才会进行绘画的教学。

学石刻的时候是先教刻字，然后从简单的图案开始，也教过绘画，这都是同时进行的。②

老师给我画图，或者是我自己画图，慢慢开始接触各种各样的图案，通过学图案来打基础。③

绘画的学习通常从绘制简单的图案开始，比如云朵、海螺、风马之类的。当掌握了简单图案的绘制后，才开始进行较为复杂的各类题材图案的绘制，比如吉祥八宝之类的东西。最后才教学佛像绘制方法。这三个阶段是不能跳跃的，必须要一步一步地进行学习，直至上一阶段熟练后才能进入下一个阶段。而雕刻则是与绘画同时进行的，每当完成图案的绘制后，便会进入雕刻的阶段。有关当初刚开始学艺时的过程，非遗传承人的说辞大都一致。

先是学刻图案，然后是佛像。我雕的第一个图案是风马，

---

① 阿卡切杨（小），33 岁，藏族，县级传承人，2019 年 7 月 13 日访谈。
② 肉增才让，53 岁，藏族，县级传承人，2019 年 7 月 17 日访谈。
③ 肉增多杰，31 岁，藏族，州级传承人，2019 年 6 月 26 日访谈。

这是我学习雕刻的第一样东西。后来慢慢就越来越复杂。①

　　第一节课是学刻白海螺，那个是比较简单的，是入门的那种。之前也来学过绘画的，能学会的人很少。主要就是把画的东西拓在石板上，把那个轮廓弄出来再去刻。我们这个地方能自己直接画出来刻在石头上的人很少，大部分都是拓上去的。②

　　学的时候就先看师父怎么雕，然后再自己雕。然后师父就看着我们一边雕一边教。先从简单的云彩、白海螺什么的开始，慢慢地刻复杂的佛像，牦牛也好刻，上面要刻的东西没那么多。③

　　学这个是由易到难的，先开始是云朵、海螺。简单的会了之后老师就教一些凸出来的东西，就是浮雕。没学过佛像，我只会刻图案。老师主要教的就是世俗类题材的，还有吉祥八宝。④

　　由于在雕刻时，阴刻、阳刻、浮雕、圆雕所使用的雕刻手法是不一样的，所以大师一般会从凿子的握法开始教起，接着通过手把手地教以及亲身演示来告诉学生在雕刻时使用力度的大小、雕刻的深浅、线条的转折等。只有学会了最基本的线条轮廓的雕法，才能开始雕刻复杂的图案。也有非遗传承人说，大师是手把手地教他们，而不光是告诉他们怎么刻。

　　手把手地教，我们自己在石头上面把图案画上去，老师再

---

① 羊切加，47 岁，藏族，县级传承人，2019 年 7 月 14 日访谈。
② 拉果加，女，41 岁，藏族，县级传承人，2019 年 6 月 28 日访谈。
③ 更登，51 岁，藏族，州级传承人，州级工艺大师，2019 年 6 月 29 日访谈。
④ 南拉加，28 岁，藏族，县级传承人，2019 年 7 月 3 日访谈。

手把手地教。①

在完成了简单图案及各类题材图案的绘制和雕刻、熟练掌握各种工具的使用方法，以及雕刻的四种技巧后，大师才会开始进行最高难度的教学，也就是佛像的绘制和雕刻。首先要知道的一点是，佛像的绘制是十分困难的，正如前文所提及的，佛像的绘制需要遵循严格的比例要求，并且其线条的构成复杂多变，层次错落有致，绘画难度很高，并不是每个人都能够学会。

如今和日村的很多非遗传承人其实并没学好绘画，直到现在，能够严格按照佛教中的比例要求独立画出精美佛像图案的人也是屈指可数。LGJ 就曾说："能自己画了刻的，除了贡保才旦大师，就只有丹曲、旦培、更登、才旦加、肉增多杰。"在大多数情况下，佛像的绘制都是由大师以及这些绘画水平较高的学生先在石板上画出来，或者在纸上画好后拓到石板上再给其他人去刻。而出现这种情况也有着各种各样的原因，一是当时大多数学生没有绘画的基础；二是绘画的学习难度是相当高的；三是绘画学习的快慢、好坏，一定程度上取决于天赋的高低，自小在寺院生活的僧人们对于经堂、大殿内佛像图案之类的耳濡目染，另外熟读经书对于佛像形象、比例的要求等都十分熟悉，学习也会更加轻松，然而牧民出身的人可能学习起来更为困难；四是除了贡保才旦大师的教学以外，和日村并不存在绘画课程的教学，很多人都没有接触过绘画，更不用说要学习绘制佛像了，这更是难上加难。这些原因也就造成了只有少数经过多年学习的人才习得不错的绘画技巧，这也是大师强调绘画重要性的原因，绘画作为和日石刻的一部分，必不可少。

而在绘画和雕刻教学之余，贡保才旦大师不仅作为当地人学习

---

① 才旦加，49 岁，藏族，省级传承人，2019 年 7 月 6 日访谈。

石刻的老师，也作为人生的老师，对学生们进行过各种教诲。

（二）学有所成

对于在大师门下学习的学生们来说，出师其实是一件非常模糊的事情，因为并没有任何标准和定论，并不是说受到了大师的认同就算出师了。出师的标准更多的是学生们对自己的一种自我认同。当学习到了一定阶段，他们开始对自己的作品感到满意之后，这或许就意味着出师时刻的到来。但也有学习了多年后仍然不满意于自己作品的学生。可以说，出师是一个非常缓慢且不断进行的过程，他们每一次水平的提升都会引起自己对之前作品的不满意。这也促使他们在疑惑之中能够不断发现自己的问题，并慢慢提高雕刻的技艺，从而积累足够多的经验去判断自己作品的好坏，最后决定自己是否能够出师。久美东智就讲述了他是如何看待出师这个问题的。

出师这个事情很复杂的，对自己而言，虽然说待了七年，但系统学习的时间大概是三年左右吧。前三年老师纯粹是在教我们怎么去刻那些东西，手把手地在教我们。后来老师就带着我们给寺院和地方上的一些单位刻一些作品（石刻佛像或其他图案）。我感觉更多的是经验的缘故。你刻的东西越来越多的时候，下一次再刻的时候就会根据之前的经验能做出更好的选择。比如说以前刻佛像的时候，你从上往下雕，你觉得这样雕得还不错，但是下一次你尝试过从下往上雕，发现这样更容易。你手的那些轻重，轻轻重重的那种选择，感觉那种手感都是不断地一点一点积累出来的。刻的作品越多，你就会越熟练，越熟悉你就会有更好的经验去让那个作品变得更好。

而从另一个角度来看，如果硬是给出一个所谓出师的标准，根据传承人的回答，应该可以通过大师觉得作品是否可以售卖来进行判定。可以售卖，意味着作品变得成熟，技术得到认可。而这里的大多学生也都是以此为标准的。当自己的作品水平能够达到售卖的程度后，也就表示他们能够出师了。

> 后面技术得到老师认可了，老师说可以了，我就拿出去卖了。刚开始作品不成熟，也卖不出去。大概学了两三年之后，老师就说作品可以卖了。①

> 学了四年以后，我的作品就可以卖了。②

> 学了三四年，一直在学习。到第四、第五年之间的时候，我刻的作品就开始可以卖钱了。作品的技术和作品本身受到老师的认可，就可以拿出去卖钱了。③

四　人生教诲，受益良多

贡保才旦大师在石头上所画出的每一笔轮廓，刻下的每一个线条，不仅仅是雕刻技艺的呈现，正如哇托加之前所说，这也是大师内心世界的呈现。在大师手把手教徒弟们学习石刻的时候，他的每一次指点甚至批评都是为了不让学生们走偏，他更多的是为学生考虑，同时也在无形之中延续了和日石刻精神的传承。而当学生们回忆起往昔老师的教诲时，也有不少人发出各种各样的感叹。

> 我当时学的时候有一段时间心思跑到别的地方去了，没认真

---

① 久美切杨（小），33 岁，藏族，县级传承人，2019 年 7 月 13 日访谈。
② 更登齐配，35 岁，藏族，县级传承人，2019 年 7 月 20 日访谈。
③ 肉增多杰，31 岁，藏族，州级传承人，2019 年 6 月 26 日访谈。

地学石刻，然后大师专门过来找我说："你们家的条件本来就不太好，你以后得承担起家里的责任，你的父亲把你托付给我，我得对你负责，你也要对你自己负责任。"他还告诉我说："你不是特别聪明的那种人，得非常努力才行，要跟上，不能落后。"①

老师自己的事情记不太清了，但记得他说过让我们要心地正直、善良，无论是刻佛经还是刻佛像，不要总想着钱。这虽然是一种谋生的手段，但不是钱的问题，刻的时候也要心地向善，这样作品才是好的。还经常说有关传承的事，说要让这个（石刻）有个好的尾巴（结局）。当时老师天天教导我们，我们那时候还小，嘴上咿咿呀呀地答应着，但该卖还是卖了。现在不比年轻那会儿了，现在我自己更多的是作为老师的一种心境，希望我的学生能学好这门手艺。②

师父说了，"你们必须得好好学手艺，到时候有用处的"③。

贡保才旦大师告诉我们，佛像刻出来是否精美，与你的人品是否美好有关系。你的心灵越美好，刻出的佛像就越好；你的心灵不美好，就刻不出来好的佛像。④

如果天天为这个（钱）专门刻，刻出来的效果就会不好，刻出来的作品就会不好。⑤

---

① 久美奥赛，39 岁，藏族，县级传承人，2019 年 7 月 19 日访谈。
② 才旦加，49 岁，藏族，省级传承人，2019 年 7 月 6 日访谈。
③ 色德嘉措，43 岁，藏族，县级传承人，2019 年 7 月 20 日访谈。
④ 久美切杨（小），33 岁，藏族，县级传承人，2019 年 7 月 13 日访谈。
⑤ 阿卡切杨（大），37 岁，藏族，县级传承人，2019 年 7 月 13 日访谈。

在调查中我们发现，大师的教诲其实是有着先见之明的。和日村的大多传承人多多少少都会售卖石刻作品，甚至还有开公司售卖作品的，但这也是一种需求。贡保才旦大师并不是说反对他们去卖石刻作品，他更多的是想劝解学生们能够静下心来学好这门手艺。当石刻沦为赚钱的工具之时，那么石刻技艺的钻研也就无足轻重了，更多的石刻艺人会选择雕刻周期短的题材和售卖比较多的石刻来迎合市场的需求，造成的后果很有可能就是石刻艺人们逐渐放下石刻技艺的钻研和训练，也就不会有创新出现。种种弊端都被大师看在眼里，所以他害怕学生们太过追求石刻的经济价值，为了赚钱而雕刻，将会使石刻的意义变味。大师心里清楚石刻真正的价值，才会不断地教诲学生们。但是由于种种因素，有不少学生在学习的过程中都急于把雕刻好的作品卖掉赚钱。或是在学了几个月后就开始进行石头的雕刻和售卖，导致没有学好这门手艺。

大师曾告诉学生们，要将和日的特色——传统手工石刻给延续下去。

> 贡保才旦大师说过千万不要用机器刻，用机器刻，我们永远也刻不过汉族人，你就专心用手刻，把自己的东西传下去。贡保才旦大师教我们的时候说："雕刻的时候永远不要去糊弄你的石头，全身心地放在石头上面，总有一天你会收到回报的。"[1]

和日村的特色就是手工雕刻的石刻作品，这个村子就是靠着手工石刻发展起来的。原本汉族擅长的机器雕刻就已经是巧夺天工

---

[1] 才旦加，49 岁，藏族，省级传承人，2019 年 7 月 6 日访谈。

了。而这里的人们之前都从未接触过机器雕刻，现在发现机器雕刻
要远比手工雕刻省时省力，有不少人便开始接触机器雕刻，甚至有
一个传承人开了机器雕刻公司。然而当把和日手工石刻与机器雕刻
的作品放在一起时，即使是我们这种外行人都能够看得出来，手工
雕刻的精细之处是机器雕刻所无法复制的，线条的刻画和深浅，整
体构图的层次感都不能相比。想必贡保才旦大师可能正是看清了传
统手工雕刻的价值所在，才会在很久以前就教导他的徒弟们一定不
能糊弄石头，要好好学习纯手工雕刻这门手艺。大师的坚持，也让
人们认识到手工雕刻的价值要远高于机器雕刻的价值，在某种程度
上也算是保护了和日石刻。

在大师那个年代，全村盛行雕刻，每家每户都会刻字、刻图
像。但是随着生活水平的提高，国家政策的扶持，提高经济水平手
段的增加，使得选择刻石的人不断地减少。大师发现了这个趋势，
所以才会在多年以前就开始强调技艺的传承，并且也强调了要保护
和日石刻的象征——石经墙。有几位非遗传承人都讲了大师当年的
教诲。

> 贡保才旦大师经常说这个手艺不能断，要让我们把它传
> 下去。①

> 石经墙一定要发扬光大下去，一定要把石经墙守住。要把
> 石经墙当作象征，石经墙是老人们一点一点弄起来的。所以要
> 继续把这门手艺传承下去。你们要把石经墙守护好，把石刻传
> 承下去。②

---

① 肉增才让，53 岁，藏族，2019 年 7 月 17 日访谈。
② 久美切杨（大），37 岁，藏族，县级传承人，2019 年 7 月 13 日访谈。

贡保才旦大师说过，"你要坚持下去，别放弃它，总有一天你会得到回报的。"①

相信在不久的将来，大师的徒弟们也一定会在教石刻技艺之余，给他们自己未来的徒弟讲述他们曾经从大师这里受到过的教诲，而这份记忆又将会变成他们徒弟的故事不断地传承下去，生生不息。

第二节　才旦加："优秀教师"

贡保才旦大师门下获得省级传承人称号的学生只有两个，一个是阿克丹曲，还有一个就是才旦加。而在与村里人的交流访谈中也经常能够听到他们的名字。听说才旦加以当老师四处传艺解惑为名，石刻技术十分高超。显然，能够获得仅次于国家级传承人称号的省级传承人，想必他一定是有着相应的实力和经验的。所以我们一直想拜访这两个人，然而事与愿违，事情进行的并没有想象中的那样顺利。

在来到和日村进行田野调查的日子里，我们故地重游，来到了和日寺。本打算来这里再看看石经墙，顺便拍一些照片就打道回府，但当从和日寺参观考察出来后，翻译嘉华杰和门口的僧人打了招呼，没想到对方已经知道了我们的来意。后来听说是村主任在村里的微信群里提前告知我们来到村里做调查的事情了。简单聊了两句后，问了他有关阿克丹曲的事情。他很友善地告诉我们阿克丹曲僧舍的位置。谢过这位僧人后，我们便想去拜访阿克丹曲。但是来到他的僧舍门前，发现大门紧闭，喊了两声也没有人应声，向附近的人打听了一下才知道他去西宁治病了，什么时候回来也不清楚，

① 三知布加，37 岁，藏族，县级传承人，2019 年 7 月 19 日访谈。

我们失望而归。

在不久之前，我们打听到了另一位省级传承人才旦加的住所。几次拜访后，终于见到了他的儿子，他告诉我们说父亲前不久就去别的村教石刻了，一个月才回来两次，让我们下次再来。当时我们留意了一下才旦加出门的大致时间，便一直在心中默默地算着日子。想着今天差不多是他出门十天左右的日子，于是在拜访丹曲失败并返回村中后，便前往才旦加的住所，想要碰碰运气。这已经不知是第四次还是第五次来到他的家门前了。功夫不负有心人，本以为紧闭的大门似乎又在向我们暗示着无人在家，但没想到在我们叫门后听到了一位老人的应声，随后他便打开了门，带着些疑虑的神情问了我们的来意。当提及我们研究生的身份后，老人脸上的疑虑便即烟消云散，一改之前的态度，十分热情地招待我们进屋，给我们倒了茶水，拿出了一些吃的放在了茶几上，还告诉我们才旦加一会儿就回来了。虽然心中一时之间没搞明白这态度快速转变的原因，但机会难得，好不容易碰到了这位省级传承人回来的日子，于是便专心准备起一些要问的问题，而那个态度神奇转变的原因也是之后才想起来的。

一　全心全意

没过多久，才旦加就回来了。他刚进屋看到我们时，表情跟他的父亲见到我们时如出一辙。但他的父亲跟他简单说了几句后，他便一转态度，坐在了我们的对面，露出了泰然自若的神情，跟我们展开了对话。

49 岁的省级传承人才旦加：

> 1989 年，也就是 30 年前，我 17、18 岁的时候开始刻字。当时环境就是这样，所有人都在刻。这也是一个好事情，也能让我

挣点钱。以前好多老人都在刻，两三户人家都会在一起刻石头。
25 岁的时候去学习石刻的，当时是走读，在寺院待一两天就回
家。29 岁就搬过来了——新的和日村，搬迁后的和日村，在这
期间一直去学。直到去年（2018 年）、前年贡保才旦大师眼睛看
不见了。30 岁到 35 岁之间，我天天去学，35 岁之后偶尔去，
有不会刻的地方才会去找贡保才旦大师。

照片 5 - 6　省级代表性传承人证书

才旦加是贡保才旦大师门下学习时间相当长的一位徒弟，
并且于 2014 年 12 月获得了省级传承人称号。他现在主要的工
作是当石刻老师，每年会去其他村子的培训班进行授课教学，
为期 100 天，工资按月结算，每月 4000 元。除了去村外教学，
在村里的时候，才旦加算是和日村的老师，村里如果有培训班
之类的，也会请他去上课。除去上课的时间，他平时的日常工

作就是在家里雕刻。在众多传承人当中，才旦加算是其中最专注于石刻教学的老师之一，而他也告诉了我们有关他当老师的一些事情。

　　当老师是个讲良心的活，哪怕我只有一个学生，我也会全心全意地教。教了这么多年，只有去年县上来了一个人给我颁了一个奖，说我教得好，这个奖只有我一个人有。村子里技术比较好一点的，以面对面教这种形式当我徒弟的有 15 个左右。在和日村会石刻的 200 个人，如果不来找我，那是他们的问题。如果来找我，我一定会教。但如果我不教，那就是我的问题。学校组织培训班是集体授课的，下课后如果有问题，学生会到我家来找我，我也会耐心地教他们。比如，画好图后他们拿回去刻，遇到问题，假如眼睛上不行、嘴巴上不行，我就教他们怎么刻。这都是义务的，完全不要钱，是顺手而为。来找我的都是年轻人，年纪大的也有，来我家里的主要是技术上的问题，大字、小字，佛像手指什么的不能断掉，不然影响自己的福报。

照片 5-7　才旦加的优秀教师证书

除了我以外，就肉增多杰、阿克丹曲公司的人出去当老师教石刻。出去当老师，技术一定要非常好。以前我们村里来了个人，技术没我一半好，还当我的老师。当时当老师不需要证书，一些技术不怎么样的人就去当老师，结果就出现了老师糊弄学生的情况。对自己而言，已经当过好多年老师了，现在想办一个学校。这样就能够天天教，像上学一样，一直学，这样才能真正把技术学好。但是我没资本、没钱，也没环境。我向县里反映过，但是要打报告，我又不会写报告。如果可以的话，可以把公家公司的活动室那里当场地。要找就找技术最好的，省级、州级的传承人都找上，肉增多杰、关却多杰、阿克丹曲、久美旦培。

才旦加作为老师的努力得到了认可，同时这也增加了他作为石刻老师的信心。在与我们谈话的过程中，当他拿出自己的"优秀教师"荣誉证书时，言语之间透露着自豪感。并且在与他的交谈中我们得知，在和日村能够出去当老师的人十分有限，并且要求很高，技术一定要到位。作为老师的矜持，也正是他手艺精进的动力。但是，在作为老师进行教学的过程中，才旦加发现了个人传承的局限性。由于时间、精力的限制，以及教学周期的原因，无法对众多学生进行持续性的教学。这样的教学模式并不能使学生进行一个完整且系统性的学习，于是才旦加也提出了开办学校的想法。但是，目前没有资金扶持，计划处于搁置状态。

二　精益求精

才旦加在与我们聊天时，不时去隔壁屋子里拿来他的一些作品给我们看，还给我们介绍了他的石刻作品。

我主要刻的是浮雕、佛像。找我雕刻的主要是佛像，大型的佛像一个5000元，要刻40天左右，纯手工的。最满意的一个是这个——卓玛（度母），另一个是白塔。学徒时期的作品绝大部分都卖了。有一个石刻牦牛在村里的展览室放着，是学徒时期刻的。当时觉得这个刻得很漂亮，现在怎么看怎么觉得不行。2015年刻过龙砚，当时觉得举世无双，啧啧称奇，现在看来都不太满意。这两天我在刻一个牦牛，比较满意，是自己想刻的，不是别人定做的。经常有人找我定做佛像、度母、如来佛、无量寿佛、文殊菩萨。之前就有人来找我。现在我获得（省级）传承人称号后，更多的人来找我了，一传十，十传百，大家就都知道我了。当了传承人之后刻的作品价格不会变。牧民过来看了后选的菩萨石刻，放在额头拜一下就买走了。目前没有汉族（人）来找我，来买石刻（作品）的主要是藏族。

才旦加给我们展示的作品都十分精致，不论大小，堪称精品。并且从对话中我们也得知像他这种水平的传承人的作品，纯手工雕刻的大型佛像，其价格基本都在5000元左右，而小型佛像的价格在1000元左右。不过有一些精品，他说这些是不卖的，应该是要作为精品给前来定制他作品的人展示，以此证明他自身具有过硬的技术。而据他所说，来购买石刻的人大多都是藏族人，没来过汉族人，也让我们了解到了有关石刻售卖的受众问题。

在结束访谈后，才旦加十分友好地带我们来到了他的雕刻工作室。他用手指了指旁边的一个小屋，看起来像是储物间一样的地方，有些不好意思地告诉我们说："我没有专门的工作室，就在家里院子旁边这个小房间里雕刻。"说完想要带我们进去看一看，小屋的入口不是很高，进去的时候我差点撞到脑袋，心中不禁想到才旦加这一米八几的身高平时是怎么进出这种地方的。进来后发现小屋里的布置十分简陋，破旧的沙发前有着一张富有年代感的作为工作台的破旧木桌。沙发的后面堆满了废弃的家具、柜子之类的东西，左边则是装修房屋剩下的边角料和各种废弃木板，右前方过去有一个小矮门。在才旦加介绍他的工作间时，我瞄到小矮门的那边堆了一些牛粪，貌似是作为储藏室在使用。真的很难想象他那么多的石刻精品就出自这个环境。但从他的口气中却完全听不出有抱怨的味道，反而有着几分自豪。虽然是短暂的一次访谈，但才旦加却给我留下了朴实无华的教师兼具不追求享受的石刻艺人的形象，我仿佛在一瞬间从他身上看到了贡保才旦大师的身影。

照片 5-8　圆雕白塔

照片 5-9　浮雕释迦牟尼

照片 5 – 10 简陋的工作室

照片 5 – 11 大型浮雕

第三节　久美旦培：独一无二

在之前的访谈中有三个人的名字经常被提起，即阿克丹曲、阿克久美旦培、色德嘉措。在调查的不断推进中，逐渐发现这三人在和日石刻中扮演着非常重要的角色，有不少传承人都曾受过三人的指导和帮助，而三人也是贡保才旦大师门下较早的一批徒弟，并且与大师有着非常密切的关系。除了贡保才旦大师，目前三人在和日石刻领域应该算是权威了。其中，阿克丹曲为省级传承人，阿克久美旦培为州级传承人，色德嘉措为县级传承人。于是，笔者一行便找到他们进行了访谈。但阿克丹曲在西宁治病，一直未归，所以没有办法对他进行访谈。不过，另外两人却给了我们非常丰富的信息。

但凡是在贡保才旦大师身边学习过较长时间的人都给我们讲过，除了大师以外，阿克久美旦培的石刻技术是最好的。访谈了众多传承人后，我们得到了阿克久美旦培的联系电话。得知电话后，立刻就打了过去，简单地说明了我们的身份，并且询问他什么时候有时间能够聊一聊。令人意外的是，阿克久美旦培操着一口还算不错的汉语说："我有空会打电话告诉你们。"要知道，在和日村能够说着还不错的普通话的人可不多，阿克久美旦培能够说汉语的消息也让我们顿时感到一些轻松。

之后的一天，阿克久美旦培打电话说，他下午有空并让我们过去。我们约好了在和日寺见面。当我们下午来到了和日寺，沿着和日寺的大道一路走下去，发现阿克久美旦培正站在他的房前向我们招手。他的住处是一个非常大的红色独栋单层房子，房外有一圈铁栅栏，栅栏围出了一个小院子，院子的中心是各色鹅卵石垒起的一个直径约两米的圆形平台，像是他平时转经的地方。他很热情地接待了我们，并邀请我们进屋。当进到屋子里时，突然看见一个小喷泉，我心里纳闷道："一个在室内的喷泉？"这意想不到的布置让我开始胡乱地想象着阿克久美旦培到底是一个什么样的人。还没来得及多想，他就招呼我们进入了类似他待客室的一个地方。室内布置得非常精致，木质地板、超大的壁挂电视、整块树木做成的桌子、盖着红色毛毯的木质炕，墙上还有不少精美的装饰，突如其来的景观让我们差点忘记了他是一个僧人。

在简单的说明后，我们展开了访谈。阿克久美旦培非常健谈，表情十分丰富，在讲述他的故事时，还时不时有着肢体上的动作来辅以描述。当他拿出他的作品"坛城"时，这是进入这个房子后第二次震撼到了我们的东西，复杂精致的线条淋漓尽致地展现在了圆形石板之上，一眼望去是各种图案纹路的交错，但靠近仔细看又像是在诉说着一卷佛经内的故事，众多不同形态的佛像绕成一圈在坛城之上诉说着什么，真的是让人叹为观止。可以说，这是我们到和日村以来见过的最精致的石刻作品了。访谈结束后，阿克久美旦培说他还要闭关两年，以后的日子可以随时再来。随后，他让自己的表弟开车把我们送回了和日村，回来的路上，他的表弟有些不服输地说道："我也在刻石，我比一般人刻得好一点，但我达不到阿克久美旦培的这个水平。石刻不是你下苦功、一直努力去刻就能达到最高水平的，这个是需要天赋的。阿克久美旦培生下来就是为了石刻这个东西的。"非常简单的一席话，让我们感慨万千。

一　耳濡目染

在访谈过程中，我们得知久美旦培是贡保才旦的表弟，关系非常亲密，原来他们住在一块儿。久美旦培 12 岁小学毕业后就进入了德敦寺（今和日寺），在贡保才旦大师身边当小沙弥，那时候贡保才旦才 50 多岁。而如今，久美旦培已经 48 岁，是州级传承人了。随着访谈的进行，久美旦培将他从小到大学习石刻的故事向我们娓娓道来。

刚开始来这里（德敦寺）的时候我才12岁，跟我年龄差不多的有17个人。我们进来后就学寺院里的规矩，学习经文，背诵佛经，寺院里安排老师教我们学。这个过程持续了两年，一直到14岁。经过了学习的过程，就想学石刻。但是贡保才旦大师非常严格，不希望我学，我就在背后偷偷地学。被贡保才旦大师发现后他就指责我，问我是不是想学石刻，我说想学。大师就让我先学绘画，绘画学了四年。寺院里的僧人都说我画的唐卡非常好。但是，贡保才旦大师还是不让我刻。我就放下了，不学了。

与之前访谈过的传承人对比，久美旦培在学习绘画方面投入的时间相当多，这也是得益于大师严格的要求，这为他打下了非常坚实的基础。

我之所以善于雕刻，不是因为我下了多大的苦功，有多大的毅力，也不是说我具有多么异于常人的才能和天赋，更不是说我异于常人的喜爱。而是我之所以善于刻，是因为我从12岁开始，每天都在看贡保才旦大师雕刻，12岁到十七八岁，我天天看，耳濡目染，这些流程和细节就会通过我这样看进入我的心里面。比如说，如果你是牧民的孩子，你从小看着家里的人放牛羊，你自然而然就会放牛羊了；再比如说，你是农民的孩子，天天看家里的人种菜种地，你自然而然也就会种菜种地了。我从12岁到今天，主要是环境的熏陶，让我能够产生这种感觉。

16岁的时候，因为我天天在贡保才旦大师跟前耳濡目染，我自然而然就会雕刻了。有一天，我觉得自己会雕刻了，但贡保才旦大师觉得我不会。那时候正好画了两三年的唐卡，我就偷偷地从贡保才旦大师那儿偷了一个刻刀，那时候没有卖的刻刀，匠人们自己要用刻刀的话必须自己做出来。我从师父那儿偷了刻刀以后，师兄那儿有石头，我就从师兄那儿拿了石头自己刻佛像，刻完佛像就把它放到师兄那里，完了之后再刻。

贡保才旦大师发现他的包里少了这个刻刀之后，想问我要回来，还打我，我死活不承认是我拿的。有一天就在刻完后上山去，背对着山谷把刻刀丢到山谷里去了（用手大力地一挥比划了一下），这样就死无对证了。那时候我特别不听话，我秉性属于逆反的那种，喜欢对抗别人，你越不让我干什么我就越要干什么，你让我往东我就偏要往西，非常调皮。但我跟那种本性是坏的那种人不一样。

二　游学归来

贡保才旦大师一直不让我学，我 18 岁的时候就彻底死心了。18 岁我就离开了德敦寺（今和日寺）去了拉萨那边，一路游学去了尼泊尔、印度。这个过程一直持续了四年，直到我 22 岁的时候回到这里，那时候还有一个人跟我一块去了。这四年里我经历了很多，遇到过各种各样的人、各种各样的事。回到寺院之后我的心性和秉性都变了。我经历过很多事，遇到过很多坏人，讨过钱，要过饭，挨过饿，经历过这些事情以后变得不像以前那么抗拒，见识过太多坏人和坏事之后就心性大变。师兄看到我变成这样之后感到非常诧异，觉得我跟之前截然不同。这个事情对我来说具有双重的作用，我不仅经历了这些事情，而且使我发生了变化。

22 岁回来后，之前四年见过了太多的石刻作品，包括在拉萨那边，虽然不多，但在印度那边见到了非常多的石刻。我回来后就重新刻了一个作品（这个时候他拿出那个作品和以前小时候刻的那个作品给我们看，二者不可同日而语）。贡保才旦大师看了之后就不说刻得不好，也不说刻得好，没有表态，没有说不让我刻，也没有说让我刻。贡保才旦大师自己要刻就让我当他的助手，那个时候，贡保才旦大师正值技艺巅峰时期，正值壮年，是雕刻的最好的时候。

　　一个加州大学毕业的博士，也是美国西北大学的教授，是研究美术史的，他去过47个国家，有一次看了我的作品，说我这个作品比北京博物馆的一个作品更加细腻。那个作品比我的稍大一点（用手比划了一下），是一个佛像在读经文，经文上面的字都可以清楚地看到。这个教授看了我的这个作品之后，他说我的作品是世界上最细腻的石雕。石雕往大里弄的有不少，像莫高窟石窟什么的，但往小弄的，我这个是独一无二的。他告诉我，这个东西在别的地方是没有的，是独一无二的。

照片 5－12　阿克久美旦培从国外回来后刻的第一个作品

　　久美旦培拿出的这个作品就是他外出游学回来后所刻的作品，只有半个手掌大小，但是其精细程度却令人为之惊叹。佛像的神态分明，衣服上有着圆形的花纹，袈裟下半部分有着清晰的褶皱纹路，"头光"和"背光"上花纹的纹路看起来也十分漂亮，很难想象他是如何在这么小的石头上进行如此精细的雕刻的，足以看出久美旦培的技艺高超。随后他把那个坛城拿出来了，还对我们提到说当时没有放大的工具，但是他能够把那些非常细小的地方都刻画出来。看到坛城的第一眼，我的反应更多的是好奇，当凑近了看时才发现上面的内容别有洞天，满满地都是细节，每一个花纹都雕刻得十分精细，并且每一个佛像的神态都各不相同，圈内的佛像没有一个是重复的，但是整体性又非常强，给人的感觉就是一个完成度极高的作品。久美旦培说他花了三年刻了这个坛城，是在一整块石头上分层打磨，然后再一圈一圈地雕刻，每一圈里所刻的内容都是佛经里的一些传说故事。本以

照片 5－13　坛城

照片 5 – 14　细节展示

照片 5 – 15　细节展示

照片 5 - 16　坛城背面

为他只是擅长在小块石头上雕刻细节的东西，没想到他在大型石刻上也丝毫不逊色，令人敬佩。

以前我以为我懂石刻，现在把以前的作品拿到手里后我发现我不懂，无论是线条、轮廓还是其他什么。到国外四年，回来之后，我刻了一个新的作品，发现以前的佛像线条是拘在一起的，太紧了，现在的更加松弛了，从容不迫了，开始有佛像的那种神态了。

22 岁回来后，贡保才旦大师看见我的作品后让我当他的助手，一直到 26 岁。突然感觉自己不想一辈子都在刻佛像、刻经文，我就去四川色达寺的五明佛学院学习，一直到 31 岁。回来后没有刻，一直遵从寺院的规矩，做寺院里的事情。

当时哥哥让我参加北京的一个比赛，我就刻了一个"吉祥四瑞"，人没有过去，寄过去拿了金奖。因此认识了很多人，好多朋友和我结交，认识了我。这个是我从四川回来以后刻的，作品直接被博物馆收藏了，刻了不到一个月就完成了，我对这个作品还不是很满意。

国家一直在帮这个村子，从刻到卖都在帮，这些就促进经济流通，对和日村的家庭都是很有帮助的。现在石刻的市场一直在发展，但石刻的技艺没怎么进步。我很害怕这个技艺就中断了，就没了。和日村也没有什么年轻人愿意来学石刻，他们连十天都不愿意学下去。

我的作品就在这里，但是没有人愿意来学。和日村那些会的都是些非常粗浅的技艺，他们卖石刻，相对看重眼前的蝇头小利，他们的技术只是入门的，不愿意深入地去学习更多的石刻技艺（用手比划了一下，把手掌打开，指着无名指说他们只学到这儿，然后指着中指说，没学到这儿）。不是我不想教好学生，是没人愿意学这个。

当阿克久美旦培提到关于年轻人学习石刻的事情时，显得有一些生气。他说现在的人来学习石刻都学不深，他们更多的是想快快学了以后去刻石赚钱。还用手比划了起来，意思是他们刚刚学到一个差不多的阶段，却没有继续努力去学习，没有达到一个很好的阶段。并且他感觉虽然石刻的市场发展得越来越好了，但是这门技艺却没有什么进步，大家都只是死板地模仿并进行雕刻，学不深也就没办法创新。可以说，久美旦培其实已经在和日石刻这个领域有所创新，融合了一些印度佛教里佛像的特色，但是能够像他这样从小对绘画、石刻耳濡目染并能够坚持多年的人，在和日这里很难找出第二个。因此，久美旦培的担心并不是多余的。

随后久美旦培便提到了有关石刻售卖的事情：

> 我的作品从来没卖过，以前贡保才旦大师逼问我是不是想卖作品，还打我，但我从来没卖过。如果卖石刻你就会有杂念，不想着卖石刻的话你就会想着怎样才能把作品变得更好。我现在才明白贡保才旦大师用心良苦，他是让我把所有的注意力放在作品上才那样做的。那个时候不理解，寺院里的僧人都在卖，贡保才旦大师也在卖，就是不让我卖。他还对我说道："如果你卖，我杀了你。"不仅是小时候，哪怕30岁了我也没明白这个道理。有外国人、外面的人来买石刻，僧人都去卖了。到了晚上，贡保才旦大师就来找我，吓唬我，问我卖没卖，大师对我的严格跟别人不一样。
>
> 当年石刻业刚开始兴盛的时候，国家也在帮忙，村子里的石刻蒸蒸日上，感觉不需要我，就放下了石刻。但我放下了几年没有刻，之后寺院的活佛旦巴拉杰找到我，希望我把这门技艺传承下去，我答应了。后来活佛圆寂了，我就觉得这个承诺分量更加重了，也非常有意义，我就重拾这门技艺，重新开始雕刻了。

从他口中讲出的故事，不仅让他自身的形象变得生动了起来，还给我们呈现了不一样的贡保才旦大师，十分贴近生活的形象，使得大师训斥久美旦培的场景仿佛就发生在我们眼前，也明白了大师对于石刻的重视从几十年前到现在也未曾改变。贡保才旦大师对于久美旦培的严厉，也是他的一种希望，希望久美旦培能够将从事石刻的这份纯粹保留下去，不要太过重视金钱。

到访谈快结束时，久美旦培告诉我们：

> 这三年里我把想刻的都刻了，眼睛不行了。刻完后把以前的作品、现在的作品都摆在那儿（他自己的展览室），然后就退休，用作品当老师，把作品留下来代替我教后面的学生。

现在没有人来找他学习石刻，他想要在闭关这几年把自己心中的作品都刻出来，然后放在他房子里的展览室里，希望通过将技艺展现在作品上，等以后有天赋的人来了，能够看懂他是如何雕刻这些细节的，这样自然就能够学会石刻了，通过作品来教学生。访谈结束后，他便带我们参观了他的展览室和工作室，展示了他现在刻好的作品。

照片 5-17　工作台

照片 5 – 18 大型浮雕

照片 5 – 19 圆雕酥油花

照片 5 – 20 圆雕转经筒

照片 5 – 21 圆雕白塔

照片 5 – 22 超小型圆雕佛像

照片 5 – 23 未完成的圆雕

照片 5－24　久美旦培

第四节　色德嘉措：报本反始

　　第一次见到色德嘉措的时候是在贡保才旦家中。那时我们一行人刚刚结束了对哇托加的访谈，并从屋内出来正准备离开。这个时候从贡保才旦大师的禅房里走出来一位穿着简陋、皮肤黝黑的长发男子，正想着这是谁的时候，哇托加在一旁告诉我们这就是色德嘉措，平时一直照顾贡保才旦大师的学生。而他本人也一边来跟我们打招呼一边往这边走来，我们简单地说明来意后，他便很热情地招呼我们进屋坐下聊一聊。这位名叫色德嘉措的男人就是平时我们经常从村民口中听说的 "老才"①。他是一名县级传承人，据说他的

---

　　①　前文已注释，提到色德嘉措的时候，村里的人都叫他 "老才"，为了尊重村里人的习惯表达，行文中根据具体语境来使用这个人名。

技术相当高超，并且人十分好。第一次见面他便给我们留下了很深的印象，第一眼看起来，有些许带着些生活气息的邋遢的打扮下却又透露着精干的感觉。在与我们交谈时，他十分清澈有力的眼睛却没有任何动摇地彰显着他的自信，他从容不迫地回答给人一种已经习惯了与外来人交流的感觉。但是，与这里的村民一样热情好客的招待，带给我们一种亲切感，使得对话非常轻松顺利地进行了下去。

一 因缘际会

从交谈中我们得知，色德嘉措一开始并不是这个村子的人，而是因为一些因缘来到了这里。他虽然学历不是很高，但已经在大师门下学习了多年的石刻技艺。并且自己开设了学校，进行石刻培训。但是因为贡保才旦大师生病了，所以他就专门过来照顾大师，暂时先把自己学校的课停了。

色德嘉措先是告诉了我们他的一些近况：

> 我现在主要照顾贡保才旦大师。之前一直在培训班，现在的学校就是我在负责管理、运营，学生哪儿的都有。这个学校原来在这个院子里，后来搬下去了，在山下。学校不收学费，有些学生是孤儿、聋哑人、残疾人、贫困生，我都自己管他们的吃喝。后来师父病了，我就来照顾师父，学校也就放假了。

色德嘉措目前仍是县级传承人，是 2017 年获得的这个称号，但是他的石刻技艺却是大师门下最厉害的几个之一。而当问他为什么没有报州级、省级传承人时，他非常淡然地告诉我们说："我的心思都在学手艺上，没有去报这些，手艺好了该有的都会有。"这让我们认识到色德嘉措这个人并不注重钱财和名号，这一点与其他传承人有着很大的不同。一般情况下，对于传承人来说，传承人称号在这里相当于一种宣传的手段，你获得的称号级别越高，就会有更多的人知道你，也就会有更多的人来找你雕刻作品，收入也会随之提高。同时高级别的称号也意味着对你技艺的肯定，这也能够得到全村人的认可，在和日村可以说是一种殊荣。而另一方面，高级别的传承人称号是有着不同等级补助的，国家级传承人每年有 2 万元的补助，省级传承人每年有 5000 元的补助，但是州级和县级传承人是没有任何补助的。色德嘉措没有选择报更高级别的传承人称号，也从侧面反映出他并不注重追求金钱。简单的言语背后，让我们看到了色德嘉措在磨炼自己手艺上的一心一意，让人很是钦佩。随后在聊天中，色德嘉措告诉我们他原本是藏戏团的，以前从来没接触过石刻，这让人十分惊讶！没有雕刻基础的人居然能达到这种高度，这一特殊的经历引起了我们的兴趣，于是便向他问了学习石刻的缘由和经历，一段神奇的故事也随着色德嘉措的回忆，从他口中娓娓道来。

色德嘉措与贡保才旦大师的相遇，在我们看来，可以说是非常偶然的一件事情。

那是 2009 年的事情了，我之前是不认识贡保才旦老师的，我以前是藏戏团的主演，还负责编戏，是南木特藏戏。当时贡保才旦大师是藏戏服的裁缝，会缝戏服，然后我过来演出，我们俩就这么认识了。我们认识的时候是冬天，玻璃上都结了霜，大冷天晚上我们俩睡一块儿。我当时在心里面一直在想一个图案，第二天要用到。我就一边想一边在玻璃上把那东西用手指画出来了。贡保才旦大师当时就在我旁边，他一看就说道："你的手很巧，你会画得很好，你应该学石刻。"我那时候根本都不知道什么石刻，就没有那个概念，但是大师主动告诉我说："你必须得学石刻，你有天赋，你得学这个东西。"当时他对我说了以后，我也觉得行，就答应他以后我会过来学的。

还有一个说法，这是个野史，大师从来没有给我说过，但是大师当时给别人说过，之后别人又给我说了，我才知道。当时这个地方有一个特别富的老哥，我来找这个老哥借钱，他一下子向我借了三万元。当时我就想怎么可能向我借三万块钱？最后才发现是有说法的。原来这个人是大师在寺院的上师，当时要发生什么事，上师已经预言了，说我会成为贡保才旦大师的继承人。随后我就来到了这里，家里没有反对我去，我兄弟姐妹多，所以当时家里说让我不用管他们了，有人照顾他们，你出去学就行了，然后照顾好师父就行了。

从色德嘉措口中所讲述的经历来看，发现这其实不能单单看作一个故事，若从宗教的角度来看，这可以称作是一个授记①，一个提前告知了"色德嘉措的出现"的预言，从学理角度来看则过于神话化了。但不可否认的是，与贡保才旦大师的相遇改变了色德嘉措的一生，也正是因为贡保才旦相信了预言，发掘了色德嘉措的才能，才使得他从演藏戏走上了石刻这条路。不过可能也正是因为这种仿佛印证了预言一般的相遇，使得贡保才旦大师的意志得以在色德嘉措的身上延续了下来，将色德嘉措选为他的唯一认证传承人，一定也是抱着这样的期望所作出的决定。

当问到关于为何他能够成为贡保才旦大师的唯一认证传承人时，色德嘉措这样说：

> 石经墙上的一千个佛像都是我刻的，摆在上面，老师特别

---

① 授记，藏传佛教用语，在《佛学词典》中解释道：授记者，预言者。授记便是预言，含有事前推测未来论断的意思。

认可我，没有别人能做到。

　　刚听到这里时，我们一开始是充满了怀疑，雕刻佛像是一件非常耗时耗力的工作，通常雕刻一尊完整精美的佛像都要花上几个月的时间，而色德嘉措说他刻了一千个佛像，这让我们一下子没有反应过来。石经墙上确实有大量相似的石刻佛像，我们便抱着试探的心态问了一句："石经墙上有很多相似的佛像都是您刻的吗?"他很果断地表示了肯定，又一次让我们感到了惊讶! 惊讶于他不同于常人的毅力，但也明白了贡保才旦大师选择他的原因。之前我们前往石经墙参观时，曾将上面的大部分佛像都拍了照片，其中有着相当多数量的相似的佛像，一个石板上有五个佛像，石板正中下方有金色的海螺，后来翻照片才明白这些应该都是色德嘉措的手笔。

　　由于贡保才旦大师身体状况的影响，我们无法对他进行访谈交流，无从得知他真正的想法，但是在与色德嘉措的聊天中，他毫无保留地与我们分享了大师的故事，也能从中慢慢明白大师的一些想法。我们原本以为大师给予的"唯一指定传承人"这个称号，对于色德嘉措来说，可以说是无上的殊荣，便告诉他说这个是非常值得自豪的东西，十分有价值，但他听后考虑了一会儿，非常认真地说：

　　"唯一指定传承人"这个称号其实是个枷锁，就是锁住你以后只能去干啥。我刚开始拿到那个（称号）的时候特别高兴，但我后来慢慢想，其实这更大的是一份责任，很重的责任在自己的肩上。刚开始很高兴，觉得这是一种赞许，是一种奖励。我去各个地方拿过很多奖状，但那些都不如那一个，那一个对我来说才是真正的奖状，是真正的奖励。

他的回答也让我们认真地思考了一番，对于色德嘉措来说，县级、州级、省级传承人等称号并不重要的理由，不仅仅是他专注于精进手艺，并没有追求名利的想法。另外，师父所授予的唯一认证传承人称号不仅承认了他的技艺，也将传承的重任交付于他，这是一份延续了百年的非常沉重的责任，也正是因为他能够拿得起放得下，他才能够看清这殊荣背后的责任。这使得他不断地成长，没有被称号蒙蔽双眼而沾沾自喜。可以说，贡保才旦大师的出现是色德嘉措人生的一个转折点，而大师精神的传承是色德嘉措人生的一个升华。

二 心无旁骛

短暂的停顿之后，色德嘉措讲起了他当年来学艺的经历：

我当年 25 岁，什么都不会，来找大师学石刻，学了六七年。现在的传承人那时都来了，跟师父学习，跟我学习。师父说："你们必须得好好学手艺，到时候有用处的。"当时都是先学图案，在家里画线条、轮廓那种的。那时候我学线条学了四个月，四个月以后，就开始学石刻。我们学生都一样的，师父画好图案了我们刻，就这样子持续了差不多五年吧。但是过了五年以后，我突然觉得这样不行，如果再这样下去，我一辈子都得靠着老师，所以我就想自己主动去画。虽然我画得不行，但自己还是去画了，慢慢就学会了。现在那些传承人还是需要来找我画完再去刻，很多传承人——其他那些学生就是永远靠着老师，必须得老师画完，他才能去刻，自己没有画出来的能力。

当时一起学习的学生很多都不会画。但是怎么说呢，他们有时候来了，师父帮忙刻完了，他们就拿去卖了，就没想着好好学习技术，就想把作品卖了。甚至有些作品都不是他们自己刻完的，基本上有90%的作品，师父刻完，徒弟就拿去卖了。现在才看明白了。当时师父一开始就告诉我们，让我们好好学手艺，总有一天会有我们的好处。但我们那时候就没听这句话，就想着赶紧去卖钱，不好好学手艺。现在十三四年过去了，我们现在终于明白当时师父说这句话的意思了。当时师父拉着手找我们，让我们过来好好学，主动让我们过来学，总有一天我们会有好处的，但当时就没来，现在后悔死了，师父看不见了。

从之前哇托加告诉我们关于贡保才旦大师的事迹中就已得知，大师在给徒弟教授技艺的过程中，最开始一定都会教绘画，从简单的图案开始，由简入繁，并且从阿克久美旦培那里也得知只有学会了绘画，才能刻出作品，你画得越好，作品的精度自然就会上去了。

众多传承人中，久美旦培自幼耳濡目染，并且专心学习绘画多年，加上外出游历学习，经验和经历使得他习得了一手高超的绘画技巧以及雕刻手艺。色德嘉措是藏戏团出身，由于戏服道具图案设计的要求，色德嘉措有一定的绘画基础，并且在贡保才旦大师门下学习过程中醒悟了不能依靠老师的想法，才开始不断磨炼自己的绘画技能。还有一个非常重要的原因，那就是色德嘉措并不是僧人，然而他却一直待在老师的身边，某种意义上可以说是耳濡目染，边看边学，这才锻炼出了高水平的绘画和雕刻技巧。

之前提到贡保才旦大师门下的大多数学生都是走读来学石刻的，学习时间相当有限。而在大师门下学习的僧人平时有念经、法事等任务，能够投入学习石刻的时间也不多。可以说，这两类学生的学习时间是十分有限的，也能理解色德嘉措所说他们没有好好学手艺的原因。对于当时选择了学石刻这条路的学生来说，他们中的人多数是没有收入的，所以更早地学会石刻，并雕刻出能够售卖的作品，成为他们重要的经济来源。贡保才旦大师、久美旦培、色德嘉措等十分擅长绘画的人会帮学生们画好佛像的图案，他们再拓在石头上进行雕刻，这种便利性多多少少也催生了他们急功近利的想法，也就出现了色德嘉措所说"就想着卖钱"的情况。贡保才旦大师当年不止一次强调过绘画的重要性，还主动教学生，但还是没能改变这种急功近利情况的发生。后果就是出现了非遗传承人中只有少数人精于绘画的情况，这种有些尴尬的现状呼应了色德嘉措"后悔死了"的心情。并且眼下贡保才旦大师重病在身，情况很不乐观，绘画手艺的传承也面临着困境。

但是色德嘉措仍然在以他的方式进行着努力，他在办学校后接收了大量的学生，用师父曾经教过他的方法继续教着下一代学生。

> 因为那些我前期的作品，师父也会帮我刻，我后来也帮着自己的学生刻，一代传一代。办学校以后，我还主动给自己的学生拿证书，证书对学生的帮助很大。还有一些人过来找我拍个照，假装我是他们的老师，这样（靠着我的名号）他们更容易报上证书。过去，贡保才旦老师还教我们，就是必须要念经，你刻什么佛像就要念什么经，比如说刻四臂观音的话就念六字真言，刻文殊菩萨的话就念文殊菩萨的咒。另外，我自己刻佛像的时候，要刷牙洗脸，把自己弄得干净一些，每天都这样，这是我个人的要求，对我的学生没有这个要求。之后就是刻完了要把石刻作品洗一下，然后开光。开光就是先在石刻背后写个东西，写完后要念经，这就是开光。我觉得现在很多人都没有像这样做的了，但是我要求我的学生要做到这些，并且要求我的学生不喝酒、不抽烟、不偷窃，这三个必须得做到。

不过，色德嘉措也不可避免地碰到了与师父类似的情况。

但是后来这种人多了以后，有手艺好的，也有手艺不好的，出现了一些滥竽充数的学生。现在从这个地方发展出去的人，他们的技术已经未必比其他地方的人技术好。一个是他们不想学，另一个是他们的家庭没有办法，没时间。

从他的口气中能感受到的是无奈，但是他仿佛接受了这种情况一般，就像是想起了当年他们学习时的情形。色德嘉措很快转换了心情，他说这也是没办法的事情，原谅了他的学生，并没有怪罪他们。不过，还是有不少学生能够静下心来学习这门技艺，也有十分突出的学生。

三 心生担忧

在谈及和日石刻时，色德嘉措仿佛被戳到了痛处一般，语重心长地谈起了他的担心。

现在有一个很大的问题，就是和日石刻感觉被滥用了，现在的和日石刻已经不是正儿八经的和日石刻了，人家过来就随便弄一下——在这里随便雕刻一个作品，就说是和日石刻，甚至有一些不是在和日刻出来的石刻作品，就把它们叫"和日石刻"。和日石刻有一个完整的学习过程，是一个完整的体系，不是说你来和日这里刻了个"石刻"，这就是"和日石刻"，并不是这个样子的。现在，这种现象是和日最大的一个问题，很多卖石刻成品的公司就是这样，很多来买石刻的人是会看的，一看就知道哪些是和日石刻，哪些不是。但是，也有一些

不懂的人，把这些打着和日旗号的石刻买走了，然后人家出去
了就说这是"和日石刻"，结果石刻的质量却并不好，那就会
慢慢把"和日石刻"这个牌子给砸掉了。"和日石刻"是贡保
才旦大师他们一点一点积累出来的，用一生积累出来的。大家
都知道和日石刻好，但现在有些人就借着这个名号胡乱弄，为
了挣钱，就把和日石刻这个名号搞坏了。现在，别的地方都说
我们和日石刻不如他们那边的石刻，就是因为之前这些人把我
们和日石刻的牌子给砸了。

色德嘉措的担心并不是多余的，事实也正如他所说的一样，和
日石刻的质量正在逐渐下降，精品的产出也不断在减少。原本和日
石刻是一个非常完整的体系，你想刻出一个精品就需耗费大量的时
间，并且由于在石头上雕刻容错率非常低的原因，也需要耗费大量
的精力，需要把控刻下去的每一笔的力度。但是现在大多数人从事
雕刻更多的是为了赚钱，他们会选择一些更容易雕刻的作品，这会
导致作品精度下降，虽然价格会比精品低很多，但是较低的价格更
容易被平民百姓所接受，卖的也就更好。但大量非精品和日石刻的
产出和销售无疑在以不可逆的状态透支着多年以来前人积累、打造
出来的"和日石刻必属精品"这个名号的价值。如果这种情况一直
持续下去，和日石刻的名号早晚会被侵蚀殆尽，人们可能就不会专
门来这里购买石刻了。

除了对和日石刻名号的担心，色德嘉措对这门技艺的传承也十
分担忧。村里会刻图案的年轻人越来越少，这是一个有目共睹的事
实，和日石刻技艺的传承面临着困难也是不争的事实。而在回应这
个问题时，他给出了十分清晰的解释，似乎他早就已经在考虑这些
事情，在交谈中他有条不紊地讲了自己的看法。

这个很危险，如果现在不采取一些行动去保护的话，这真的很危险。我觉得主要有以下几点：

第一，年轻人不愿意学。

第二，就算来学了，也不是为了手艺学，是为了钱来学。这主要有两个原因：一方面，可能真的是家里面条件太差了，没有功夫钻研进去学；另一方面，就是你如果真的泡进去学习的话就没法挣钱了，没有收入了。我一直在想为什么会这样。

第三，就是手艺的问题。比如说两个作品，这个是1000元的作品，那个是500元的作品，两个作品的质量是不一样的，然后我找你买1000元的作品，你拿了个只能卖到500元的作品。你的作品达不到1000元的水平，你刻不出1000元的作品，你不会刻，这是个很大的问题（有可能造成和日石刻的口碑变差）。现在这个世界里面，你说到藏族，你说到唐卡，谁都知道！藏族知道，汉族知道，外国人都知道。但是你说到石刻，那谁都不知道，甚至连藏族都不知道，就像之前我也不知道石刻一样。我后来就想，这个东西不是钱的问题，是真正的技术、技艺的问题，你想让这个东西变成唐卡那样知名，就必须得把这个技艺传承下去，师父已经这样了，我们再不做些什么就完蛋了，现在就剩我们几个人了。

第四，世界上不是一直说要保护什么"非遗"，但是他们就是光说不练啊！很多媒体、领导来了，非遗传承人们演个戏（做做样子）就完了，演完戏继续挣钱，上面也没有保护，政策也没有落实。

第五，现在最大的问题就是国家也被蒙蔽了。像我这种开办学校的，我把所有的心思都放在教石刻技艺上面，我没有想出去挣钱，我要是想挣钱，我很快也能变得很富裕，但我不想这样做。我所有的心思都放在怎么把这门技艺传承下去的问题上。那些说漂亮话的人，搞那些关系的人，被一点一点扶持起来了。我不想演戏，我实实在在地做，但是没有人看到我在做什么。

我的学校在山底下，如果有扶持，规模更大的话，就有更好的教学质量和环境，能容纳更多的学生，但是现在没有资金支持的话，就只能维持现在这个样子。

在关于技艺传承面临困难的问题上，色德嘉措提到了年轻人的自身喜好、家庭环境和经济条件等因素，技艺高低存在上下限的问题等多种原因，才会导致和日石刻传承十分困难。其中，可以最直观地体会到的便是有关年轻人喜好的问题，在村里做访谈的日子里，我们与村里的年轻人一起打过篮球，当休息的时候随口问及关于学习石刻的事情时，大多数年轻人都不是很愿意谈起这件事，如同在谈论一件非常难受的事情一样。比起学习石刻，他们更愿意上学。这让人不禁想起刚进村里时问到的一个小女孩，即使父母在一旁暗示，她还是悄悄地说出了不愿意"学石刻"。一个童言无忌的问答仿佛就已经告诉了我们一个事实，那就是学石刻十分艰苦的印象已经深入人心，孩子也不例外。大家都知道学习石刻不是一天两天就能学会的，而是要进行多达数年的学习，其间不仅要学习绘画，还要对佛经教义有所了解，石刻佛像的线条比例都是有严格要求的，若是不知道这些，刻出来的作品就会不协调，并且对于石头的选择也需要丰富的经验，石头的软硬程度会影响到作品的精致程度，只有不断地雕刻，才能从经验中判断所选石头的好坏。学习石刻，还有着各种大大小小的讲究，可以说学习的难度十分之高。此外，在学习的过程中，需要投入大量时间观摩、练习、雕刻，很大程度上是没有多余的时间去赚取其他收入的。这就像是一种投资，以时间为代价的投资。但其中最大的风险则是，这是一门看天赋的技艺，并不是每一个去学习的人都能够取得较大成功。众多的因素使得当代的年轻人望而却步，相比而言，更多的人选择了去上学、打工、上班等。

选拔传承人，其本意是一种以促进手艺人积极性的措施给予他们荣誉和一定的补贴，也变相提高了他们的名声，从而促进其收入的增长。面对如此众多的好处，谁不会想要试着去申报一下呢？可以说，政策本身是没有问题的，但是评选的不确定性却给人们带来了不必要的忧虑。以往非遗石刻技艺传承人的遴选都是两年一次，但自从 2016 年以来就没有人评上过非遗传承人或是提升评级。色德嘉措说：

> 我去了两次州文化局，也去了县文化局，问他们为什么不评。我们人多了（报名的人），可是五个名额，他们压下来三年了，从 2016 年评完到现在（2019 年）就再没评过，但是报省级传承人的话，必须得先是州级传承人。他们说省级可以报，得先有州级的，所以现在卡着了。

也有其他传承人提到过这个情况，和日村现在报名申请传承人称号的人越来越多，但是却有好几年没有批下来过名额。通过对多个传承人的访谈得知，在这里评传承人称号，不单单是从事石刻的人参评，还有画唐卡的、跳舞的、做手工的，等等。传承人名额并不是独立服务于某种技艺的。这也就造成了审批间隔长、分配名额少的情况出现。至于是否存在上层决策问题，这里就不得而知了。但是现在面临的一个现实就是，和日石刻传承人的增加越来越少了，并且高级别传承人很少，大多都是县级传承人。

在访谈的最后，当问及色德嘉措"对于孩子来说，上学好还是早点找工作好"时，他意味深长地说："找工作的话没意义，就是打工、为别人卖命的那种感觉，但是你有一门手艺抓在手里面，就能自己掌握这一切，但是一定要有知识，一定要去上学，'学'是一定要上的，知识是一定要有的。"

第五节 久美东智：挑战传统

31 岁的久美东智是县级传承人，但与他的见面其实并不是第一次，早在三年前我们就来到过他的家中，那时的他就已经在做机器雕刻了，并且是村子里第一个做机器雕刻的人。那时，他主要是在做机器雕刻的经文。

这一次来到久美东智家中是偶然得助于一位路过的妇女给我们指路，还把我们带到了久美东智家门口，随后在他家门口附近碰到了他的父亲。他的父亲是一副僧人打扮，有些疑惑地看了看我们。我心中不禁想到"这好像是来到和日村后似曾相识的场景啊"。我们向他简单说明了来意，告诉他我们是来做调查的研究生，这时他突然就改变了态度，非常热情地招呼我们进到家里。老人进屋后大声地说道："久美，家里来贵客了，这些都是知识分子，好好跟他们说话。"这时才明白为何这位老人的态度转变得如此之快了，这里的老一辈都非常重视知识，这也就形成了他们十分尊重知识分子的共识。老人吆喝完后，一个皮肤黝黑的长着娃娃脸的青年从家中迎了出来，并向我们问好，我们这才与久美东智见了面。

一 敢于标新

当久美东智说他是贡保才旦大师比较早的一批学生时，我们其实还是蛮惊讶的。因为久美东智长着一副娃娃脸，看上去十分年轻，后面才知道他已经年过三十。他当时是九岁、十岁的时候被父亲带过去向贡保才旦大师学的石刻，然后就在大师那里学习了七

年。后来出去打工，回来后自己就开了公司。他的公司是利用自己
家院子的空地改造而成的，记忆中他以前的公司规模并不是很大，
只有一个小的工坊，和一台刻石经的机器。而如今他在自家院子中
搭建了长约十米的新板房。但是可以看到内部还在修建中，并没有
完工，院子里还有水泥机和各种建材。一打听才知道他最近要进一
批新的机器，所以在扩建公司，还找了村里的人来帮忙。而原来的
机器暂时放在了房子旁边一个类似储物间的地方。

久美东智是村里第一个使用机器雕刻的人，同时也是唯一一个
使用机器编程雕刻的传承人。根据久美东智在大师那儿学习的经历
来说，他完全可以成为一名非常厉害的朵果。但是他却选择了从事
机器雕刻，并且还创办了自己的公司。这让我们十分好奇他为何做
出这样的选择。而非常幸运的是，久美东智也非常乐意与我们分享
他的故事和经验。这也多亏他父亲的嘱咐，对我们这些"知识分
子"十分尊重。随后的交谈中，久美东智将他的事情毫不吝啬地向
我们尽数讲述。

我在 2008 年、2009 年那会儿去成都打过工（石刻方面）。
后来有一个老板叫我去西宁打工，我跟这个老板关系也非常
好，就在这三年萌发了开公司的想法。2013 年就回来开的公
司，但开公司最大的问题是没有启动资金。最早在机器上刻的
技术就是我在成都学的，之后在西宁发扬光大的。最近打算把
自己的公司扩建一下，刚开始太小了。最近在扩大公司的规
模。机器是 2013 年我自己去广州买的，一台八万元，一共买
了两台。[①]

---

① 久美东智，31 岁，藏族，县级传承人，2019 年 6 月 23 日访谈。

在机器上雕刻经文的技术，其实有不少公司都已经使用了。而久美东智在几年前就已经开始使用这门技术，那时他只需要在机器上输入好要雕刻的内容，也叫经文模板，调整好机器的速度以及各项参数，放置好石板便可以开始进行雕刻。这个技术并不难操作，只要有模板，就可以进行雕刻。但是和日村只有他会在机器上雕刻佛像的技术。在给我们讲述的过程中，久美东智还拿出了他的笔记本电脑，打开了几个制图软件，还有编程软件，通过演示的方式来告诉我们他的佛像是怎么绘制并进行雕刻的。他将电脑上佛像的线条图放大后，可以看出，这些佛像的线条并不是一体的，而是把每个部分拆开来，一部分一部分单独绘制，最后将图层重叠拼接后，就能组成一个完整的佛像。再将绘制好的佛像图案存入 U 盘，连接到机器上就可以进行雕刻了。其间发现他使用了多个软件，其中大部分是中文的，甚至还有英文的软件，当问他"是否认识英文和汉字"时，久美东智说："虽然不认识，但是用得多了就明白了哪个是干什么用的，都是在不断学习的。"当我们为此感到佩服而夸赞久美东智时，他很谦虚地说道：

> 只要老师们教我做一遍，能背下来，那就可以做得到，现在好像有点不行了。那个时候想法特别单纯，这是自己心里面喜欢的事情，有兴趣，还有对掌握这门技术的渴望，让我一天能够全身心地钻到这件事情里面。但是现在的话，有太多的事情在分散我的注意力，孩子的事情，然后老人的事情，感觉现在有点注意力不能集中在一起了。

随后，久美东智就关于机器雕刻作品的价格、售卖方式等逐一进行了讲解：

同样的石刻作品，机器刻的经文一块 70 元，手工刻的话，一块 180 元。机器刻一块正反面的经文需要 1 小时 20 分钟到 1 小时 30 分钟，手工刻的话，一块正反面的经文要花一天的时间。价格区别主要是在手工刻的还是机器刻的，机器刻的便宜，手工刻的贵。如果是大型法事活动的话，需要的石刻就会非常多，就会用机器刻的，因为需要的量多，价钱也便宜。一台机器一天从早上七八点到晚上八九点能刻 10—15 块（经文），中间机器可能还会出现一些问题，比如机器过热或零件受损。

一般买石刻的人，90% 的人是藏族，大多来自青海、甘肃、四川，所以都能用藏语交流，有时也和汉族人交易，自己努力说。如果比较大型、比较严肃的交易场合，会花钱雇人来翻译。

由于机器作业极大地缩减了雕刻的时间，使得时间成本很低，产出量较大，并且机器雕刻也降低了人工成本，不需要人长时间地投入到雕刻中，也不需要一直盯着机器运作，只需要定期更换零件、维护机器便可，所以机器雕刻的作品，相应的价格要比手工雕刻的作品低很多。

一开始就十分好奇，久美东智在贡保才旦大师门下学了七年之久，为何不继续发扬手工雕刻，却转而选择了机器雕刻。在这个地方，人们大多更愿意买纯手工雕刻的作品，包括经文和佛像，还有各种图案的作品，这也是和日石刻的一大优势。并且在调查中得知，机器雕刻的经文其实并不是很受欢迎，但是因为其时间成本较低，所以价格比起手工雕刻的经文低了不少。经济条件差一点的家庭或是需求量相当大的法事之类的情况才会买机器雕刻的经文，一般都会买手工雕刻的作品。所以，久美东智的选择，在那个时候来看是十分奇怪的。随着访谈的深入，久美东智说他曾经在外地打工时遇到的事情以及内心的不甘，也让我们明白了他选择使用机器雕刻背后的原因。

比如说我接了一个订单，就是别人让我设计，让我去设计那个 1000 个佛像的模板，就是电子输入的那个模板，我把那个模板设计好，老板就给了我 500 块钱的工钱。随后他们拿那个模板就做了 1000 个佛像，无论老板卖多少钱我就只能拿 500 元。那个模板在人家那里，想做多少做多少，人家用那个模板就可以赚 10000 多元。

就是这么多年，一个是我当时也确实需要钱了，第二个是我这么多年在那里看着人家的那种管理啊、那种方式啊、经营公司那种啊，我自己也有一些经验，有一些想法，最后我还是想要不就自己开一个公司。石刻这个东西，你花了那么长时间，你卖得便宜了，你心里也不甘心，你高端的又没人来买，这没办法，就只能这样转型了。

我虽然学了手工雕刻这门技艺，但现在真得太花时间了，如果你拿石头用手工刻的话。现在上有老下有小，如果天天时间都花在手工雕刻上面的话，就没有时间、没有钱去照顾父母和孩子，所以就开了公司，引进机器，让机器来代替这个东西——手工雕刻。

久美东智选择的背后是不甘于自己的设计和技艺被廉价地使用，想要把自己手中的技艺发挥出来。另外，他为了生计、为了赚钱而改变了自己，你不可能永远在别人手下干着只能拿 500 元的工作。久美东智付出了七年，又在外漂泊了几年，他学会了如何发挥石刻的经济价值，选择了批量化生产这条道路。最后他也是为了家庭，希望能够通过机器雕刻来解放自己的时间，从而更好地照顾家人。可以看出，久美东智的选择非常真实，活脱脱市井凡人的想法，但是他所拥有的胆识和执行力却让人敬佩。作为普通人，他选择了机器雕刻这条路，但是，放下手工雕刻的他又是如何看待自己作为石刻传承人的责任呢？

二　安不忘忧

谈及石刻传承人的责任，久美东智也给了他的回答。

对自己而言，传承人没有什么不一样的，这个更多的是对自己技艺的认可，而不是说给我赋予一种价值。我的价值就是当年老师教我的那句话。我很小的时候，就是刚去学石刻的时候，老师就天天告诉我说："以后千万不要让石刻这门手艺变成一项你赚钱的那种工具，不要变成一个你去追逐金钱的工具。"比如说我刻这个东西，我从来不会漫天要价，我算钱怎么算，就按我刻这个刻了多少天，我每天去给自己算150元的工费，然后我刻了多少天，我这个东西就相应地值多少钱，是这样去换算的。

我当了这个县级传承人以后，传承人有什么责任？感觉我自己也说不清。更多的是如果县里面对我有什么需求，我就出工出力，我肯定要去，而且我觉得做得很好。如果有真正想学技艺的人过来找我，我会像贡保才旦大师曾经对我那样去对待徒弟，毫无保留地去教他。入门靠师父，师父会教你最基础的那些东西——技术那种，但是之后至于你自己刻成什么样，完全靠自己，跟你师父没关系。作为一个传承人，我也不会放下手艺（手工雕刻）上的活，自己也会多去刻一刻，把那个（技艺）一直保持住，别人找我过来学的话，我也会教给他。

贡保才旦大师的教诲扎根于每一个学生的心中，久美东智也不例外，而作为年轻传承人的他，与村里其他众多的传承人一样，并不是很清楚自己作为传承人的责任，但是他们都无一例外地讲到，虽然不清楚有什么责任，但是自己会一直刻下去，如果有人想来学这门技艺的话，自己也会毫无保留地倾囊相授。他们虽然嘴上说着不清楚自己的责任，但是他们的回答却诠释了他们作为传承人的责任。而这样的回答中，贡保才旦大师的名字一次次地出现，"像贡保才旦大师对待我们一样去对待徒弟"，类似的叙述已然深入当地人心，成为大家共同的选择，也更像是一种风气。

鉴于久美东智所拥有的机器雕刻佛像技艺的特殊性，可以说，这是一种很难掌握的新型技术，需要学习大量软件的使用方法，还要有非常坚实的手工雕刻技术以及绘画的底子才行，不知久美东智想不想把这个机器雕刻技术传播下去，便向他问道：

问：想不想把自己的机器雕刻技术传下去？

答：我的这个技术别人不懂，没有这个概念，而且村里的人不喜欢现代的事物。

问：想不想教给自己的孩子或者愿意来学这个技术的年轻人？

答：村里的大部分年轻人都在外面打工，我更愿意自己的孩子去上学。因为这个东西（石刻）没有太大的前途。大家都知道这个手艺是好东西，但是这个收入实在是太低了，刻一页经文才35块钱。就算一天你从早刻到晚，你特别努力刻的话，也最多就能刻上三四页。如果你稍微懒一点，一天只能刻一页，你虽然在家里面看似很轻松，在家里面就能工作，但你一天35块钱，你能养活谁？什么都养活不了。所以说，年轻人为了挣更多的钱，他们都选择出去打工了。

久美东智在提及关于手艺传承问题的时候，也道出了这门手艺的难处，他提到手工雕刻经文赚钱是非常困难的事情，耗时长，收入低。再者，就是全村的人在空闲时间都雕刻经文，石刻经文的产量已经趋于饱和，价格也就不会再提高了。但是，随着社会的发展，物价是在不断上涨的，手工雕刻经文能赚到的钱也就越来越不能满足人们的生活需要了，加上学习图像雕刻的成本太高，并不是每个年轻人都能经受得起的。这也使得操作简单来钱快的"打工"成为年轻人的主流选择，但是这种趋势的形成对石刻技艺的传承无疑是一种冲击。久美东智也认识到了这一点，并告诉我们他的担忧和看法。

现在这门手艺失传是很有可能的，概率很大。要说的话有三个原因：第一，其实政府的帮助、扶持力度很小，有些项目真正落实的、有帮助的那些很少，对那些做石刻的人，都没有切切实实地给到帮助，挣不到钱；第二，就是现在不是提倡环境保护吗，会有不让开采石头的时候，石刻这个东西，如果你没有石头，怎么雕刻呢；第三，就是购买这个东西（石刻）的人越来越少。藏族互相都不买，大家都自己雕刻，不会买这个东西。汉族的话，偶尔买石刻，也就会买点图案那种的，比如牦牛啊那些带点图案性质的。但是像回族的话，是根本不可能买的，主要因为是带宗教性质的，当然是不可能买的。那最后，石刻这个技艺就会被慢慢地放下了。

久美东智提到了政策方面的原因，还有第一次听到了有关石头开采和石刻购买的问题。关于政府的扶持，色德嘉措也一样提到，目前和日石刻传承人中大部分都是县级传承人，而县级传承人是没有任何经济上的政府补助的，但是学习石刻的过程中是没有太好的办法创造收入的。对于这些县级传承人的生活来说，无疑是一种压力，只有当他们的石刻作品成熟到能够售卖并且能卖到一个相对合适的价格时，他们才能赚到与其投入时间相称的收入。很明显，从目前的情况来看，能做到这一点的传承人很少。而关于石头开采，久美东智是第一个提到这个问题的人，保护环境的政策似乎制约了当地石刻产业的发展，保护环境无疑是大目标，而环境基本上不能给当地人带来任何创收，这里的旅游业几乎不存在，这也使得目前和日的石头价格在逐年上升，反而增加了石刻的材料成本。但是石刻产品售出的价格却没有上升，一个是经文的出产已经使得其价格达到上限。再一个是石刻佛像的售卖已经形成了固定的价格，想要提价十分困难，这并不像卖蔬菜瓜果那样由市场调控。在这里售卖更多的是基于朵果的时间成本，而不是石头本身，所以限制开采石头无疑制约了当地经济的发展。

至于购买问题，久美东智说出了我们非常容易忽略的一般常识，那就是购买人群的问题。受信众宗教信仰的影响，像回族、撒拉族等少数民族是不可能来购买和日石刻的，但是汉族人之所以购买，他们大多用来当工艺品，购买量很小。更多的还是寺院或是法事活动才会大批量地订制和购买，这种机会的出现并不稳定，不能成为稳定收入的来源。购买的人越来越少，也就成为不争的事实。而这一切都对依然从事石刻行业的人们产生了冲击，也使得学习石刻这条路越来越不被看好，从侧面影响了石刻技艺的传承。

在对其他传承人的访谈中，不止一次听他们说："用手工刻一遍经文，相当于念诵了一遍经。"但是，不知道机器雕刻有没有这个说法，出于好奇便向久美东智问了对于这个问题的看法，他很诚恳地回答了我们的疑问。

> 那也会有的，手工雕刻就是用手工工具刻一遍。机器雕刻，我得输入进去，输入的时候你也得注意，而且在机器上输入的话，因为更复杂，需要更多的注意力，所以说盯得就更认真，记得也更深。而且机器没有修改的空间，必须是对的，手工刻的话可以在旁边改一改，如果刻错的话，还可以上来找着补一下，比如说当时在旁边改一改什么，中间就改一改，你可以刻一半时发现中间这条好像不对，你可以当时就改一下。但机器刻，你只要输入进去，它是什么就是什么，所以说必须从一开始就要全部保证它是正确的。

第六节　拉果加：一枝独秀

通过村里藏医主任本措由的介绍，我们得知了拉果加是和日村唯一有传承人称号的女性传承人。她是县级传承人，并且她可能是这个村子里唯一会刻图案的女性。据本措由讲，现在村里有好多年轻人出去学过设计和绘画，可以将图案设计出来，要把纸上的图案刻在石头上却完全是两码事，这个转化的难度很大，但是拉果加可以把图案变成石头上的东西，她是从小跟着贡保才旦大师的徒弟阿克丹曲学的。本措由的介绍让我们非常感兴趣，因为来到这里后，我们接触到的传承人大多是男性，虽然也有很多刻石经的女性，但是目前女性传承人在和日村就只有这一个，于是我们当天就联系了这位传承人，并约在了村委活动室见面。

在通完电话后，我们在村委活动室的小凉亭等待了许久，却不见人来，一时间还想着会不会是被放鸽子了，正准备联系其他传承人时，拉果加终于来了。她匆忙地踱着细步走了过来，见面第一件事就告诉我们说服装店那边有些事情，因而耽误了时间，非常不好意思，我们立马回应道"没关系"，拉果加十分温和的态度给人一种很容易相处的感觉。我们坐在凉亭中开始了访谈，当她知道我们的来意后，也很快进入了状态，与我们开始了交谈。

> 我一直在刻，一直到去年（2018 年），平时雕刻的时候石头碎渣子会飞到眼睛里，伤害特别大。最近眼睛近视，看不清了，没办法刻了，就去开了服装店。①

她的回答让我们有些猝不及防，没想到唯一一个女性传承人已经变成了服装店老板，而且原因又十分干脆——石刻对身体带来的伤害使得她不得不转行。虽然拉果加现在已经是服装店老板了，但是我们还是继续聊起了关于她当时学习石刻的经历，她也非常乐意地讲述了其中的一二。

> 刻字、刻经文是我以前小时候就会的。刻图案，是 2005 年在这个村子里第一次专门办培训班的时候，去那个地方开始学的。那个时候我刚初中毕业，待在家里闲着没事干就去学了一下，也是自己的兴趣，是自己的喜好。我们当时的老师是贡保才旦大师，他就来了一次，教上一两天。主要教我们的老师是阿克丹曲。第一次培训就持续了一个月，之后他们每年都会有培训，有时候培训一个月，有时候培训两个月，但有时候可能说今年不培训，中间隔一年，下一年再培训，就这样一直培训。去年（2018 年）也培训了，我去了 50 天。

---

① 拉果加，女，41 岁，藏族，县级传承人，2019 年 6 月 28 日访谈。

他们主要培训学习刻图像，这里只有培训刻图像的，没有培训刻文字的。刻经文是小时候家里阿妈就教过的。我小时候十一二岁就会刻字了，我娘家那边都会刻石，而且周围所有人都会刻，主要是那个环境让我会刻了。我们家是那种最纯的和日村的人，有些人是那种后来搬过来的，他们当时分两种，一种是那种在寺院旁边的，一种是在山上的，搬下来后就住到了一起，组成了新的和日村。我妈妈的老师是我奶奶，一代一代传下来的。

刻石这个是很自由的，想刻就刻，不想刻就不刻，在自己家可以刻，也可以去邻居家里刻，这是很自由的。当时培训的时候，第一节课是学刻白海螺，那个是比较简单的，是入门的那种，之前也有来教绘画的，能学会的人很少，主要就是把画的东西拓在石板上，把那个轮廓弄出来再去刻。这个地方能自己直接画出来刻在石头上的人很少，大部分都是拓上去的。

拉果加学习石刻的原因非常简单，主要是受到了当时环境的影响。而这所谓的环境又分为两种：一种是家庭环境，从她奶奶辈以来家中就一直将石刻代代相传，受到家庭因素的影响，她很小就接触了石刻，并学习了刻字；另一种则是社会环境的影响。

石刻是和日村的一种传承，是大家公认的习惯，所以家里人都挺支持我的。

周围的人都会刻，家家户户都会刻字，使得石刻成了一种传统，并且沿袭了下来。

除了环境的影响，也是出于自己的兴趣使然，拉果加去学习了石刻图案。但是能够迎合她的兴趣并为她提供学习机会和场所的前提则是培训班的出现。培训班是村内组织起来后，请村子里石刻技艺高超的人来担任老师，进行图案雕刻的培训，贡保才旦大师以及他的众多学生都在培训班担任过老师，对于刚刚开始接触图案雕刻的拉果加来说，就如同启蒙老师一般。不过与之前碰到的传承人不太一样的一点是，拉果加学习石刻的主要手段是参加村内培训，并没有专门在哪位老师门下进行长期的学习。而当问及她最擅长雕刻的内容时，她说比较擅长刻"吉祥八宝""十相自在""六字真言"之类的，这一类内容在当地的众多作品中是属于较为简单的图案。比较厉害的传承人大多以雕刻图案、佛像为主，这一类对于石刻技术的要求则更高。很有意思的是，拉果加的专攻类型反映出了学习方式的不同所造成的差距。在大师门下学习多年出来的学生，其技术普遍都很高，大多都精通佛像以及圆雕。而通过培训班以教科书模式进行学习的学生，由于培训班开课时间的不稳定性，以及持续时间较短，学生并不能进行一个长时间的系统学习和训练，并且"一"对"多"的教学模式并不能兼顾到每个学生，所以学生的技术要差一些，大多以雕刻图案为主。拉果加就是其中一个很好的例子。

拉果加虽然现在以开服装店为主业，但是她还是一位石刻传承人的身份依然存在，当问到关于她作为石刻传承人的责任问题时，拉果加的回答似曾相识。

我觉得我的责任就是每次培训的时候或是在别的情况下，作为一个县级传承人，我起码还是有一定技术水平、有一定手艺的，然后碰上一些不会的人，有这个责任去教他们，因为绝大部分人都只会刻经文、不会刻图案，而我会刻一点图案，别人想学图案的时候，我就可以教别人怎么去刻这个图案，这些东西是我的责任。

由于身体原因，虽然拉果加不再从事雕刻，但是作为和日村唯一的女性传承人，她的石刻成就在和日村女性中还是技高一筹的。并且她依然明白自己作为传承人的责任，深知授人以渔是每一位传承人必备的信条。

照片 5 - 25　拉果加

第七节　"一棵树上开出的花"

除了上述几位传承人，我们还接触并访谈了村内的其他非遗传承人，而其中一位所说的一句话令人印象深刻，33 岁的县级传承人阿克久美切杨（小）在与我们聊天时，聊到有关他与其他学生的事情时，他突然两眼放光，十分认真地看着我们慢慢地说道：

我们都是一棵树上开出来的花，都会互相扶持、互相呼应、交相辉映的。①

众多出师于贡保才旦大师门下的学生，后来大多都成为非遗石刻传承人。他们不仅仅将技艺传承了下来，更是将贡保才旦大师的意志延续了下来。虽然传承人的性别、年龄、性格各不相同，技术有高低之分，并且各有所志，但是在与每一位传承人交谈过后，可以发现，即使有再多的不同，他们最终也还是基本走上了同样的道路。阿克久美旦培就曾说过：

> 学习石刻的人就如同藏传佛教的教派一样，可能你是格鲁派，我是宁玛派。你是直线走着，我是拐着弯走着。我们的经历虽然不同，但最后我们的目的地都是一样的，就是到达这里。②

久美旦培一只手竖着，另一只手则在空中画着转弯的轨迹，最后两只手的指尖碰到了一起。他意味深长地说："石刻也是如此。"确实如此，众多的学生在贡保才旦大师这棵大树的庇护培养之下成长开花。这些"花"虽然形态各不相同，经历的风雨各不相同，花开的方向也各不相同，但是最终却殊途同归。实际上，从众多受访人的讲述中，我们深切地感受到，和日村石刻传承人的一生也正如久美旦培所说的一样，虽然每个人的经历各不相同，每个人最后的选择也因人而异，但是他们最后所心系的东西依然是石刻的传承。只是每个人都以他们自己的方式沿着大师的足迹在进行着各种努力和尝试，从而使石刻得以延续和发展。

---

① 久美切杨（小），33 岁，藏族，县级传承人，2019 年 7 月 13 日访谈。
② 久美旦培，48 岁，藏族，州级传承人，2019 年 7 月 7 日访谈。

第六章
石刻文化的活态保护

和日村的石刻文化,历经百年而历久弥新,窥探原因,令人深思。本章将从保护的意识、保护的方式和保护的意义,就石刻文化的保护逐节予以分述。

第一节　保护的意识

一　政府的引导

2015 年夏季,我们一行三人对泽库县三江源办公室主任进行了访谈。那次访谈本想只是了解泽库县三江源生态移民现状,但后来他给我们讲述了政府是如何帮助和指导和日村村民适应新环境的,恰好反映了政府在保护石刻文化方面所做的努力和尝试。

和日村的人传统上就会刻石经,搬下来后我们加以引导,在我们的帮助下成立了公司。虽然暂时看不出来大问题,后面发展到一定程度,公司一定要收取一定的管理费。到现在雕刻出来的作品,作为公司的话我都收掉,好比卖 30 块钱,这 30 块钱就是你的,它不收取任何费用。它是集体的、大家帮忙的形式，作为村委会，把利润全部返给你的话，以后对公司发展有影响，它是一种"公司＋农户"的形式，这个公司没中介费。省上也认可和日村。现在不懂行的（人）要机器刻的（产品），现在老外来得多，机器刻的看不上，老外他们就要手工刻的，手工刻的好啊！好好提高一下，弄成旅游纪念品，再结合石经墙的旅游，这是我们下一步引导和日村要搞的事情。现在就是你能刻的人太少，展厅办不起来，也要宣传。我们每期都有培训，有作业，要评比，藏字能完整地刻下来也是成功了，再下一步，越来越难，没上过学也可以刻。培训之后就发结业证——县级的，这个证书没有多大用处，它只能证明你接受了这个培训。技术这块儿，省上论证这个证书的中心有呢，那个地方，它决定你的作品能达到什么水平。传承人证书、工艺大师证书，这个评上用处大，本来1000块钱可以聘请你，有了证书，3000（元）、5000（元）的才能请来。和日村里也有出去到别的外地寺院去刻图案、刻石经的。①

在县三江源办公室主任的话语中，虽然没有从正面谈及如何保护和日村的石刻文化，但政府通过鼓励村子成立"公司＋农户"形式的集体公司、举办石刻培训班、努力促成以石经墙为中心的旅游项目、筹建以石刻艺术品为主的展览会和培育石刻传承人，这些政府行为，无疑会增加从事雕刻的村民数量。在某种程度上，雕刻人数的增加，无疑是对石刻文化的最好保护。因为对传统文化的保护，最好的方式就是由人将文化传承下去，而不是让文化活在人们的记忆中或陈列在博物馆中。

从调查来看，政府对石刻文化的保护主要有三种方式：一是政

---

① 据笔者2015年8月17日访谈泽库县三江源办公室主任所得材料整理。

策引导；二是资金支持；三是组织宣传。政策引导主要体现在帮助和日村成立具有集体性质的公司，即和日石雕公司，并帮助寻找合适的买家，使和日村形成一条以石刻为主的后续产业链。一方面，增加了村民的经济收入；另一方面，通过产业化的形式，使得石刻文化得以继续传承发扬，真正使"文化搭台，经济唱戏"得以实践。资金支持，主要体现在村内举办石刻培训班或组织村民外出学习上。前文已述，政府每年都会划拨一定的资金，用于石刻培训和村民外出学习，而且政府每年还会定期为石刻传承人提供相应的补助。组织宣传主要体现在支持和日村的石刻艺术品参加各种展览会，据和日村前任村支书才让南杰讲，村里的石刻艺术曾经代表泽库县的民间传统艺术参加了几届"青洽会"，也正由此，吸引了很多外国人来和日村参观旅游。另外，组织宣传还体现在，政府为和日村的石刻文化拍摄宣传片，使和日村的石刻文化展现在世人的眼前，也增强了村民内心的自豪感，使更多的村民投入到石头雕刻中。

二 村民的态度

在田野调查中，当问及"您觉得和日村的石刻文化需要保护吗？怎么保护"时，60 个受访者中，无一例外，每个人都回答说"需要保护"。但当问到"具体如何保护，知道哪些保护措施"时，很多村民表示"莫西可"（藏语音译，汉语意为"不知道"或"不会说"）。当我们一再发问，有的村民谈及石经墙的保护问题则支支吾吾，从中可透视村民对保护石刻的意识和态度。村民 DJAQ 就说："（石经墙）现在没人保管就有人来偷，没人保护的话，我愿意去当保管员，对咱们村和寺院来说，石经墙是最伟大的，每个人都有责任去保护，就是要一个人承担比较难，要全村一起承担。石经墙上的佛像（被）偷走了，要防止他们去偷，如果自己年轻，肯定会去抓小偷。现在老了，打不过小偷。现在是国家保护着，有摄像头，我比较放心。石经墙离村子比较远，晚上有人去偷，我们也不知道。"①

自此之后，被访的每一个人，回答这个问题的时候，答案与DJAQ 无异，这使我们很诧异！为何我问的是"如何保护石刻文化"，回答的却是针对"如何保护石经墙"。后来询问了翻译角巴，从他口中得知，原来是他翻译的时候，特意将石刻文化翻译成了石经墙，因为他觉得，之前我们所询问的如何保护石刻文化，很多人回答"莫西可"，听完村民的回答之后，我们表现得有些急躁和气馁，他为了帮助我们，从而做了上述的改变，以希望我们能够顺利完成调查。听了角巴的解释才明白并不是村民"偷换概念"，而是角巴在翻译的过程中改换了概念。这也从侧面反映出保护石经墙之于保护藏族石刻文化的重要意义。

此外，调查发现，村中的一些现象也值得注意，从中也可反映出村民对保护石刻的态度。一种现象是，2015—2016 年，村中从事雕刻的人数明显不同。2015 年夏季村中有很多人从事雕刻，但是2016 年夏季村中从事雕刻的人数明显减少了，而且白天基本上都不在家。下面是笔者与阿克久美德金的一次谈话，从中可探知村民从事雕刻的一些变化和原因。

2014 年我们村上的公司接了一单生意，好像是果洛那边的寺院要刻一部《甘珠尔》《丹珠尔》。村上公司就分给了村民们刻，每张 20 块钱，规定了时间要刻完。你们去年（2015年）来的时候，正好大家都在刻，要完成任务嘛。今年上半年基本上都刻完了。所以很多人去镇上打工，去那边修路的也有

---

① DJAQ，68 岁，藏族，和日村人，2016 年 8 月 12 日访谈。

嘛，而且一天有一两百块钱。在家里刻经，刻了也不一定马上能卖出去。而且现在又有好多私人公司，村上的公司把钱都分了，应该都没有了吧，都是私人公司了，那还不如出去打小工划得来。①

从久美德金的叙述中，明显发现为何村中现今从事雕刻的人越来越少，而且也可以看出，村民从事雕刻多半是出于经济因素的考虑，当雕刻所带来的经济收益不如打工的时候，除了参加私人公司的那一小部分村民，很多村民则选择暂时放弃雕刻。当问及"您为何从事雕刻"，很多村民的第一反应回答的是"赚钱"，而后才说也为了"宗教信仰"。由此也可以说，村民参与到保护石刻文化的行动中，多半也与经济收益相关。正如东将本所说："要有买家买手工刻的，（石刻）就不会失传。"

另一种现象是，与石刻传承的下一代相关，因为石刻的传承和保护离不开对年轻人的栽培。在对由初中和高一平均年龄在14—17岁之间的25名学生一次课堂调查中，问及他们是否会刻石经或者图像，他们的回答让我们对和日村石刻文化的传承和保护感到了些许担忧。因为他们异口同声地回答说"不会"，当问"为什么不学"的时候，很多孩子表示"刻石经很累，学了也没什么用"。

后来，当问及"您希望孩子以后读书、当阿克还是刻石头"，很多家长是这样答复的。

> 希望自己的孩子以后读书，读书好，刻石头不是不好，刻石头有点累。②
> 现在孩子们不会，还没有教孩子，也不打算教孩子们，他

---

① 2016 年 8 月 15 日，对久美德金的访谈整理所得。
② 久美德金，26 岁，藏族，和日村人，2016 年 8 月 16 日访谈。

们也不愿意学，打算让孩子去当阿克。儿子说："自己愿意去当阿克，现在还在上学，长大以后想去当阿克。"①

想让自己的孩子去上学，让自己儿子学石刻，他不愿意的话，自己也没办法。②

希望自己的孩子以后上学，自己儿子上学多学点知识，自己小时候没机会上学，现在挺后悔的，寒暑假的时候希望他们学刻石头，孩子们以后长大了找到工作就不用刻了，没找到工作就刻石经。③

希望自己的孩子有个稳定的工作，但也希望自己的儿子会刻石头。④

让现在的这些孩子们学会，这些孩子们会刻一点的话，就不会失传。这个文化是祖宗留下来的，所以必须让孩子们学会。以后想让自己的孩子学刻石头，儿子学的时候，我就老了，可以传承。让孩子们学，逼、打（着学），自己的子子孙孙都要教。⑤

以上几位受访人的回答，代表了不同年龄段家长们对自己后代的期望。结合原始访谈资料，可以看出，25—35 岁年龄段的家长，希望自己的孩子以后读书，找到一份稳定的工作，或者去寺院当阿

---

① 拉旦加，30 岁，藏族，和日村人，2016 年 8 月 15 日访谈。
② 特日布，33 岁，藏族，和日村人，2016 年 8 月 17 日访谈。
③ 昆太加，37 岁，藏族，和日村人，2016 年 8 月 9 日访谈。
④ 羊切布加，43 岁，藏族，和日村人，2016 年 8 月 20 日访谈。
⑤ 东将本，50 岁，藏族，和日村人，2016 年 8 月 5 日访谈。

克，学习佛教经典，孩子们是否会刻石头，不在年轻家长们的考虑之内；而35—49岁年龄段的家长，在刻石头和去读书之间，第一选择是让自己的孩子们去读书，找到一份稳定的工作，第二选择才是在孩子们没有工作的前提下从事雕刻，以养家糊口；50岁以上的家长们，则希望自己的孩子们会刻石头，如果孩子们不愿意学的话，也会用"逼、打"的方式让他们学会。

对孩子们以后从事什么工作的态度，从某种层面上来说，反映了村民保护石刻的态度。通过以上叙述和分析，很多年轻的家长并未想到，让孩子们学会刻石头，也是对村子石刻文化的一种保护，因为在他们看来，村里的石刻文化没有失传的危险。正如我们访谈的一位年轻家长洋中太所说："不担心村子的石刻会失传，很多人刻着呢嘛，自己的孩子不会刻，其他的孩子会刻。"他的观点代表了很多年轻家长的观点，加之孩子们认为刻石头很苦很累，所以导致了村中10—20岁年龄段的孩子们不会刻石头。而那些上了年纪和有一定社会阅历的家长们，他们深知和日村是因为石刻才从当时和日地区最贫穷的村子发展成为如今和日地区最为富裕的村子，因此强烈要求自己的孩子们学会刻石头。所以，目前村子里20岁以上的青年，基本上都会刻石头，就算已经上了大学、有了工作，他们也会刻。总的来说，村子内部，若年轻家长或20岁以下的孩子们不能改变观念，随着时间的推移，石刻文化的传承将有断代的危险。

三 "他者"的关注

除了当地政府与和日村村民，和日村石刻文化的保护还有三种主要的力量：一是以专家学者为主的科研团体，二是以地方高等院校为中坚力量的保护团体，三是购买石刻艺术品的消费群体。其中，专家学者和地方高等院校从石刻文化保护与传承的角度进行关

注和研究，主动积极奉献自己的力量。而购买石刻艺术品的消费群
体则从经济刺激的角度，推动了村民继续从事雕刻，学者的关注和
市场利益的驱动，对传承和保护和日石刻文化都起到了重要的
作用。

　　已有研究显示，专家学者对和日石刻文化的关注经历了从简单
收录到细致研究的过程。从 1982 年石经墙首次被青海省考古队发
现到 2013 年，专家学者对和日石刻文化的关注停留在收录阶段。
这一阶段，在张超音的《中国藏族石刻艺术》一书中，以图文结合
的形式，对和日寺及石经墙进行了描述；谢佐等编著的《青海金石
录》，遍寻青海，收录了青海省 100 多处石刻群，其中也包括和日
地区的石经墙，明确了和日石经墙所具有的历史考古价值。2013 年
以后，随着人们对传统文化的关注，专家学者也从不同的学科视
角，对和日石刻文化进行了解读和研究。宋卫哲的《青海民族民间
石刻艺术研究》一书，专列一节对石经墙进行了描述，并讨论了石
经墙所包含的艺术价值；索南卓玛的硕士学位论文《和日石雕起源
及艺术特点研究》，较为全面地分析了和日村石刻文化的起源、发
展变迁和所包含的艺术特征和价值；王玉强的硕士学位论文《三江
源藏族生态移民后续产业发展研究——以青海泽库县和日村为例》
则从民族学的角度，分析了和日村逐渐兴起的生态移民后续产业
"石刻业"的现状及关联问题。他们对和日村石刻文化的关注和研
究，逐渐将和日村石刻文化展示在世人面前，由此吸引了更多的人
投入到和日石刻文化的研究当中，从而也积极推动了和日石刻文化
的保护工作。另外，地方高等院校不遗余力地推动着石刻文化的保
护。前文已述，青海民族大学从 2015 年开始，已连续三年举办石
刻艺术培训班，培养了将近 100 余名石刻艺人，为和日村石刻文化
的传承、保护和发展提供了良好的智力和技术支持。虽然专家学者
对和日村石刻文化的研究取得了一些成果，但是跨学科、多角度的

研究成果却是凤毛麟角，因此，对和日石刻文化的研究，有待扩展，如此方能更好地保护和日石刻文化。

前文述及，村民刻好的石刻产品主要有四个去向：其一，用于买卖；其二，放到石经墙上；其三，赠送；其四，作为礼佛的奉献之物。其中，买卖是最为主要的，正如张鹰在《宗教艺术》一书中所说："佛教徒认为，人在神佛面前都是有罪的，因为人的活动必然伤害其他生灵，包括有意和无意，所以人们转经、念经、刻经是为了求得神佛宽恕，以利将来好升天转世。"① 但很多藏族群众不会刻石经或图像，因此便寻求买石经或图像，以减轻自己的罪过，从而在和日村形成了买卖市场。因为藏族人对石刻产品的需求，从而促进了村民继续从事雕刻，这无形中也有利于和日石刻文化的保护。

综上所述，在保护和日石刻文化的行动中，政府、村民及由学者、高校、买者组成的群体是石刻文化保护中的三大主体，并且三者的保护意识各不相同。政府主要依据相关政策法规积极推动和日石刻文化的保护；因为对保护传统文化所带有的天然使命，专家学者也是不遗余力地为保护和日石刻文化出谋划策；消费群体出于购买的需要，极大地推动了村民们能够继续从事雕刻。而村民的保护态度因为年龄和阅历的不同，则较易受到外界因素的干扰，如经济收益、宗教信仰，显得摇摆不定，从而在村内并没有形成保护石刻文化的统一共识。

第二节　保护的方式

上文从政府、村民和他者分析了不同层面对石刻的保护意识，虽各有不同，但和日村还是在各方力量的促进下，形成了不同的保

① 张鹰：《人文西藏：宗教艺术》，上海人民出版社 2009 年版，第 146 页。

护方式，殊途同归。

一 和日村的荣誉——国家级非物质文化遗产

2008 年，石雕·泽库和日寺石刻入选第二批国家级非物质文化
遗产名录，成为泽库县唯一一处国家级非物质文化遗产。这对于保
护和日石刻文化，意义重大。

首先，为保护石刻文化提供法律支撑。我国于 2011 年出台的
《非物质文化遗产法》，其中，第五章第三十八条到第四十条明确规
定："文化主管部门和其他有关部门的工作人员在非物质文化遗产
保护、保存工作中玩忽职守、滥用职权、徇私舞弊的，依法给予处
分。文化主管部门和其他有关部门的工作人员进行非物质文化遗产
调查时侵犯调查对象风俗习惯而造成严重后果的，依法给予处分。
破坏属于非物质文化遗产组成部分的实物和场所的，依法承担民事
责任；构成违反治安管理行为的，依法给予治安管理处罚。"[1] 法律
的出台，明确了政府行为，也在一定程度上约束了普通百姓的偷盗
行为。正如访谈对象 DJAQ 所说："以前是偷的多嘛，但现在有国
家保护着，抓到了要处理，所以偷的比较少了，现在的人素质也高
了一些，都不来偷了，但是自己还想着，应该要去当保管员，自己
也放心一点。"[2]

其次，为保护石刻文化提供资金保障。我国于 2006 年出台的
《国家级非物质文化遗产保护与管理暂行办法》第十条规定："国
务院文化行政部门对国家级非物质文化遗产项目保护给予必要的经
费资助。"[3] 因此，村中方能每年举办为期一个月的石刻培训，同时

---

[1] 中华人民共和国第十一届全国人民代表大会常务委员第十九次会议通过：《中华人
民共和国非物质文化遗产法》，法律出版社 2011 年版。

[2] DJAQ，68 岁，藏族，和日村人，2016 年 8 月 12 日访谈。

[3] 中华人民共和国文化部，《国家级非物质文化遗产保护与管理暂行办法》，2006 年。

也能够向外派遣年轻人学习石刻和绘画技术。

再次，为保护石刻文化创造重要契机。加入非物质文化遗产名录，尤其是国家级非物质文化遗产名录和世界文化遗产名录的，可以提高当地的知名度，吸引全国乃至国外的游客前来参观，由此可以推动当地特色旅游的发展，村民也能从销售石刻产品中获得更多的收入，因而保证使更多的村民参与到石头的雕刻之中，从而推动石刻文化的保护。

照片6-1　国家级非物质文化遗产牌匾

二　和日村的"活文化"——传承人

石刻传承人的遴选和存在，也是保护石刻文化的重要举措之一。传承人不仅掌握着高超的石刻技艺，对雕刻前石头的选择，雕刻时图像的绘制、工具的使用、步骤的把握和禁忌的注意，以及放石经或图像时的仪式都了如指掌，并且他们通过家庭内部的传承和开班授徒的形式将石刻文化传给自己的下一代或外地人，因此，传承人是和日村石刻文化传承和保护的"活文化"。

目前，和日村的传承人共分为四个等级，分别是国家级、省级、州级、县级传承人。其中，贡保才旦属于国家级传承人，才旦加和丹曲属于省级传承人，肉增多杰、久美旦培属于州级传承人，更登、久美切杨（大）、色德嘉措、拉果加等30多人属于县级传承人。每一个传承人都持有相应等级的证书，国家级、省级传承人，每年从政府还能获得相应的补助资金。虽然州级、县级传承人没有补助资金，但成为传承人之后，会吸引许多买家慕名前来购买他们的石刻产品，这对改善和提高其生活质量也大有裨益。除此之外，成为传承人，还能提高个人的名声和地位。同时，有的村民认为"成为传承人，也是一种修行方式，是佛对自己雕刻石头的奖励，对自己死后也有好处的嘛"。基于此，很多村民想成为一名传承人。

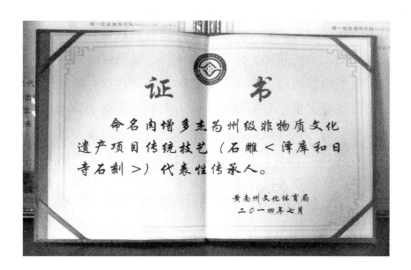

照片6-2　传承人证书

（一）成为传承人

去黄南州上考"刻石经"的证书，证书没给我，只给了别的两三个人，我猜是看面子给的。石经资格证，从县上到州上特别难。有些人学了一年就考上了，我们学很多年也考不上。我们这次十几个人考了，都没考上。一年考两次，今年三月份考了一次。州上考试也有学别的专业的。考试都是看谁可以去，谁不可以去。自己不联系考试，都是村上联系，刻的图案都一样，刻得再好也（可能）会考不上，刻的不好也（有可能）会考上（的）。这边自己刻完自己交上去。等他们通过了，再去县上或热贡。当着老师的面再刻一遍。考上证，国家会给点钱，拿上资格证书，有证书，刻出来的有人要。①

虽然 XJMQY 对获得传承人证书颇有微词，但从他的叙述中可以获悉，想成为石刻传承人，并非那么简单。首先，政府下发的传承人证书，是通过考试的方式获取的，只有被认定合格之后方能获得相应等级的证书；其次，想要参加考试，需要经过村子内部的遴选，只有村子内部通过了，才有考试的资格；再次，参加考试的形式是，自己先在家里把石头刻好，然后上交，等待初审通过后，再去县上或州上进行现场雕刻，只有全部通过之后方能拿到相应的证书。后来听肉增多杰讲，传承人的级别越高，考取的难度也就越大，虽然他的石刻技艺已经达到炉火纯青的地步，但也一直未能获得国家级传承人证书。

（二）传承人的日常生活

成为传承人之后，持有不同证书的村民，所做的事有所区别。我们曾对持有省级证书的才旦加和持有县级证书的久美切杨（小）进行了为期六天的跟踪调查，以此来观察他们的日常生活。在这六天之内，才旦加只做了两件事，一是雕刻，二是在培训班里教村民雕刻；而久美切杨（小），没有刻过石头，做的事情主要包括在寺

---

① XJMQY，28 岁，藏族，和日村人，2015 年 7 月 29 日访谈。

院诵经、帮亲戚家修房顶、帮亲戚照看山上的牛羊，其中经营自己在镇上的小商店，成为他六天内最常做的事情（如表 6 - 1 所示）。

表 6 - 1　　　　　　　　传承人的日常生活

人物时间 （2016 年）	才旦加	久美切杨（小）
8 月 10 日	公司里雕刻，一直到下班	帮亲戚放牛羊
8 月 11 日	公司里雕刻，一直到下班	经营小商店
8 月 12 日	公司里雕刻，一直到下班	帮亲戚修房顶
8 月 13 日	培训老师，下课后在家刻佛像	经营小商店
8 月 14 日	培训老师，下课后在公司刻之前未完成的度母	经营小商店
8 月 15 日	培训老师，下课后继续雕刻未完成的度母	在寺院诵经

从二人日常生活的对比中，不难发现，级别较低的传承人，因为不享受国家的生活补助，也未能加入私人公司，加之时下买家基本上从私人公司购买石刻产品，从而导致这一级别的传承人和普通村民一样没有稳定的收入，为了生活，这一部分人往往逐渐放弃雕刻，选择其他谋生之道，如打小工、做生意、放牧等。手工艺类非遗，最大的特点就是存在于民众的生产生活之中，是一种活态的文化现象，这种文化艺术贯穿于人们的日常生活之中，民众借助这一艺术形式表现自己的性格特征和生活理想。这类文化遗产以人为本，与人的活动息息相关，它不以物质形式传承，而是通过人的口耳相传和言传身教得以延续，在传承的过程中极易发生变故，任何一个环节出现断裂都将导致文化的遗失。因此，在手工艺类非遗的保护和传承过程中，传承人最为重要。① 因此，为了更好地保护和

① 王滨：《文化自觉语境下的开封朱仙镇木板年画传承与保护研究》，温州大学，硕士学位论文，2013 年，第 38 页。

日石刻文化，应该大力培养新的传承人，同时给予不同级别传承人相应的生活补助，改善他们的生活环境，只有满足了他们日常生活的需求，传承人才有可能发挥其在保护石刻文化当中的作用，否则有些县级传承人可能就此放弃雕刻，从而影响到石刻文化的传承和发展。

(三) 传承人的作用

1. 作为村民学习的模范

在和日村，传承人的石刻技艺超群，雕刻出的图像栩栩如生、活灵活现，因此传承人成为村里许多年轻人学习的榜样。我们初到村子的时候，由于对村子不熟悉，很长一段时间都找不到合适的访谈对象，基本上是碰见这一户有人，就问这一户的主人，但访谈效果并不是很好。后来翻译角巴对我们说："村子里刻牦牛最好的是多杰东珠，刻佛像最好的有肉增多杰、才旦加、索南拉丹、关却多杰，刻藏羚羊最好的是羊切布加，刻砚台最好的是朋措，你们可以去访谈他们。他们刻得真的好着呢，村里刻的最好的，就是他们了。"① 从角巴的言语中，可以感受到他对这些人的崇敬。另外，因为这些人雕刻的石头美观且细致，因此吸引了很多买家前来购买，随着购买次数的增加，他们的生活也逐渐好转，成了村子里最先富起来的一部分人，也正因此，吸引了更多的村民从事雕刻，从而为保护和日石刻文化增加了力量。

2. 作为向外展示的榜样

随着时代的发展，和日村的石刻文化，逐渐由村子内部传承发展到了向外传播的阶段。而传承人的存在是促成这一变化的最主要因素。因为传承人成了外地人学习雕刻的师父或者说老师，在教学过程中通过向外地传输石刻知识，使得更多的外地人知道了和日村

---

① 据 2015 年 7 月 30 日田野录音整理所得。

的石刻文化。村子有时候还会参加"青洽会"及其他展览会，如果将传承人的作品放在展览会上进行展示，并且通过传承人现场讲述及雕刻等形式，对和日村的石刻文化进行宣传，提高和日石刻文化的知名度，定能为和日村村民带来相应的经济报酬，村民生活条件的提高，也有利于村民继续从事雕刻。

三 和日村的新思路——石雕公司

第二章第一节已述及，目前村子里有一家公家公司——和日石雕艺术有限公司（简称和日石雕公司），七家私人公司。其中，私人公司中，有三家机器雕刻公司，四家手工雕刻公司，而且全部为村民自己管理和经营。也正是因为公司的存在，村民的生活逐渐好转。

（一）公司的现状

和日村的第一家公司，是 2009 年由泽库县政府资助成立的和日石雕公司。这个公司属于集体所有，全村所有人都是公司的参与者。每年每家每户都可从公司分到红利。成立的第一年就为村子创收 108 万元，第二年更是达到了 115 万元。但好景不长，随着村子里私人公司的兴起和村子领导班子的换届，公司的经营状况每况愈下。据村里的久美德金说，和日石雕公司似乎已经歇业了。

> 以前村上公司，拿的项目很多。去年（2015 年）换村委了，现在这个公司好像没开了吧，换的时候把钱都平分了。当时村民一起办了公司，出没出钱我不知道，我不在家，在四川学习。①

据根丹曲配和肉增多杰讲，他们曾在和日石雕公司上班，每个

---

① 久美德金，26 岁，藏族，和日村人，2016 年 8 月 15 日访谈。

月能拿到 2000 元的工资。但是后来他们与这个公司的几位刻工一起成立了私人公司，他们便不再去和日石雕公司上班了。

> 全村就我们七个人被原来的公司选中了，后来我们七个人坐下来商量一起开一个私人公司，就是坐在一起商量的。主要商量的是什么样的方法才能赚钱，目的就是为了赚钱，是为了生活嘛。现在村上的公家公司也还在吧，我们七个人不刻了之后，就放着。上面来人检查了，就去村里的公司上班，证书都在村上公司的传习所里。①
>
> 以前七个人在村上公司干过，果洛那边的人就知道我们了，现在七个人邀请阿克丹曲成立了私人公司。现在不在村上的公司刻了，因为私人公司比较好，现在村上的公司应该还运行着，我不太清楚，有人来检查了，我们再去村里的公司刻。②

由此可见，现在和日石雕公司的运行处于困境中。正如根丹曲配和肉增多杰所说，在公司雕刻，也只是等政府来人检查之后才去刻，一般情况下，他们是在自己的私人公司里进行雕刻的。

虽然村子的和日石雕公司已名存实亡，但相应的私人手工雕刻公司却蓬勃发展起来，一派欣欣向荣的景象。公司刻工 DJDZ 说："参加公司的七个人比以前更好了，经常一起坐下来商量怎么刻，现在都是按时上下班，没有工资，赚钱了大家一起分。现在还没有分，卖出去的钱存着呢。村上公司里的石头差不多卖完了。人家基本上到我们这儿做买卖，私人公司很多，像我们这样上下班的只有我们这儿，刻石经，现在不刻，但如果买主有需要的话，我们才接这样的生意。现在的话，买主很多，有点供不应求，有点刻不完，

---

① 根丹曲配，30 岁，藏族，和日村人，2016 年 8 月 15 日访谈。
② 肉增多杰，29 岁，藏族，和日村人，2016 年 8 月 9 日访谈。

买主大部分是泽库、热贡那边的藏族，也有汉族来买的。有些人拿去买卖，有些人放在家里，还有些人找我们刻手工门牌。"①

（二）公司的宗旨

从和日村前任村支书才让南杰那里得知，泽库县政府之所以资助村子成立和日石雕公司，一方面是为了帮助搬迁牧民适应新的生活，另一方面也是出于对石刻文化的保护。而私人手工雕刻公司的成立，一方面是为了赚钱，另一方面也是出于对石刻文化的保护。在访谈过程中，私人公司的所有者和参与者就曾说过，"希望公司的存在，对传承和保护石刻文化有所帮助"。羊切布加说："我们自己也希望对保护和传承石刻有帮助，也是开公司的目的之一，要传承和保护下去，关键是要刻，刻的越多越好。"肉增多杰也表示，成立私人公司的宗旨之一就是"为了将石刻技艺传承下去"。而且，后来我们在肉增多杰所在私人公司下发的宣传单上发现，他们将传承和保护石刻文化列为他们义不容辞的责任，同时还指出，欢迎全国各地想学石刻的青年才俊，到和日村学习参观，并表示愿意将他们自己所掌握的石刻技艺，教给前来学习参观的人们。

由上所述，和日村对石刻文化的保护方式主要有三种：一是从政府层面出发的保存式保护，即将和日村的石刻文化列为国家级非物质文化遗产，为保护石刻文化提供法律依据；二是从传承人角度出发的传承式保护，即通过对新一代传承人的培养，以及提高传承人的地位，对和日村的石刻文化进行传承式保护；三是从生态移民后续产业"石刻业"的角度出发，通过成立集体性质的和日石雕公司和私人公司，获取较多的经济利益，引导更多的村民参与到石头的雕刻之中，从而形成对和日村石刻文化的产业化保护。三者相辅

---

① DJDZ，31 岁，藏族，和日村人，2016 年 8 月 12 日访谈。

相成，共同推动和日村石刻文化的保护。

照片6-3　私人公司的宣传单

第三节　保护的意义

　　和日石刻文化作为藏族石刻文化的一部分，是藏族石刻文化在地方的具体体现。通过对和日村石刻文化的调查研究，可以了解到文化并非虚幻缥缈的存在，而是融入当地民众的生产生活之中，与区域文化休戚相关。石刻既是信众礼佛必备和宗教信仰的一种载体，也是村民生存的手段，今天我们称之为一种"文化"，这样的"文化"在被认识之前，已经在世世代代地传承。石头本身不具备文化的意味，但是当藏族民众发现它，将宗教文化以及对生活的理解都雕刻于其上时，石刻便成了藏族文化的一种载体。但是，面对现代市场经济的冲击，和日石刻文化的传承和创新性发展，有科学、有效的保护机制和措施，才能彰显出生机和活力。

一 有利于保障石刻文化的传承

石刻文化的保护应该由大家共同努力完成，尤其是作为传承的主体——朵果（刻工或石刻艺人）。石刻对许多藏族信众来说，应该是一种理所当然而又复杂的存在。因为，石刻就是信众宗教生活中的一部分，在藏族生活的这片土地和庭院中，随处可见，举行各种礼佛仪式时石经和石刻图像也是必不可少的。但是，这样已经习以为常的存在，面对实实在在的生活时，并没有带来更多经济上的实际帮助。实际上，这种复杂性是传统文化在现代市场经济中普遍遭遇的困境。当传统文化与现代市场经济产生冲突时，政府对石刻文化保护的介入不失为一种直接有效的调适手段。首先它是对这一文化价值的充分认可，即列为国家级非物质文化遗产，政府的介入和认可实际上是对当地民众的一种引导，让人们正确认识石刻文化，通过对石刻文化的认识而提高当地藏族的民族自豪感，进而引导广大民众积极保护石刻文化，使石刻文化得以传承。

"传承"是非物质文化遗产保护的核心概念，保护的目的是让有价值的人类非物质文化遗产持久地延续下去。[①] 而政府引导实际上也只是辅助作用，"非物质文化遗产"强调的虽然是"非物质"，实际上不在于"物"或"非物质"，而是传承，所以，作为传承媒介的"人"才是其核心。在石刻文化的传承中，必须发挥传承者的主体作用，因此就有了传承人的遴选认定。对传承人的认定并没有硬性的标准，通过对和日村传承人的考察，他们大体有以下几个特征：能够熟练地掌握石材雕刻技术、对藏族文化有一定的了解、在社区内具有一定的公信力和影响力，等等。传承人自身继承了传统文化，加上本人在社区的影响力，有利于文化在这一地区内的传播

---

① 祁庆富：《论非物质文化遗产保护中的传承及传承人》，《西北民族研究》2006 年第 3 期。

和传承，出于对地方精英的向往，人们也更愿意去认识和了解这一文化。因此，非物质文化遗产和传承人的认定，直接为石刻文化的传承提供了重要的保障。

二　有利于提高村民的生活水平

石刻文化的保护，不是将其列入国家级非物质文化遗产，再确定几个传承人，然后便束之高阁，仅供瞻仰。它还要与当地民众的生产生活联系起来，"非物质文化遗产是人类不同民族不同社群的民众在历史的长河中自己创造和传承的"①，石刻文化也是如此。实地调查发现，石刻与当地民众的生活息息相关，它承载着当地的生活制度、行为规范以及文化内涵，石刻文化传承至今，不同时期经历了多种变化。在市场经济文化氛围之下，也在不断寻求调适，进而重构，继续传承。在石刻产业化之前，和日村的石刻基本上是手工雕刻，面对社会生活现代化大潮的冲击，越来越多的年轻人选择另谋出路，不愿再从事雕刻，石刻文化可能将逐渐消失。

因此，在文化传承的前提下，必须寻找新思路，随之出现的便是和日石雕公司的成立。石刻的产业化生产并不意味着手工雕刻的消失，相反，而是将手工雕刻与产业化生产的结合，手工雕刻保证了石刻文化传承的完整性，产业化生产则最大限度地发挥着石刻的市场价值，提高这一地区人们的生活水平。这有利于提高当地民众参与石刻的积极性，石刻在与市场链接的情景之下，再次与民众联系起来，融入藏族生活的石刻文化，才是石刻真正的文化内涵所在，同时，也是石刻文化在现代经济社会中自我重构的一种表现。

三　有利于促进民族文化的交流交融

石刻文化作为藏族文化的一部分，保护石刻文化，有利于保护

---

① 贺学君：《关于非物质文化遗产保护的理论思考》，《江西社会科学》2005 年第2 期。

特色文化，传承民族文化，丰富中华文化，是当地民众对区域社会
文化认同的途径之一。"一个民族的非物质文化，是她独有的民族
精神全民性的活的记忆，是文化认同的重要标志，维系民族存在的
生命线。这种生命线一旦遭到破坏，民族文化的基因及其生命链将
出现断裂变形，民族的存在随之发生危机。"① 所以，面对全球化、
市场化、一体化的强烈冲击，对石刻文化的保护实际上是对藏族传
统文化延续和发展的保护。随着旅游业的发展，对石刻市场的需求
在客观上推动了雕刻的产业化。石刻产品大规模进入市场，不仅可
以提高当地村民的经济收入，也使更多的人认识石刻，人们通过对
石刻的认识而加深对藏族文化的了解，从而促进各民族之间的交往
交流，有利于民族团结及区域和谐。

---

① 贺学君：《关于非物质文化遗产保护的理论思考》，《江西社会科学》2005 年第
2 期。

第七章
石刻文化的传承发展

　　中华民族5000多年文明历史所孕育的中华优秀传统文化源远流长、博大精深、独具特色，为中华民族的绵延发展提供了强大精神支撑。传承发展中华优秀传统文化，就是要用蕴含其中的人文精神、道德规范等精华不断滋养中华民族的精神世界，提振中华民族的精神力量。党的十九大报告指出："推动中华优秀传统文化创造性转化、创新性发展，继承革命文化，发展社会主义先进文化，不忘本来、吸收外来、面向未来，更好构筑中国精神、中国价值、中国力量，为人民提供精神指引。"① 习近平总书记指出："传承和弘扬中华优秀传统文化，要重点做好创造性转化和创新性发展，使之与现实文化相融相通。创造性转化，就是要按照时代特点和要求，对那些至今仍有借鉴价值的内涵和陈旧的表现形式加以改造，赋予其新的时代内涵和现代表达形式，激活其生命力。创新性发展，就是要按照时代的新进步新进展，对中华优秀传统文化的内涵加以补

① 习近平：《决胜全面建成小康社会 夺取新时代中国特色社会主义伟大胜利——在中国共产党第十九次全国代表大会上的报告》，人民出版社2017年版，第23页。

充、拓展、完善，增强其影响力和感召力。"① 这些重要论述为我们
科学对待一切精神文化遗产和制度文化遗产指明了方向，为弘扬中
华优秀传统文化发出了号召，赋予我们重大的历史责任和文化使
命。因此，加强和保护和日石刻非物质文化遗产，积极培养传承人
并不断接续，同时加强和日石刻的历史文化研究，重视其保护和传
承、传播交流等工作，在新时代推动和日石刻文化的创造性转化、
创新性发展，推动优秀传统文化深入人心，讲好和日石刻故事，对
涵养社会主义核心价值观，促进各民族交往交流交融，不断铸牢中
华民族共同体意识，具有重要意义。在传统与现代不断碰撞的情境
下，面对石刻文化传承中出现的种种问题，科学、理性正视和日石
刻技艺传承面临的诸多困境，处理好传统与现代、传承与发展的关
系，在保护中传承、在传承中发展，在文化交流互动和拓展中积极
寻求智慧，汲取营养，推动和日石刻文化的传承发展，使和日石刻
不断焕发出生机和活力。

第一节　文化自信的培养

"文化是一个国家、一个民族的灵魂。文化自信是更基础、更
广泛、更深厚的自信，是一个国家、一个民族发展中更基本、更深
沉、更持久的力量。习近平总书记强调：'没有高度的文化自信，
没有文化的繁荣兴盛，就没有中华民族伟大复兴。'坚定中国特色
社会主义道路自信、理论自信、制度自信，说到底是要坚定文化自
信。"② 同时，"习近平总书记高度重视中华优秀传统文化，并将其

---

① 中共中央宣传部编：《习近平新时代中国特色社会主义思想学习纲要》，学习出版
社、人民出版社 2019 年版，第 147 页。
② 中共中央宣传部编：《习近平新时代中国特色社会主义思想学习纲要》，学习出版
社、人民出版社 2019 年版，第 138 页。

作为治国理政的重要思想文化资源。他强调，中华优秀传统文化是中华民族的突出优势，是我们在世界文化激荡中站稳脚跟的根基。实现中华民族伟大复兴，必须结合新的时代条件传承和弘扬中华优秀传统文化。在人类文明历史长河中，中国人民创造了源远流长、博大精深的优秀传统文化，为中华民族生生不息、发展壮大提供了强大精神支撑。中华优秀传统文化的丰富哲学思想、人文精神、价值理念、道德规范等，蕴藏着解决当代人类面临难题的重要启示，可以为人们认识和改造世界提供有益启迪，可以为治国理政提供有益启示，也可以为道德建设提供有益启发。习近平总书记指出："不忘本来才能开辟未来，善于继承才能更好创新。'优秀传统文化是一个国家、一个民族传承和发展的根本，如果丢掉了，就割断了精神命脉。"① 这体现的就是优秀传统文化传承保护和发展创新之间的辩证关系，强调"要坚持马克思主义的方法，坚持古为今用、推陈出新，有鉴别地加以对待，有扬弃地予以继承。既不能片面地讲厚古薄今，也不能片面地讲厚今薄古，而是要本着科学的态度，继承和弘扬中华优秀传统文化，努力用中华民族创造的一切精神财富来以文化人、以文育人"②。"传承和弘扬中华优秀传统文化，要认真汲取其中的思想精华和道德精髓。讲清楚中华优秀传统文化的历史渊源、发展脉络、基本走向，讲清楚其独特创造、价值理念、鲜明特色，增强文化自信和价值观自信。深入挖掘和阐发中华优秀传统文化讲仁爱、重民本、守诚信、崇正义、尚和合、求大同的时代价值，使之成为涵养社会主义核心价值观的重要源泉。系统梳理传统文化资源，让收藏在博物馆里的文物、陈列在广阔大地上的遗

---

① 中共中央宣传部编：《习近平新时代中国特色社会主义思想学习纲要》，学习出版社、人民出版社 2019 年版，第 146 页。

② 中共中央宣传部编：《习近平新时代中国特色社会主义思想学习纲要》，学习出版社、人民出版社 2019 年版，第 147 页。

产、书写在古籍里的文字都活起来。"① 因此，只有充满文化自信，才能更好地保护和传承、弘扬优秀传统文化，才会有兼容并蓄的态度和精神去积极学习借鉴、吸纳其他各种优秀文明成果，形成中华文化的特色，不断增强文化实力，使中华优秀传统文化不断发扬光大，深入人心。丰富多彩的藏族石刻文化是藏族传统文化的重要载体，体现了藏族传统文化的鲜明特征。因此，科学、系统地整理和研究藏族石刻文化，重视石刻传承人的培养，对发掘和保护藏族文化的人文内涵，彰显文化底蕴，丰富中华文化，具有重要意义。

区域文化是一个地区或是一个城市的精髓，如果没有对自己文化的高度自信，那么这个地区的发展将会受到阻碍。对于自身所在区域文化的自豪感以及自信心，可以非常有力地促进当地人民的积极性和能动性，推动当地文化的传承和发展，从而带动经济的增长和发展。和日石刻之所以能够闻名于青藏高原之上，是长期以来众多石刻艺人秉持着精益求精的工匠精神②不断地敲打、雕刻、锤炼，才能将和日所特有石刻文化内容刻印在石头之上，刻印在人们心中，刻印在所有见闻了和日石刻的人们的脑海之中，这是几代人在挥洒了血与汗、付出了艰辛劳动的前提下才打造出的名号。它早已与普通石刻不可同日而语，其价值也超越了普通的石刻，凝聚着和日这个地方广大民众的心血，被赋予了相当浓厚的地域文化价值。和日村拥有深厚的石刻文化底蕴，长期的历史积淀使得和日村获得了"石雕艺术之乡""高原石刻第一村"的美称，并且这里还有一批掌握了核心石刻技艺的传承人。和日石经墙的重建也引起了外界的广泛关注，相较于其他村落，青海泽库县和日镇和日村的知名度

---

① 中共中央宣传部编：《习近平新时代中国特色社会主义思想学习纲要》，学习出版社、人民出版社 2019 年版，第 148 页。

② 工匠精神，是一种职业精神，它是职业道德、职业能力、职业品质的体现，是从业者的一种职业价值取向和行为表现。"工匠精神"的基本内涵包括敬业、精益、专注、创新等方面的内容。

更高。可以说，这是得天独厚的文化优势。

虽然和日的区域文化在各方面都崭露头角，如今却出现了问题——这里的人们缺乏文化自信，有不少传承人都认为他们文化的核心——石刻文化中的石刻技艺，只是一种维持生计的手段，甚至有个别传承人消极地认为这门手艺是那些考不上学又走投无路的人，或是没有别的手艺也找不上工作的人才会学的。这种以赚钱谋生为目的的心态，使得众多传承人并没有对这门手艺产生自豪感，也就导致了文化自信的缺失，并且很多年轻的传承人对石刻文化的认识过于单一，只是认为这是一门值得传承下去的手艺，而并没有正确认识其内在所蕴含的文化价值和艺术价值：是一种藏族优秀传统文化的承载方式，而藏族文化也是构成中华文化非常重要的一部分。中华文化和各民族文化是共性与个性的统一。各民族的文化，既有中华文化的共性，又有各自的民族特性。各民族文化相互交融、相互促进，共同丰富了灿烂的中华文化。从外部看：中华文化与区域文化是一体；从内部看：中华文化具有鲜明的地域性，由不同的地域文化构成，呈现文化的多元化。如何更好地发展，是传播中华优秀传统文化的关键。然而，单一的文化认知导致人们的积极性受到了消极的影响，不能发挥石刻文化本身的作用，只是注重其经济效益的做法，加上学习石刻的时间成本较高，使得年轻人望而却步，更多的人选择了升学或打工，使石刻技艺和文化传承出现了困境，石刻的传承也面临着断代的窘境。目前的和日村面临着一个非常现实的问题，就是石刻技艺有可能会断代。虽然和日村仍有几十位传承人，人数比例总体呈下降的趋势，而到了今天，年轻人当中愿意学习石刻或是会雕刻图案的人数更是掰着手指头就能数过来的，虽然不能片面地依据这样的一个趋势来断言石刻技艺在和日村可能会失传，但是却存在着这样的可能性。如果这种趋势再持续下去，学习石刻的人越来越少，那么这种可能性就会慢慢地变为现实。

　　非物质文化遗产的基本属性主要体现在活态属性和自身文化属性两个方面，自身文化属性就是该文化区别于其他文化的独特性，是其成为非物质文化遗产的内在要素，而活态属性则是该文化的生存方式，是其被认定为非物质文化遗产的基本前提。非物质文化遗产的这两个基本属性的保有以作为文化主体的传承人为基础。[①] 而和日村的石刻传承人正是和日石刻文化发展的关键，石刻为物，它们本身是死的，一开始并不具有意义，但是手工雕刻这一活动为石刻赋予了新的意义，不论是作为敬献神祇的贡品也好，还是祭祀逝者的祈祷也好，作为商品的交换流动，也可以作为交流友谊的礼物，正是人赋予了其社会文化意义，才能从中产生出文化。作为在历史中展开的文化实践活动，具有历史的规定性，非物质文化遗产区别于物质文化遗产的一个基本特性，就是依附于个体的人、群体或特定区域空间而存在的，是一种活态文化。可以说，"活态性"就是非物质文化遗产的内在属性。非物质文化遗产最真实而重要的价值和意义就在于它是当下人们正在实践着的生活方式，是活的文化事实。而其"活"离不开文化主体——传承人，活态的本质或核心就是人。[②] 文化不可能一成不变，在今天这样的特殊文化背景下更不可能，而文化的生长需要人与物两相结合，只有通过人的实践，物才能得到延续和发展。可以说，传承人的作用至关重要。

　　作为非物质文化遗产，和日石刻文化具有历史、文学、艺术、科学等方面的价值，是优秀传统文化在当代活态呈现的主体内容，也是文化传承的根脉和创作之源、文创设计之魂。提高和日石刻文

---

　　① 普文芳、魏美仙：《非物质文化遗产的属性及传承人意义》，《学术探索》2014 年第 4 期。

　　② 祁庆富：《论非物质文化遗产保护中的传承及传承人》，《西北民族研究》2006 年第 3 期。

化的传承发展水平，是坚定文化自信、建设文化强国的重要途径和必然选择。通过深入挖掘和日石刻文化及历史遗存蕴含的哲学思想、人文精神、价值理念、道德规范等，揭示蕴含其中的中华民族的文化精神、文化胸怀，不断坚定文化自信。如今的和日石刻传承人秉持着传统，依然沿用着老一套的方法进行着镌刻以及售卖、收徒和传艺，一成不变的雕刻技术目前还能暂时适用，但是传统的拜师收徒、学习方式、石刻售卖模式等，却开始经不住现代社会的冲击。只有做出适度、合理的改变和调适，让人们在传承和日石刻文化的同时，还能很好地融入现代社会，从而使人们形成科学的保护意识，在保护和传承、用活和日石刻历史文化遗产中坚定文化自信，夯实文化自信的深厚基础，不断发掘和日石刻文化底蕴，讲好和日石刻文化故事，使和日石刻真正"活起来"，走进大众视野和生活，不断汲取先进文化和时代元素，实现其经济、文化、艺术价值，构建起非遗保护与传承发展互相融合、统筹协调的可持续发展格局，为和日村不断发展注入活力。

第二节　赓续传承的转化

在和日村石刻文化保护和传承以及社会变迁过程中，首当其冲需要做出改变的就是传承方式。和日村的主要传承方式依然以师徒相传的个人传承为主，由于和日村石刻传承大多都出师于贡保才旦大师门下，使得他们的教学模式基本上都基于当年的学习经验，所以大同小异，教学内容也相差无几。这使得近年来几乎没有新的石刻技艺产生，只有少数几位传承人在研究新的雕刻技艺，目前仍未公开。除了师徒相传外，还有村内集体培训的方式。但由于村内培训周期并不稳定，有时一年一次，有时隔年一次，并且周期过长，只能作为石刻启蒙，并不能形成主要的传承方式，但是也确实提供了一种思路，那就是将传承方式正规化甚至学科化。众多传承人都提议，希望开办石刻培训学校，其实开办学校是一种非常有效的推动学习石刻的手段，但是单单只教石刻是不够的，若要保护并传承石刻技艺，首先得从"保护"的圈子里跳出来，如何培养更多具有潜质的石刻传承人，这是十分重要的，而不是单纯的保护。这就如同工厂生产一样，每一个产品都有其使用年限，作为传承人，尤其代表性传承人，都是付出了数年的努力才能有所成就，而到了这个阶段，已经过了能在石刻上投入大量精力的年龄，而随后所能利用的时间就变得十分有限了。在这有限的时间内，发掘出更多能够成为传承人的青年人才就变得尤为重要，石刻技艺的传承需要新鲜血液。

这也就需要改变石刻传承方式，以育才为核心，将石刻技艺学科化，通过开办学校，将石刻教学收录为常规课程，召集众传承人等相关人士编撰石刻课本，将石刻的发展历史、工具演化、雕刻内容、功用变化等编写成书，作为石刻文化课内容；再将雕刻中石材的选取、工具的使用、雕刻的类型、雕刻的手法、线条的勾勒、力度的要求、图案的比例、图像的含义等内容编写成书，作为理论课内容，并辅以传承人画好的各类图案以及佛像的绘制，作为参考内容；通过对石刻传承人的完整雕刻流程进行录像并辅以字幕做成视频教学内容，还可以结合现代新兴3D打印技术，对石刻传承人的优秀石刻作品进行扫描建模以及量产化打印，为学生提供一个看得见、摸得着的石刻参考对象，在学校设立专门的雕刻绘画场所，邀请石刻传承人作为技术指导来对学生进行教学，设置实践课内容。

此外，也要为学生提供各类文化课的学习，并辅以多元化艺术类型的学习，其中可以包含绘画、泥塑、唐卡、油画等艺术类型的学习，供学生自己进行选择，尊重学生的兴趣。通过文化课、理论课、实践课的结合，为学生打造一个完整的学习过程，提供相应的培养方案。为推动学生学习的积极性，还可以设置其所学艺术内容的相关可用资质、资格证书，为以后的生存发展提供一定的帮助。只有带动学生学习的积极性，将他们的兴趣最大化，而不是死板地恪守石刻技艺的传统传承方式，一成不变地将石刻技艺传习给学生，这样一来，比起传统的传承方式，学习石刻的学生具备了更加丰富的知识和文化素养，也拥有足够的兴趣，这种不只是为了赚钱谋生而进行的学习可以发挥学生最大的能动性，从而培养出具有潜力和扎实基础的传承人备选人。

"发展中国特色社会主义文化，就是以马克思主义为指导，坚守中华文化立场，立足当代中国现实，结合当今时代条件，发展面向现代化、面向世界、面向未来的，民族的科学的大众的社会主义文化，推动社会主义精神文明和物质文明协调发展。要坚持为人民服务、为社会主义服务，坚持百花齐放、百家争鸣，坚持创造性转化、创新性发展，不断铸就中华文化新辉煌。"① 和日石刻文化的发展仅仅是固执地遵循传统，是不利于发展的，要紧随时代发展，融会贯通，将新兴事物与传统石刻相结合，进行创新性发展，才能使藏族石刻文化不断进步。

第三节　吐故纳新的发展

随着时代的不断进步和发展，和日村不仅要做出改变，也要接受改变。和日村要按照当地区域文化的特点以及当今时代的新要求，对仍有借鉴价值的石刻文化的内涵和其传统的表现形式加以改造，赋予石刻文化新的时代内涵和现代表达形式，激活其生命力。机器雕刻的出现就是石刻文化多元化发展的一个变化，也为石刻技

---

① 中共中央宣传部编：《习近平新时代中国特色社会主义思想学习纲要》，学习出版社、人民出版社 2019 年版，第 139 页。

艺的传承提供了新的思路。机器雕刻刚出现的时候,大多村民都不太能接受,认为机器雕刻的东西保存的时间短,所以就不好。同时,他们认为在使用或是在石经墙放置机器雕刻的作品不够虔诚,固化的传统思维限制了这里人们的视野,仅仅是关注到了机器雕刻作品的文化内涵,而没有看到其未来的经济价值以及藏族石刻新的发展路径,使得他们排斥新生事物,这样一味地坚持传统而不接受变化,是难以适应时代发展要求的。而另一方面,机器雕刻作品的出现虽然造成了市场混乱,影响了手工雕刻作品的价格,使得传统上以手工雕刻为主的和日村接受这个新生技术比较艰难。但是必须要正视的一点是,机器雕刻的出现,无疑是一次解放人们双手的机会,时间成本的降低意味着能够生产更多的产品,低价多销不仅能够改善和日村的经济收入,还使得人们拥有了更多的时间来考虑生存以外的事情,这给了人们接触新生事物的机会。不论是外出学习或是旅游,还是尝试学习其他技术,都能够开阔人们的视野,增长人们的见识,从而得到新的灵感,为石刻文化增添新的内容。另外,机器雕刻的出现也为年轻人提供了新的选择,不再拘泥于传统雕刻模式,而是结合新技术,为石刻技艺的发展提供新的雕刻思路以及制作手法,这是一次传统与现代的碰撞,也是一次为传统石刻融入新技术的机会。所以,和日村需要改变固有观念,适应时代发展,接纳新鲜事物,只有创造性转化,才能为和日石刻文化带来更好的未来。包括机器雕刻在内,目前也有许多新生事物与非物质文化遗产传承相结合的案例,诸如建立数据库,与互联网、影像电子档案、3D技术等结合来建立活态保护之类的。和日石刻需要不断吸纳新的技术和手段,这样才能够使这门富有特色的技艺在延续和传承传统的基础上又善于创新而更具吸引力,从而吸引更多的人学习并将其发扬光大,避免传承断代情况的发生。

为更好地传承和保护和日石刻这个非物质文化遗产,可以从多个维度思考，几个方面着手。

首先，应当明确石刻文化传承和保护的主体是村民。因为无论是从传承的主体、方式还是从保护的主体、方式来看，都离不开村民的参与，只有积极增强村民的传承和保护意识，提高他们在传承和保护中的主人翁地位，同时解决他们的生活问题，才能保证石刻文化得以继续传承发扬。和日石刻文化在传承和保护的过程中，拥有数量庞大的石刻群体。据调查，全村绝大多数人家基本上都有会雕刻的人。而且发展至今，石刻文化不仅在村子内部传承，也逐渐向外扩散，雕刻群体的数量逐年增加。石刻是村民生活的来源。和日村石刻文化源于寺院，始于村子成立之初，主要是为解决早期那些人的生计问题，如此一脉相传，发展成为今天移民搬迁后和日村的后续产业——石刻业，也正是因为石刻能够为村民带来经济收益，解决生计问题，所以和日村在历经数次搬迁之后，石刻文化依然在村子内部通过师徒和家人间的传承一直延续至今。同时，藏族传统文化的深远影响，也是和日石刻文化得以传承至今的原因之一。

其次，发挥相关政府职能部门的引导和调适作用。以合适的方式积极宣传石刻文化的历史、文化、艺术价值，对其所具有的经济价值进行适当的引导，以减少石刻文化的传承和保护因经济收益的波动而受到影响。另外，政府还可以为保护石刻文化提供相应的资金支持，为培育新一代传承人提供物质基础。

再次，积极推动其他力量对和日村石刻文化的关注和保护。学者、高校和买家等他者的力量，都是不可忽视的。就专家学者群体而言，对石刻文化较好的保护就是建立起合理规范的石刻研究体系，挖掘石刻背后所蕴藏的历史、文化、艺术等价值，为传承和保护石刻文化献智献力。此外，引进或成立民间保护组织，对石刻文化进行保护，因为这些民间组织成员对保护和传承传统文化有激情和热情，更具有专业的保护技能、手段和措施，可以指导村民进行石刻文化的保护。

和日石刻文化属于国家级非物质文化遗产，同时也是一种珍贵的传统文化资源。因此，在保护和传承的过程中，要以习近平新时代中国特色社会主义思想为指导，以铸牢中华民族共同体意识为主线，弘扬优秀传统文化，推动文化产业发展，不断提高文化自信，促进民族交往交流交融，助力民族地区经济社会和文化不断发展。以社会主义核心价值观为引领，立足乡村文化建设，把实施乡村振兴战略作为和日石刻文化传承的有效途径，深入挖掘蕴含其中的优秀思想观念、人文精神、道德规范，积极吸取城市文明及外来文化优秀成果，结合新时代的要求，在保护和传承的基础上创造性转化、创新性发展，不断赋予和日石刻以时代内涵和丰富的表现形式，为增强文化自信提供优质载体，使和日石刻文化在新时代焕发出新气象，从而丰富中华优秀传统文化。同时，做好非物质文化遗产保护、传承方面的政策宣传，采取有力措施，加大人才培育力度。发展以和日石刻文化为主体的文化产业，充分利用和日石刻历史文化资源优势，加强以石经墙及和日寺为依托的高原旅游文化产业的规划、设计和开发，推出旅游线路，使游客在文化旅游中感受中华优秀传统文化的特色和魅力。自 2008 年泽库县启动三江源生态保护项目，并将和日石刻作为文化产业进行扶持之后，村子业已建成集原料、培训、雕刻、销售、展览为一体的文化产业链条，从而带动了当地经济的发展，改变了搬迁后和日村村民的生计方式。和日石刻，无论是从事雕刻群体的数量，还是现今雕刻的种类，较之以前，都有了很大的发展，更是形成了以石刻为主的文化产业。继续提升和日石刻的品质，创新品牌意识，立足现有基础和资源，开发更多适合时代发展、注入时代精神、具有生命力和充满活力的石刻文化产品。利用多种平台，拓宽交流渠道，提高经济效益，实现经济、文化双赢，打造新名片，让和日石刻文化走出去。在保持自身特色的同时，积极包容、借鉴、吸收各种优秀文化因子，展现艺术风采和文化魅力，成为既包含青藏高原悠久历史文化，又有具艺术内涵和折射时代气息的"有温度的石头"和"有人文的石头"，不断促进和日石刻文化的传承发展，为非物质文化遗产保护和传承开辟一条新的路径，与时偕行，巩固和拓展生态移民脱贫攻坚成果，助力推进乡村振兴。

参考文献

一 著作

《马克思恩格斯全集》,中共中央马克思恩格斯列宁斯大林著作编译局编译,人民出版社 2006 年版。

巴俄·祖拉陈瓦:《贤者喜宴:吐蕃史译注》,黄颢、周润年译,中央民族大学出版社 2010 年版。

蔡亮:《用声音叙事——我是"非遗"传承人》,浙江大学出版社 2016 年版。

陈静梅:《贵州少数民族非物质文化遗产传承人保护研究》,中国社会科学出版社 2016 年版。

陈文华:《留住传承人》,浙江工商大学出版社 2013 年版。

崔永红、张得祖、杜常顺:《青海通史》,青海人民出版社 2008 年版。

达仓·班觉桑布:《汉藏史籍》,陈庆英译,西藏人民出版社 1986 年版。

丹珠昂奔:《藏族文化发展史·上册》,甘肃教育出版社 2001 年版。

单晓杰:《口述史视野下的贵州省音乐非物质文化遗产传承人及其音乐研究》,西南交通大学出版社 2019 年版。

杜发春:《三江源生态移民研究》,中国社会科学出版社 2014 年版。

多识·洛桑图丹琼排：《藏传佛教疑问解答 120 题》，四川民族出版社 2000 年版。

费孝通、张之毅：《云南三村》，社会科学文献出版社 2006 年版。

尕藏加：《藏传佛教与青藏高原》，江苏教育出版社 2004 年版。

尕藏加：《藏区宗教文化生态》，社会科学文献出版社 2015 年版。

韩书力主编：《西藏民间艺术丛书：玛尼石刻》，重庆出版社 2001 年版。

黄体杨：《非物质文化遗产传承人建档保护研究：以白族传承人及其聚居区为中心》，中国社会科学出版社 2019 年版。

姜安：《神秘的雪域达摩》，中国藏学出版社 1995 年版。

刘霄：《从灯影班社到真人舞台：孝义国家级非物质文化遗产传承人口述实录》，文化艺术出版社 2018 年版。

吕军编著：《中国红：西藏艺术》，黄山书社 2012 年版。

牟妮、于学剑、谢柏梁：《中国非物质文化遗产传统戏剧传承人传记丛书》，中国文联出版社 2018 年版。

恰噶·丹正：《藏文碑文研究》，西藏人民出版社 2012 年版。

萨迦·索南坚赞：《西藏王统记》，刘立千译，民族出版社 2000 年版。

宋卫哲：《青海民族民间石刻艺术研究》，中国社会科学出版社 2014 年版。

邰高娣：《"小书大传承"中国非物质文化遗产通识读本：唐卡》，重庆出版社 2019 年版。

唐晓军：《甘肃古代石刻艺术》，民族出版社 2007 年版。

唐震 、张金成：《盘州市非物质文化遗产传承人口述史》，知识产权出版社 2018 年版。

田艳：《少数民族非物质文化遗产传承人法律保护研究》，中央民族大学出版社 2017 年版。

佟锦华：《藏族传统文化概述》，中国藏学出版社 1990 年版。

王传东：《中国"非遗"传承人口述技艺丛书》，山东教育出版社 2018 年版。

谢佐：《青海金石录》，青海人民出版社 1993 年版。

徐建辉：《北京非物质文化遗产传承人口述史》，首都师范大学出版社 2015 年版。

阎云翔：《礼物的流动——一个中国村庄中的互惠原则与社会网络》，上海人民出版社 1999 年版。

青海省泽库县地方志编纂委员会：《泽库县志》，中国县镇年鉴出版社 2005 年版。

曾梦宇、胡艳丽：《黔湘桂侗族非物质文化遗产跨区域保护和传承研究》，民族出版社 2016 年版。

扎雅·诺丹西饶：《西藏宗教艺术》，谢继胜译，西藏人民出版社 1989 年版。

张超音：《中国藏族石刻艺术》，中国藏学出版社 1995 年版。

张世文：《亲近雪和阳光——青藏游牧部落》，西藏人民出版社 2004 年版。

张怡荪主编：《藏汉大辞典》，民族出版社 2015 年版。

张鹰主编：《人文西藏：宗教艺术》，上海人民出版社 2009 年版。

中共中央宣传部：《习近平总书记系列重要讲话读本》，学习出版社、人民出版社 2016 年版。

［德］哈拉尔德·韦尔策编：《社会记忆：历史、回忆、传承》，季斌、王立君、白锡堃译，北京大学出版社 2007 年版。

［德］扬·阿斯曼：《文化记忆：早期高级文化中的文字、回忆和政治身份》，金寿福、黄晓晨译，北京大学出版社 2015 年版。

［美］克利福德·格尔茨：《文化的解释》，韩莉译，译林出版社 2006 年版。

二 期刊论文

阿顿·华太多：《柴达木地区的古代石刻岩画》，《西藏艺术研究》
2006 年第 2 期。

巴桑旺堆：《吐蕃石刻文》，《西藏研究》2009 年第 1 期。

白杨：《民族传统体育非物质文化遗产传承人保护研究》，《大舞
台》2015 年第 11 期。

陈爱蓉：《图书馆对非物质文化遗产口述档案的建立、保护与传承
利用探讨》，《四川图书馆学报》2016 年第 4 期。

陈慧娟：《河北省非物质文化遗产传承人社会保障现状及提升研
究》，《文化创新比较研究》2017 年第 32 期。

陈静梅：《非物质文化遗产传承人制度反思与理论构建》，《广西社
会科学》2014 年第 5 期。

陈鹏：《非物质文化遗产传承人培养研究——以广西为例》，《广西
师范学院学报》（哲学社会科学版）2016 年第 3 期。

丹珍草：《岁月失语，惟石能言——当代语境下格萨尔石刻传承及
其文化表征》，《西南民族大学学报》（人文社会科学版）2018 年
第 10 期。

得荣·泽仁邓珠：《简述藏族岩画、石窟、石碑的分布与内容》，
《西藏民俗》2000 年第 3 期。

德却卓玛：《论西藏狩猎岩画对远古先民经济行为的纪录》，《商业
文化》（学术版）2007 年第 11 期。

邓婷：《非物质文化遗产传承人纳入旅游产品体系研究》，《学理
论》2011 年第 26 期。

段超、孙炜：《关于完善非物质文化遗产保护政策的思考》，《中南
民族大学学报》（人文社会科学版）2017 年第 6 期。

鄂甜：《论非物质文化遗产传承人才培养的最有效路径：中高职衔

接阶梯式培养》，《河南科技学院学报》2016 年第 10 期。

冯雪红、王玉强：《畜牧业的式微与石刻业的兴盛——青海和日村藏族生态移民后续产业民族志》，《西北民族研究》2017 年第 2 期。

冯雪红、向锦程：《“人”造石刻：和日村石雕传承的主体、方式与意义》，《广西民族研究》2018 年第 1 期。

冯雪红、向锦程：《传统的发明：和日村藏族石刻流程、工具与技艺》，《兰州大学学报》（社会科学版）2018 年第 2 期。

冯雪红、向锦程、张梦尧：《青海藏区石刻的流动及其社会文化意义变迁——一个三江源生态移民村的个案考察》，《民族研究》2018 年第 2 期。

冯云：《西藏非物质文化遗产传承人口述史的价值与方法研究》，《西藏民族大学学报》2017 年第 6 期。

尕藏加：《果洛石经产生的历史背景》，《西藏研究》1996 年第 3 期。

岗·坚赞才让：《格萨尔石刻艺术的调查与思考》，《西藏研究》2006 年第 3 期。

公保才让：《格萨尔石刻文化的人类学解读——论康区宁玛派与格萨尔文化的渊源关系》，《青海社会科学》2010 年第 3 期。

郭芳：《非物质文化遗产传承人才的学院培养模式探究》，《湖北函授大学学报》2013 年第 12 期。

郭辉：《手机 APP 在非物质文化遗产传承人建档中的应用及思路——美国 StoryCorps 项目的启示》，《档案与建设》2017 年第 3 期。

韩书力：《西藏玛尼石刻浅析》，《美术》1985 年第 8 期。

韩双：《非物质文化遗产保护视角下的口述档案研究》，《档案管理》2017 年第 5 期。

郝文军：《非物质文化遗产传承人特点及其传承效果研究》，《商业时代》2013 年第 7 期。

郝文军、陈托兄:《互联网＋时代非物质文化遗产的传承路径研究——以
　　辽宁省国家级非物质文化遗产传承人为例》,《通化师范学院学报》
　　2018 年第 9 期。

何建良:《非物质文化遗产传承人保护研究》,《农业网络信息》
　　2017 年第 8 期。

何建良:《非物质文化遗产传承人保护中存在的问题与对策》,《学
　　理论》2017 年第 6 期。

何芮:《非物质文化遗产传承人个人数字存档研究》,《云南档案》
　　2015 年第 10 期。

贺学君:《关于非物质文化遗产保护的理论思考》,《江西社会科
　　学》2005 年第 2 期。

黄永林:《非物质文化遗产传承人保护模式研究——以湖北宜昌民
　　间故事讲述家孙家香、刘德培和刘德方为例》,《中国地质大学学
　　报》(社会科学版) 2013 年第 2 期。

黄玉烨、钱静:《我国非物质文化遗产传承人认定制度的困境与出
　　路》,《广西大学学报》(哲学社会科学版) 2016 年第 3 期。

霍巍、新巴·达娃扎西:《西藏洛扎吐蕃摩崖石刻与吐蕃墓地的调
　　查与研究》,《文物》2010 年第 7 期。

江荻:《西藏洛扎吐蕃摩崖石刻的语法特征及翻译》,《民族翻译》
　　2014 年第 4 期。

康·格桑益希:《辉宏拙朴的藏族民间玛尼石刻文化》,《西藏艺术
　　研究》2011 年第 1 期。

雷文彪:《论我国非物质文化遗产传承人才的培养策略》,《克拉玛
　　依学刊》2013 年第 1 期。

李翎:《藏族石刻艺术概述》,《西藏研究》2003 年第 4 期。

李孟珂、张静秋:《建立和完善非物质文化遗产传承人档案的思考——以

孟连傣族"马鹿舞"为例》，《云南档案》2013 年第 3 期。

李秋生：《保定市非物质文化遗产传承人口述数据库研究》，《合作经济与科技》2014 年第 23 期。

李昕：《嘛呢石，刻在石头上的信仰——浅析藏族嘛呢石》，《民营科技》2010 年第 5 期。

李永明：《藏族金石文献源流》，《西藏民族学院学报》（社会科学版）1995 年第 4 期。

梁莉莉：《社会性别视野中的非遗传承人保护路径探索——基于回族女性传承人的讨论》，《云南民族大学学报》（哲学社会科学版）2016 年第 6 期。

凌立：《浅析藏族崇尚嘛呢堆的缘由》，《康定民族师范高等专科学校学报》2005 年第 1 期。

刘晓宏：《现代学徒制：非物质文化遗产传承人的培养》，《绥化学院学报》2018 年第 6 期。

刘永涛：《图书馆非物质文化遗产档案资源的构建、开发与利用》，《山西档案》2018 年第 6 期。

刘永武、郭义玲：《高师音乐类非物质文化遗产传承人专业课程建设思考》，《艺术教育》2014 年第 6 期。

吕春祥：《藏传佛教嘛呢石刻艺术的精神内涵及其意义》，《中央民族大学学报》（哲学社会科学版）2009 年第 4 期。

罗桑开珠：《玉树嘉纳嘛呢石及其文化价值》，《青海民族大学学报》（社会科学版）2010 年第 2 期。

马爱娟：《非物质文化遗产传承人的法律保护研究》，《人文天下》2018 年第 7 期。

马伟华：《主体的彰显：非物质文化遗产传承人保护问题研究》，《青海民族大学学报》（社会科学版）2016 年第 4 期。

梅佳琪：《江西传统音乐非物质文化遗产传承人口述史的深度研

究》,《当代音乐》2017 年第 23 期。

欧阳爱辉、胡佳:《论非物质文化遗产传承人的保护——以江苏宜
兴紫砂壶陶制作技艺为中心》,《新疆社科论坛》2017 年第 6 期。

彭庆新、李文凌:《加快建立和完善非物质文化遗产传承人保护的
长效机制》,《艺术科技》2014 年第 11 期。

戚序、王海明:《对非物质文化遗产传承人生存环境的思考——以重
庆铜梁扎龙世家为例》,《西南大学学报》(社会科学版)2011 年
第 3 期。

戚序、赵云雪:《非物质文化遗产传承人群体性特征及遴选机制——以
梁平竹帘传承群体为例》,《艺术探索》2011 年第 3 期。

祁庆富:《论非物质文化遗产保护中的传承及传承人》,《西北民族
研究》2006 年第 3 期。

钱程程:《乐清市非物质文化遗产传承人口述史数据库建设的现状
与构想》,《大众文艺》2015 年第 9 期。

仁钦东珠、兰却加:《文化人类学视角下的格萨尔石刻艺术》,《中
央民族大学学报》(哲学社会科学版)2015 年第 3 期。

任学婧:《非物质文化遗产活态传承策略研究》,《产业与科技论
坛》2017 年第 22 期。

沈澈:《高职院校培养地域性非物质文化传承人才研究——以四川
绵竹年画为例》,《中国培训》2017 年第 23 期。

施为民:《民族地区非物质文化遗产传承人电视纪录片的创作与传
播》,《楚雄师范学院学报》2013 年第 2 期。

宋卫哲:《青海藏族石刻艺术的现代流变》,《湖北第二师范学院学
报》2012 年第 11 期。

宋卫哲:《宗教与艺术的互生——青海藏族石刻艺术管窥》,《青海
师范大学学报》(哲学社会科学版)2012 年第 6 期。

苏和平:《试论西藏岩画艺术》,《甘肃理论学刊》2007 年第 2 期。

索昕煜：《非物质文化遗产传承语境下的艺术设计实训教学探索》，《教育教学论坛》2013 年第 17 期。

檀畅：《论我国非物质文化遗产传承人制度》，《内蒙古民族大学学报》（社会科学版）2016 年第 1 期。

汤建容、何悦：《关于武陵山区非物质文化遗产传承人档案管理的思考》，《科技文献信息管理》2013 年第 2 期。

佟玉权：《非物质文化遗产传承人的保护与制度建设》，《文化学刊》2011 年第 1 期。

万兆彬：《非物质文化遗产传承人培养与职业教育融合发展路径——以民族地区为例》，《广西民族师范学院学报》2017 年第 1 期。

万兆彬：《西南民族地区非物质文化遗产传承人培养现状研究》，《桂林师范高等专科学校学报》2016 年第 5 期。

王凤苓：《非物质文化遗产传承人群培训路径探析——以 2015 年山东艺术学院首批中国非物质文化遗产传承人群培训班为例》，《齐鲁艺苑》2016 年第 2 期。

王小明：《口述史给非物质文化遗产研究提供的新视角》，《西北民族研究》2012 年第 3 期。

王秀玲、霍伴柱：《非物质文化遗产传承人的时代特征——以呼和浩特市民间歌舞剧团为例》，《四川戏剧》2014 年第 3 期。

王尧：《唐蕃会盟碑梳释》，《历史研究》1980 年第 4 期。

魏强：《论藏族龙神崇拜的发展演变及特点》，《青海民族大学学报》（社会科学版）2010 年第 7 期。

文晓静：《非物质文化遗产传承人行政法保护的反思与发展》，《广西社会科学》2015 年第 5 期。

吴彬：《创建非物质文化遗产传承人才培养立体教育体系的构想》，《神州民俗》（学术版）2012 年第 6 期。

谢重阳、白玉、黄承超：《四川非物质文化遗产传承人的保护——以

〈非物质文化遗产法〉为视角》，《技术与市场》2011 年第 12 期。

谢祝清、唐星明：《藏族格萨尔彩绘石刻的装饰性特征》，《艺术探索》2010 年第 3 期。

谢祝清、唐星明：《论藏族格萨尔石刻艺术的文化意蕴》，《艺术探索》2011 年第 6 期。

徐瑾、王拯民：《我国非物质文化遗产传承人立法保护探究》，《法制博览》2017 年第 29 期。

许新国：《露斯沟摩崖石刻图像考》，《青海社会科学》1994 年第 2 期。

颜峰：《论地方高校在非物质文化遗产传承中的作用——以青岛地区为例》，《文化学刊》2011 年第 6 期。

杨环：《试论莫斯卡格萨尔石刻文化特性》，《西藏研究》2014 年第 3 期。

杨嘉铭：《两进莫斯卡——寻访格萨尔石刻》，《中国西藏》（中文）2004 年第 4 期。

杨静、王凯：《传统武术非物质文化遗产传承人的现状、问题及对策》，《首都体育学院学报》2017 年第 5 期。

杨娟、王颖：《非物质文化遗产传承人断层困境分析——基于社会分层和社会流动理论视角》，《浙江海洋学院学报》（人文科学版）2011 年第 6 期。

叶盛荣：《非物质文化遗产传承人的法律机制探讨》，《长沙民政职业技术学院学报》2010 年第 3 期。

游峭：《云南民族民间工艺非物质文化遗产高校传承方式探索》，《云南艺术学院学报》2013 年第 4 期。

苑利、顾军：《非物质文化遗产传承人管理工作中的几个问题》，《河南社会科学》2015 年第 4 期。

张虎生：《嘛呢石：信仰生活与乡民石刻艺术》，《齐鲁艺苑》2006

年第 4 期。

张虎生：《浅析西藏石刻文化》，《中国藏学》1998 年第 2 期。

张静：《"互联网＋"背景下河南非物质文化遗产的传承与保护》，《旅游纵览》（下半月）2017 年第 3 期。

张鹏：《非物质文化遗产传承人和高校大学生双向培训模式的构建——以沈阳师范大学为例》，《艺术教育》2017 年第 17 期。

张新瑞、夏瑞雪：《被动的"主人"——从非遗活动主题"人人都是文化遗产的主人"说起》，《收藏界》2013 年第 11 期。

张永发：《吉隆唐碑记》，《中国民族》2003 年第 3 期。

赵家琪、燕朝西、张邦铺：《非物质文化遗产传承人的法律保护——基于阿坝州的实证分析》，《技术与市场》2012 年第 11 期。

周安平、龙冠中：《我国非物质文化遗产传承人的认定探究》，《知识产权》2010 年第 5 期。

周超：《中日非物质文化遗产传承人认定制度比较研究》，《民族艺术》2009 年第 2 期。

周丽华、王卓：《我国民族传统体育非物质文化遗产传承人保护与培养机制的构建》，《体育成人教育学刊》2014 年第 5 期。

三　学位论文

安凌：《我国非物质文化遗产传承人的法律保护研究》，重庆大学，硕士学位论文，2012 年。

朝本加：《浅谈吐蕃赞普时期的石碑及摩崖石刻文献》（藏文），中央民族大学，硕士学位论文，2007 年。

达哇扎西：《玉树贝多普贤行愿品摩崖石刻研究》（藏文），西北民族大学，硕士学位论文，2014 年。

格桑多杰：《浅析吐蕃王朝时期碑文之洛扎石刻》（藏文），中央民族大学，硕士学位论文，2011 年。

更求多杰：《玉树嘉那嘛呢石研究》，中央民族大学，硕士学位论文，2008 年。

黄小娟：《少数民族非物质文化遗产传承人的权利探析》，中央民族大学，硕士学位论文，2010 年。

李艳林：《我国非物质文化遗产传承人培养模式研究》，西安工业大学，硕士学位论文，2015 年。

李苑：《三坊七巷非物质文化遗产传承群体生存环境研究》，福州大学，硕士学位论文，2016 年。

林蔚然：《非物质文化遗产传承人制度优化研究》，福建农林大学，硕士学位论文，2015 年。

刘金婷：《非物质文化遗产传承人才的高职培养模式研究》，河北大学，硕士学位论文，2014 年。

刘卓群：《非物质文化遗产视野下的冬布拉制作传承研究》，新疆师范大学，硕士学位论文，2013 年。

龙冠中：《非物质文化遗产传承人法律保护研究》，西南大学，硕士学位论文，2011 年。

罗蕾：《非物质文化遗产传承人制度研究》，华中师范大学，硕士学位论文，2013 年。

孟万鹏：《藏传佛教如来藏思想研究》，西藏民族学院，硕士学位论文，2013 年。

南加才让：《略论藏族石刻文化》，中央民族大学，硕士学位论文，2004 年。

牛晓珉：《山西非物质文化遗产传承人生存现状及保护策略研究》，山西大学，硕士学位论文，2011 年。

桑德布金：《玉树地区吐蕃时期摩崖石刻考述》，中央民族大学，硕士学位论文，2008 年。

索南卓玛：《和日石雕起源及艺术特点研究》（藏文），中央民族大学，硕士学位论文，2015 年。

万代吉：《藏族民间祭祀文化研究》，中央民族大学，博士学位论
　　文，2010 年。

王滨：《文化自觉语境下的开封朱仙镇木板年画传承与保护研究》，
　　温州大学，硕士学位论文，2013 年。

夏婉秋：《吉林省满族非物质文化遗产传承人研究》，延边大学，硕
　　士学位论文，2016 年。

杨洋：《大理沙溪民间艺人生存现状研究》，云南大学，硕士学位论
　　文，2015 年。

赵云雪：《对重庆市非物质文化遗产传承人群体性特征及相关问题
　　的探析》，重庆大学，硕士学位论文，2011 年。

周开军：《关于建立非物质文化遗产传承人管理体系的思考》，华中
　　师范大学，硕士学位论文，2012 年。

四　地方志、报纸及其他文献

《中华人民共和国非物质文化遗产法》，中国法制出版社 2011 年版。

刘鹏、祁万强：《镌刻在长江源头的经卷》，《光明日报》2015 年 7
　　月 22 日第 5 版。

青海省发展改革委员会：《青海三江源自然保护区生态保护和建设
　　总体规划》，内部资料，2006 年。

文化部外联局编：《联合国教科文组织保护世界文化遗产公约选
　　编》，法律出版社 2006 年版。

《在石头上刻出"幸福花"》，https：//www. tibet3. com/lvyou/wcfq/
　　ys/2020 - 01 - 22/148265. html（中国西藏网）. 发布时间：2020 -
　　01 - 22，访问时间：2021 - 03 - 09.

青海省泽库县地方志编纂委员会：《泽库县志》，中国县镇年鉴出版
　　社 2005 年版。

赵静：《60 名中国非物质文化遗产和日石刻传承人接受培训》，《青
　　海日报》2016 年 10 月 18 日。

中华人民共和国文化部：《国家级非物质文化遗产保护与管理暂行
　　办法》，2006 年。

五　英文文献

Hugh E. Richardson，*A Corpus of Early Tibetan Inscriptions*，Hertford：
　　Royal Asiatic Society，1985.

后　记

　　本书是北方民族大学重点科研项目"青南涉藏地区生态移民搬迁与石刻文化传承保护研究"（2017MYA10）结项成果，也是北方民族大学冯雪红教授主持宁夏哲学社会科学和文化艺术领军人才资助项目"新时代民族传统文化创造性转化和创新性发展研究"的系列成果。2014 年暑假开始，冯雪红为完成所主持教育部 2012 年度新世纪优秀人才支持计划项目"甘青牧区藏族生态移民产业变革与文化适应研究"（NCET–12–0664），她带领团队成员多次赴甘青地区做田野调查，本书即为完成此课题结项成果基础上进行延伸研究的新议题，一定意义上，也是该课题的系列成果之五，前四本分别是《三江源藏族生态移民三村》（社会科学文献出版社 2016 年版）、《生态移民：来自青藏高原的民族志报告》（科学出版社 2017 年版）、《玉树临风：藏族生态移民调查纪实》（中国社会科学出版社 2019 年版），《搬迁的游牧民——黄河首曲、隆务河、大夏河流域藏族移民实录》（中国社会科学出版社 2020 年版）。

　　为保护三江源地区生态环境，涉藏地区牧民进行了生态移民搬迁，青海泽库县和日村就是为保护三江源生态环境而新建的生态移民村。和日石刻是国家级非物质文化遗产，具有一定的文献价值、考古价值、艺术价值。在新的生产生活环境中，搬迁后的牧民改变生计方式，利用传统的石刻技艺发展形成了石刻产业，成为生态移民新村的财富来源和新兴生计方式，也是新时代巩固脱贫攻坚成果和助力乡村振兴的有效方式。

为夯实写作基础，2014—2019 年，课题组成员先后八次前往和日村进行田野调查，了解和日石刻的历史和现实状况以及村民、僧人和工作人员等不同群体对和日石刻、移民搬迁、生计方式若干问题的想法和态度，取得了翔实、丰富的第一手资料。作者向锦程、东宇轩分别先后三访和日村，进行深入的田野调查，收集了大量田野资料、统计数据和相关信息，随后整理资料，初步完成了主要内容。同时，根据研究的需要进行了补充调查，不断修改书稿，拓展思维和视野，查证相关资料，认真核对信息。书中采用照片、图表均为课题组成员拍摄和制作。冯雪红和东·华尔丹负责编写、拟定本书提纲，冯雪红负责完成文字加工、校对和统稿工作。

全书撰写内容和作者：

绪论第一节　东·华尔丹、向锦程

绪论第二节、第三节，第一章第一节、第二节　向锦程、东宇轩

第一章第三节　东·华尔丹、东宇轩

第二章、第三章、第六章　向锦程

第四章、第五章、第七章　东宇轩

在撰写过程中，我们将和日石刻文化置于三江源保护、移民搬迁和脱贫攻坚、乡村振兴的社会背景中加以分析和研究，理性分析和思考存在的问题，从传承、保护和创新性发展的视角，提出应建立起科学有效的和日石刻文化传承与保护机制，明确传承与保护的主体、方式、策略、途径等，较为系统地阐述了和日石刻的历史、现实、机制、流程等，对推动和日石刻传统工艺的传承发展、长久保护和开发利用，讲好和日石刻故事，助力乡村振兴，具有一定作用和意义，同时也有助于促进民族文化交流交融，不断铸牢中华民

族共同体意识，增强中华文化认同。

　　由于作者理论水平、写作能力和研究视野的局限，书稿难免存在一些缺憾，仍有不少问题需要今后进一步深入探讨和研究，还望学界专家、同人及读者批评指正。

　　书稿付梓之际，衷心感谢和日村的朋友们对我们的大力帮助和支持，感谢中国社会科学出版社责任编辑马明的辛勤付出和严谨把关，使本书得以顺利出版。

东・华尔丹

2022 年 8 月 10 日写于银川